高等教育機構行銷管理與實務

Marketing Management and Practice of Higher Education Institutions

陳玉娟 著

國立臺灣師範大學出版中心

謝序

　　培育人才是高等教育機構的重要使命。高等教育的發展不只影響社會經濟脈動，更關乎一國國力的強弱。如我國大學法即揭櫫大學以研究學術，培育人才，提升文化，服務社會，促進國家發展為宗旨。先進國家無不投注龐大資源在高等教育上，力求提升人才與國力的競爭優勢。惟高等教育的發展除有賴資源的投資外，更需依賴有效率的經營管理。因此，各高等教育機構紛紛活用管理策略，以提升其競爭優勢。這些管理策略相當多元，如市場化、組織再造、品質管理、行銷管理、翻轉領導等等。

　　我國自戒嚴解除後，教育大為鬆綁，有民間團體提出「廣設高中大學」的訴求，引起社會各界迴響。之後高等教育機構蓬勃發展，數量不斷擴增。但在少子化的臺灣社會，學生來源卻日益減少，高等教育機構必須設法提升自己的競爭優勢，以求永續生存與發展。而提升優勢的面向之一，即是加強行銷管理，透過推銷策略與活動來爭取社會大眾的認同與支持。行銷管理的功能多元，包括增進大眾對機構的了解與支持、提升知名度與聲望、協助資源的籌募、提升經營的績效、提高大眾對機構的滿意度，確保招生來源的充足，達到永續發展的理想等等，至為複雜，值得進行系統性的研究。

　　本書作者陳玉娟博士有鑑於此，近年來即致力於高等教育行銷的相關研究，期對此課題提出有效的對策。她將研究心得集結成本書，供大家分享。本書從高等教育歷史發展與挑戰的分析入手，鋪陳高等教育機構需要行銷的立基點。接續，進行品牌、網路、關係、媒體與內部行銷等重要行銷議題的剖析，分別闡述其內涵、策略之相關理論與研究。之後，再剖析

高等教育經營管理議題的研究趨勢，並討論高等教育機構行銷的相關爭議與展望，勾勒出未來高等教育機構行銷過程中的相關策略。可說全書脈絡清楚，分析頗為周全。

　　作者從大學階段即以教育政策與行政作為主修方向，至研究所階段更在教育政策與行政專長主軸下，另發展經營與管理的專長，同時獲得企業管理研究所文憑。因作者兼有教育行政與企業管理的專業背景，又富有融合相關理論與實務的智慧與能力，故對高等教育行銷的分析至為深入。除理論之說明外，亦提供實證性研究作為佐證，值得各界參考，故在本書出版前夕，特以此序推薦。

謝文全　謹識

前言

研究者藉由回答下列三個問題：撰寫本書緣由、本書架構與各章內容，以助讀者瞭解及閱讀本書。

一、撰寫本書緣由？

相較於其他教育階段的研究成果，或因高等教育研究領域投入人口較少，產出之研究成果居相對弱勢。然而，近十多年來，伴隨著國內高等教育發展蓬勃，高等教育機構林立，高等教育相關議題受到重視，各類型學術研究成果紛紛出版；在此一出版潮流中，除教學與課程、學生學習、歷史發展、財政議題等高等教育研究議題外，學校經營管理議題亦受到重視。經營管理類之專書在商業組織領域已是常客，然礙於教育組織特性不應與純獲利組織之間劃上等號，全然的理論移植必然造成高等教育的傷害；為此，研究者結合本身教育行政的專長，與對企業管理的探究和背景，試圖從教育的立場出發，以教育為主軸，結合行銷相關概念與策略，進行本書的撰寫。

本書的撰寫與完成，亦是研究者對近五年研究成果的檢視。研究者於101 學年度至 104 學年度，所執行之科技部計畫皆以高等教育為研究場域，探究各種行銷策略在高等教育的運用狀況。茲將各學年度之計畫名稱臚列如下：

1. 高等教育機構品牌形象之媒體行銷與學生認知狀況之研究（104-2410-H-003-130-）

2. 師資培育系所品牌之網路行銷策略與成效之研究（103-2410-H-142-011-）

3. 我國高等教育境外學生之招生行銷策略、認知差異與利基行銷試驗之研究 （102-2410-H-142-015-）

4. 市場競爭機制下我國高等教育機構行銷之研究—指標建構、實證調查與個案探究（101-2410-H-142-009-）

　　除了上述科技部計畫係以高等教育為研究場域，選擇不同研究對象，從不同行銷角度進行探究，期間亦已發表數篇學術論文，並參與相關學術研討會，進行學術交流。在撰寫本書歷程中，研究者恪守學術研究倫理之規範，本書實務研究篇之四篇實證性研究論文，皆為未曾發表之原始著作；書中若有所疏漏之處，尚祈各方不吝指教。

二、本書架構為何？

　　《高等教育機構行銷與實務》一書，係以高等教育為研究範疇，選擇以行銷為主軸貫穿全書，充分結合教育與經營管理之理念，期能對高等教育之經營管理研究與實務有所貢獻。全書分成四大篇：高等教育歷史發展篇、高等教育機構行銷議題篇、高等教育機構實務研究篇，及最後一篇：高等教育經營管理趨勢與行銷展望篇。

　　首先，第一篇共二章，係說明高等教育的發展與高等教育機構需要行銷之歷史發展篇。其次，為第二篇共計五章內容，在眾多行銷議題中，選擇與高等教育機構經營管理相關之品牌、網路、關係、媒體與內部行銷議題，兼顧傳統與現代行銷策略、組織內部與外部成員行銷，期能對此五大行銷議題有更深入的認識。接續，則是實務研究篇之四篇實證性研究成果的展現；此實務研究係以第二篇行銷議題為基礎，以高等教育為研究場域，利用量化或質化方式蒐集資料，以瞭解目前高等教育機構行銷狀

況。最後，經過前述十一章的內容論述後，研究者完成第十二章「高等教育經營管理議題與趨勢」與第十三章「高等教育機構行銷爭議與展望」的撰寫，以作為本書之終篇。

茲將本書之架構圖示如下：

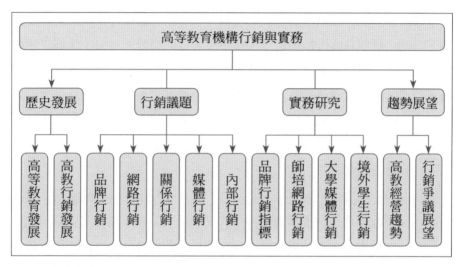

圖1　本書架構

三、本書各章內容為何？

本書計有十三章，各章內容概述如下：

第一章「高等教育發展與挑戰」中，本章首先聚焦於高等教育機構的演變，介紹從中世紀大學到現今全球化競爭大學的改變；其次，則是說明臺灣高等教育的發展歷史，從國民政府播遷來臺後至今，高等教育的發展狀況；最後，闡述臺灣高等教育正面臨的問題與挑戰。藉由本章對於高等教育發展的說明，以作為後續章節論述之基礎。

第二章「高等教育行銷的發展」探討重點置於高等教育行銷議題上，為了對此一議題有更深入的認識，研究者首先對行銷意涵與沿革進行說明，以作為其後討論高等教育機構行銷之基礎；最後，本章亦針對臺灣高等教育機構需要行銷策略運用必要性進行論述，藉以凸顯本書撰寫之重要性。

　　第三章「品牌行銷議題」為第二篇《高等教育機構行銷議題篇》之首章，主軸環繞在品牌行銷議題上。首先，為說明高等教育機構為何需要品牌行銷之「緒論」，其次則是高等教育機構品牌行銷的內涵，與高等教育機構行銷策略之說明，最後則進行相關研究與高等教育機構推動品牌行銷之結論，期能藉由本章之撰寫，對於高等教育機構品牌行銷有進一步的瞭解。後續四章，因同屬第二篇之範圍，因此在撰寫標題與格式上大致相仿，以利讀者閱讀。

　　第四章「網路行銷議題」主題環繞在現今流行的網路行銷議題，首先說明高等教育機構為何需要網路行銷之「緒論」，其次則是高等教育機構網路行銷的內涵，與高等教育機構網路行銷策略之說明，最後則進行相關研究與高等教育機構推動網路行銷之結論。

　　第五章「關係行銷議題」主題環繞在關係行銷議題上，首先說明高等教育機構為何需要關係行銷之「緒論」，其次則是高等教育機構關係行銷的內涵，與高等教育機構關係行銷策略之說明，最後則進行相關研究分析與結論。

　　第六章「媒體行銷議題」主題環繞在影響人們生活甚深的媒體行銷議題上，首先說明高等教育機構為何需要媒體行銷之「緒論」，其次則是高等教育機構媒體行銷的內涵，與高等教育機構媒體行銷策略之說明，最後則進行相關研究論述與本章結論。

　　第七章「內部行銷議題」主題環繞在內部行銷議題上。誠如前述，第

二篇的五章之撰寫風格一致；本章亦先說明高等教育機構為何在對外行銷之餘，需要重視內部行銷之「緒論」，其次則是高等教育機構內部行銷的內涵，與高等教育機構內部行銷策略之說明，最後則進行相關研究與本章結論之撰寫。

第八章「師培學系品牌形象行銷指標建構與應用研究」，係以目前就讀臺灣師資培育學系之大學部學生為研究對象，進行問卷調查以蒐集研究所需資料，之後利用驗證性因素分析與重要—表現分析，進行問卷數據處理。研究發現：未來師資培育學系可從經驗、功能、象徵等因素進行品牌形象的建構，著重學系、教師與學生三大構面，並重視師資培育學系設備、環境、課程與品德教育的建構，以維持師資培育學系的競爭力。

第九章「師資培育中心網路行銷運作狀況研究」，該研究以師資培育中心為對象，除問卷調查外，並進行訪談，以獲取研究所需資料，探討師資培育中心在網路行銷推動的現況與努力，據以提出三點建議：在既有的基礎上，加深加廣網路行銷的推展；突破既有資源的侷限，發揮人力資本的效用；網路行銷的運用，仍需顧及師資培育的精神。

第十章「大學媒體行銷對學生忠誠度影響研究」一章中，研究者利用問卷調查方式，蒐集研究所需資料，利用 Amos 進行預設結構模式驗證，首先確認媒體行銷、媒體素養與學生忠誠度等三大潛在變項之測量模式後，再針對此三潛在變項之間關係建構的驗證，以確認媒體行銷、媒體素養與學生忠誠度之間的關係。最後，提出三項建議：在重視行銷市場中，媒體素養仍有其地位存在；媒體行銷運用中，網路媒體運用扮演重要角色；針對媒體行銷策略運用之研究可擴及研究深度。

第十一章「從推拉因素論境外學生行銷策略研究」，該研究目的在探究亞洲境外學生選擇臺灣及就讀學校的推拉因素。研究者採質性研究，選擇個案學校，利用訪談法蒐集資料。研究結果顯示，對於境外學生而

言，促使他們選擇臺灣為留學國的決定中，的確有「推拉因素」作用存在，如原生國教育管道的暢通程度、對於臺灣訊息的獲得、臺灣的生活費與學費狀況等，皆是影響他們選擇的重要因素。

第十二章「高等教育經營管理議題與趨勢」，為第四篇之首章。該研究以五本學術期刊：教育研究集刊、教育科學研究期刊、教育政策論壇、教育學刊、當代教育研究季刊等，進行內容分析，以瞭解此五本期刊有關高等教育經營管理議題的研究狀況。最後，提出五項研究結果與趨勢：在研究類別中，以生產管理類別的研究成果為大宗；研究方法中，問卷調查、文件或文獻分析比率最高；隨著重要資料庫數據的釋出，相關性研究成果增加；期刊性質會影響到該期刊中高等教育議題研究方向；高等教育經營管理議雖受重視，然未成為主流研究。

第十三章「高等教育機構行銷爭議與展望」為本書之總結，綜合前述十二章之內容，於此將進行高等教育機構行銷爭議與展望的探究；首先，針對高等教育機構推動行銷策略的爭議與評析，包括：教育責任與獲利經營之間孰輕孰重？教職員生是高等教育機構的顧客嗎？高等教育機構需要運用行銷策略嗎？行銷的運用真能提升學生忠誠度嗎？其次則是綜合歸納本書各章節之內容，提出落實高等教育機構行銷的六大展望：建立學校品牌，營造市場區隔的氛圍；善用網路科技，發揮無遠弗界的影響；重視關係經營，落實教育對人的重視；緊密媒體互動，培養良好的媒體關係；善待內部成員，發揮內部行銷的效能；提升研究能量，進行高教行銷的研究。

對於研究者而言，本書代表這幾年研究的努力與成果的展現；在本書中，研究者將近幾年來研究成果進行統整與歸納，並提出對此議題的見解，藉以完成此書之撰寫。撰寫期間，承蒙許多師長的指導與親友的鼓

勵，讓本書得以順利完成；另外，感謝三位匿名審查者，對於內容提供寶貴的建議，讓本書能夠更臻完備；亦感謝本校專書審查制度，肯定研究者的努力，將此書評定為傑出專書等級。最後，感謝本校出版中心協助進行專書審查作業，及後續出版行政作業，讓本書得以順利出版。

陳玉娟　謹誌

2017 年 6 月 1 日

目次

3 | 謝序

5 | 前言

15 | 第一篇　**高等教育歷史發展篇**

17 | 第一章　高等教育發展與挑戰

39 | 第二章　高等教育行銷的發展

65 | 第二篇　**高等教育機構行銷議題篇**

67 | 第三章　品牌行銷議題

91 | 第四章　網路行銷議題

115 | 第五章　關係行銷議題

137 | 第六章　媒體行銷議題

159 | 第七章　內部行銷議題

179 | 第三篇　**高等教育機構實務研究篇**

181 | 第八章　師培學系品牌形象行銷指標建構與應用研究

207 | 第九章　師資培育中心網路行銷運作狀況研究

239 | 第十章　大學媒體行銷對學生忠誠度影響研究

267 | 第十一章　從推拉因素論境外學生行銷策略研究

299 | 第四篇　**高等教育經營管理趨勢與行銷展望篇**

301 | 第十二章　高等教育經營管理議題與趨勢

331 | 第十三章　高等教育機構行銷爭議與展望

344 | **參考文獻**

第一篇
高等教育歷史發展篇

本篇計有二章：高等教育發展與挑戰、高等教育
行銷的發展；首先說明高等教育的發展狀況，其
次則是高等教育機構行銷意涵與運用的必要性，
藉由第一、二章的闡述，以作為後續內容之基
礎。

第一章
高等教育發展與挑戰

本章為本書第一個章節，主題環繞在高等教育發展與
挑戰上。在緒論之後，首先聚焦於高等教育機構的演變，
介紹從中世紀大學一直到現今全球化競爭大學的轉變；其
次，則是說明臺灣高等教育的發展歷史，從 1949 年 12 月
國民政府遷臺後，至現今進入高等教育市場競爭機制的運
作模式；接續，則是闡述目前臺灣高等教育所面臨的問題
與挑戰；最後，則進行全章內容之總結。

壹、緒論

　　臺灣高等教育的發展歷程，充分展現了社會對高等教育的期待，與高度政治力的介入。早年，政府播遷來臺，為了提升國力，賦予了高等教育培育人才的使命，公部門經費的挹注，與大學入學窄門影響下，高等教育被視為是培育國家所需菁英的教育場所。然而，伴隨著民智的開啟，社會人士對於接受高等教育的期待，廣設大學不再只是一種口號，在人民的期待下成為一種教育政策的落實。在廣設大學、專科與學院升格教育浪潮下，造就了今日蓬勃的高等教育生態環境，卻也為今日少子女化的教育現場增添許多挑戰。

　　在高等教育發展過程中，對於學校存在本質認知的差異，造就了不同時期的大學性質，當大學從中世紀大學、現代大學、一直發展到戰後時期的大學，到今日因資訊的發達，讓國家與國家之間的距離大為縮短，提升競爭度強度的全球化大學發展趨勢。反觀臺灣的高等教育機構發展，亦符應了世界高等教育機構演變的趨勢，卻也產生許多經營管理上的問題。

　　基於上述所論，臺灣高等教育經營管理過程中，開始要思索運用企業管理理論的可能性，並且將其運用在學校運作之中，以提升學校運作績效。為此，本書即從行銷的角度切入，將其運用在高等教育機構之中，期能發揮其應有之功效，提升學校運作成效。在此章將論述高等教育機構的演變、臺灣高等教育的發展歷史與其所面臨的問題與挑戰，以作為本書之後論述的基礎。

貳、高等教育機構的演變

　　大學一詞源自於拉丁文「universitas」，係指教師與學生集合所形成

的一般性社團，是屬於歐洲中世紀的教育產物，現今各國的大學可說是源自於歐洲中古大學。當論及高等教育機構時，「大學」（university）就成了最佳的代名詞；雖然大學一詞不足以涵蓋廣義的高等教育機構，然而若只論及四年制狹義的高等教育機構範疇，大學的確可以成為最佳代名詞之一。因此本書中所指之高等教育機構，主要指四年制大學教育體系為主，專科學校不在本書討論之列。

戴曉霞（2000）於《高等教育的大眾化與市場化》一書中，將大學的演變分成幾個階段：中世紀大學的興起，由早期的巴黎、波隆那、沙列諾、牛津四所大學，引領風潮，當時的大學已具有相當的組織，與法人身分，可以擁有財產與簽訂合約的權利；到了十六世紀，大學與教會之間相關影響程度大為提高；時至十七、十八世紀，近代大學開始崛起，許多大學在課程上求新求變，如德國哈勒（Halle）大學進行課程改革，融入法語、數學、自然科學、歷史、地理、政治等內容；十八世紀的工業革命，傳播至各國的結果，更讓大學與產業發展之間產生連結；受到戰後興起的平等主義與 1960 年代人力資本論影響所及，高等教育邁入擴張期。總而言之，高等教育機構的發展，實可追溯至中世紀的中古大學，後來受到社會潮流的洗禮及各種內外在因素影響下，高等教育成為一種蓬勃發展的事業。隨著各國高等教育的蓬勃發展，目前大學的發展大致可以分成三種模式（戴曉霞，2000）：首先為英國模式，強調的是培育社會菁英的博雅教育；其次為德國模式，其可算是研究型大學的濫觴；最後則是重視多元典範發展的美國模式，該模式是影響臺灣高等教育體制甚深的模式，也是目前臺灣高等教育體系仿效的體制。

綜上所述，高等教育發展至今，的確經歷了一長串時間與事件的考驗，始有今日的局面。研究者以時間與事件為區分點，將高等教育機構的演變區分成中世紀大學、現代大學、戰後時期的大學、全球化競爭的大學

四階段，各階段特色與狀況說明如下：

一、中世紀大學：對於中世紀的時間劃分，存在不同說法；中世紀約指 6 至 13 世紀時期，亦有史學家從西羅馬帝國滅亡（西元 476 年），至東羅馬帝國滅亡（西元 1453 年）時，作為中世紀的劃分階段，或是指 5 至 15 世紀間，即西羅馬帝國瓦解到文藝復興之時。劃分方式雖有些許差異，但主要還是涵括 6 至 13 世紀，此一時期歐洲的高等教育機構主要以神學、法學、醫學與哲學為發展領域。12 世紀時，大學重視神學教育發展，做為訓練牧師與僧侶的養成所，當時除了神學知識的教授外，亦重視醫學知識的傳授。14 世紀時，專設有神學、法學、醫學與哲學四科，其中以哲學作為前述三學科的預備科目，凸顯出哲學一科的重要性。中世紀大學可說是目前大學的原型，源自於中世紀歐洲巴黎和波隆那的大學，由教師與學生自主成立「行會」（guild）的形式存在著，目前的大學（university）一詞，則是源自於中世紀拉丁語（universitas），意指同一行業的從業人員結合而成的社團和行會，以傳授知識為主要功能的一種集合體。

二、現代大學：「現代」（Modern）時期主要指 15 世紀文藝復興後至 19 世紀之間，此期間發生許多歷史上著名的大事，如：宗教改革、唯實主義興起、啟蒙運動推展等，大學端亦因這些事件的發生有了改變。如唯實主義的興起，讓大學課程產生改變，其中科學教育成為大學教育中重要的一環。西元 1700 年時，劍橋大學已是數學研究著名的一所大學；日爾曼海爾大學突破教會限制，成為歐洲第一所新式大學（伍振鷟，2008）。直到十九世紀初，德國柏林大學才將研究功能納為大學的基本任務，這一改變影響英、法與新大陸大學的發展，形成今日在教學之外所突顯研究功能的大學型態（許士軍，

2009）。二次世界大戰前夕，德國大學在全球佔有一席之地，當時諾貝爾獎得主中，德國人獨佔 30%強，足見德國大學的表現與影響力，可說超過現今高等教育發展蓬勃的美國或其他國家，亦不為過。

三、戰後時期的大學：受到二次世界大戰（1939-1945）時，英美德各國學術界對國家的貢獻、戰後的平等主義興起、現代化理論與人文資本論受重視的影響，高等教育在 1950 年代後得以快速擴張，因此二次世界大戰結束之後的半個世紀，各國高等教育最顯著的改變，就是高等教育大眾化的發展趨勢（戴曉霞，2000）。承接著戰後德國人才的流失，致使美國大學獲得許多優秀的教育人才，促成了美國高等教育的蓬勃與發展。

四、全球化競爭的大學：進入 21 世紀後的高等教育，隨著交通與資訊交流的便利與頻繁，其所面臨的競爭已不僅侷限於國內，國外的競爭與挑戰接踵而來，讓高等教育機構身處於全球性的高度教育競爭環境中。各國高等教育彼此之間的影響日益深切，國際化與全球化趨勢成為高等教育機構經營管理者必須面對的挑戰；此階段隨著高等教育財政支出大增，但政府卻無法全力支應的情況下，如何增加學校收入與生源，成為學校經營管理者重要課題；對於少子女化的臺灣而言，高等教育機構所面臨的挑戰與困難，更甚於其他國家。全球化與市場化潮流中，大學面臨來自政府的壓力，要求大學在接受政府經費挹注同時，亦要提出相等的產出作為回報（Mok & Welch, 2002），至此，非營利性質色形濃厚的高等教育機構，已不得不思考如何在營利與非營利之間取得平衡，運用營利性經營管理策略，提升學校經營管理績效。

綜上所述，高等教育體制與機構的發展，從原本僅為少數人的集合，以少數單科為主的大學，發展至今，已成為具有一定組織制度與規模的機構，學校間的競爭強度提升，教學與研究之間孰輕孰重的爭議頻仍，然而營利性經營模式在高等教育機構中運用的必要性，已是不爭事實。從上述高等教育的發展過程來看，現今大學經營管理者所面臨的挑戰更大；在此困境中，利用行銷策略形塑正向品牌形象，提高學校知名度，已是各校積極發展的方向之一。

參、臺灣高等教育的發展歷史

瞭解國際間高等教育的發展狀況後，在此將以臺灣高等教育為探究範疇，分析從 1949 年 12 月國民政府遷臺至今，高等教育機構的發展狀況。在近七十年的發展過程中，研究者依時代背景、重要事件、法令修訂或是高等教育狀況等因素，將臺灣高等教育的發展歷史分成五階段，依序為：高等教育戰後起始階段、高等教育人才經濟起飛階段、高等教育民主起步階段、高等教育蓬勃發展階段、高等教育市場競爭階段。茲將各階段之時間劃分、重要事件、教育發展狀況等，說明如下：

一、高等教育戰後起始階段（1949-1959 年）

1949 年 12 月，國民政府播遷來臺後，開始進行臺灣本島的各種建設。當時不只經濟上百廢待舉，教育建設亦是如此；在此時期，高等教育發展正處於起始發展階段，全臺僅有 4 所高等教育機構（1 所大學、3 所獨立學院）；經過四年的努力，時至 1954 年，共設有 5 所獨立學院與 2 所大學，首度突破原先僅有 4 所學校的狀況。隨著時間的推進，高等教育機構校數亦隨之增加。從學校數目來看，此時期高等教育係處於戰後起始

發展階段，不只是校數從個位數開始增加，接受高等教育人數亦隨之提升；從 39 學年度的 5,379 位學生（合計大學與獨立學院），到了 43 學年度已成長為 9,205 位學生，隔年更突破萬人大關，此後學生人數持續成長。

　　此一時期，政府透過戒嚴令和動員戡亂時期臨時條款等法令的支持，黨政合一下以軍領政，以安然渡過遷臺後的社會與政治動盪期。然而，長期戒嚴令的實施，卻也讓臺灣高等教育難以發展出自主多元開放與專業的特色（洪雯柔，2011）。誠如前述，戰後的臺灣高等教育在校數與學生人數上，的確呈現成長趨勢，甚至是以倍數在成長，但是在高等教育多元發展與學術自由的進展上，則因政經問題而顯得緩慢。此時期的高等教育機構經營管理模式，主要在貫徹政府意志，落實政策執行，政府亦投注相當經費維持高等教育的運作，在學生來源人數不虞匱乏情況下，招生議題不是此階段學校所要面對與處理的工作，學校端亦無需正視行銷策略的應用，此時期學校經營管理者亦無需有行銷學校的概念與意圖。

二、高等教育人才經濟起飛階段（1960-1986）

　　1960 年代，為臺灣經濟起飛的重要起始階段，也是臺灣工業產值首次高於農業產值的年代。1960 年，專科學校校數首度站上 20 所大關，之後一直保持著成長的趨勢。當年因為有技職教育培育出的專業人才，為臺灣勞動市場投入許多新血，促成社會經濟蓬勃發展的結果，臺灣技職教育成為各國爭相仿效的教育體制。剖析臺灣的經濟發展階段，1960 年代正處於農業與工商業的交換期，從農工業發展期（1953～1962），轉為工商拓展期（1963～1973）與工商轉型期（1974～2000）（吳永猛等，2002；段承璞等，1992）。工商拓展期，政府採出口導向策略，設立加工出口區，積極發展勞力密集產業，期能達到「以貿易促進成長，以成長拓展貿

易」的策略目標；到了工商轉型期，政府則積極發展重化工業、推動著名的十大建設，進入了「調整經濟結構，促進經濟升級」策略時期。

此時，為因應國家建設與經建發展需要，臺灣大學教育乃急遽地擴展，一時復校、改制與新設的大學及獨立學院，幾如雨後春筍般出現（歐陽教、黃政傑，1994）。在此階段，臺灣教育制度中，引以為傲的技職專科教育也在此時奠下重要的基礎，從 53 學年度專科學校數首度達 20 所，之後逐年增加，到了 69 學年度達到高峰（77 所），十多年間，專科學校數成長近四倍。此階段是專科學校蓬勃發展的階段，為臺灣產業培育許多基礎人材，滿足國家發展的需求，成為經濟起飛的重要里程碑。在人才經濟起飛階段，學生來源人數不虞匱乏，不管是專科學校、獨立學院或是大學，皆沒有招生危機的產生，因此學校經營管理者可以將主力投注於培育國家所需要的人才上，對於國家經濟發展貢獻良多。

三、高等教育民主起步階段（1987-1993）

1987 年，對於臺灣人民而言，是重要且深具時代意義的一年。1987 年 7 月 7 日，當時立法院院長倪文亞宣告解嚴案通過；前總統蔣經國在同年 7 月 14 日發佈具歷史意義的總統令，宣告臺灣自十五日零時起解嚴，之後陸續開放黨禁與報禁，許多禁書與禁歌開始流傳於世，成為臺灣民主發展的重要關鍵時期。在這短短的五、六年間，臺灣開始正式走向西方式的自由與民主社會模式，亦開始對各級教育內容有進一步的審視與改革。

在此發展階段，高等教育有感於長期受到教育部的管制與規範，缺乏實質自主性，於是「校園民主化」、「教授治校」、「學生參與校務」等訴求紛紛出現（詹盛如，2010），在民主自由的氛圍之下，學生評鑑教師教學表現、學術主管經由推選產生、校園言論自由化，成為此一階段民主

自由化的成果。此時期學校校數與學生人數呈現增加趨勢，然增加幅度已較為平緩，大學錄取率只有三、四成，與現今高達九成以上的錄取率相比，落榜人數遠高於能順利考上大學的人數，大學學生來源不缺，學校對於行銷議題自然不列為重要工作項目。此時，高等教育的經營管理著重在民主與自由議題上，重新檢視學校治理面的合理與不合理之處。

四、高等教育蓬勃發展階段（1994-2005）

　　1994 年所修訂的《大學法》版本中，聚焦於學術自由、大學自主、學生自治與教授治校等自由民主議題之上，可以說是延續前一階段對於高等教育民主自由化的渴望與期待。除了在法制上對高等教育自由民主化的努力外，1994 年 4 月 10 日，為改變現有教育體制，臺灣民眾第一次為了教育改革走上街頭。此次 410 教改遊行提出「落實小班小校、廣設高中大學、推動教育現代化、制定教育基本法」四大訴求，同年教育部召開第七次全國教育會議，行政院更於同年 9 月成立教育改革審議委員會，由時任中研院院長李遠哲出任主任委員兼召集人，兩年後提出《教育改革總諮議報告書》。1996 年 12 月完成的《教育改革總諮議報告書》，提出教育鬆綁、帶好每個學生、暢通升學管道、提升教育品質、建立終身學習社會做為教育改革的基本方針（教育部，2015a）。為落實《教育改革總諮議報告書》之建議，教育部於 1998 年擬定《教育改革行動方案》，經行政院「教育改革推動小組」審議通過，以 5 年時程，自民國 87 年 7 月至 92 年，編列經費 1,570 餘億元，實施 12 項工作計畫，其中與高等教育相關者為：促進技職教育多元化與精緻化、健全師資培育、追求高等教育卓越發展、暢通升學管道、充實教育經費與加強教育研究等。

　　此一階段，政府回應了 410 教改遊行的訴求，開始廣設高中大學，教育部統計數據顯示：1994 年獨立學院和大學為 58 所、專科學校為 72

所，五年後（1999 年）獨立學院和大學竟已突破百家大關，成長至 105 所；在此時期，雖然專科學校校數不增反減，但實肇因於專科學校升格為大學（學院）所致，因而此類型學校數目大幅滑落為 61 家，之後則以每年 10 所以上的幅度在銳減中（教育部，2015b）。總體而論，高等教育機構數目與招生人數呈現增加的趨勢，致使接受高等教育不再只是少數人可以獲得的教育資源。廣設高等教育機構的政策走向，早已反映在大學錄取率數值上，從 1994 年不到四成五的錄取率，到了 1997 年已突破六成；此一階段，學生來源仍算充足，學校端則不需為了招滿學生感到壓力。

五、高等教育市場競爭階段（2006 至今）

在廣設高中大學，提高學生就讀高等教育比例的政策方針下，臺灣青年學子接受高等教育已成為教育常態。據教育部（2016a）統計資料指出：2006 年時，聯招（含指考）錄取率首次突破 90%；當年度指定科目考試錄取人數除以繳卡登記總人數×100 %後，錄取率已高達 90.93%，創下歷史新高，隔年更高達 96.28%，形成考不上大學比考上大學還難的獨特高等教育狀況；到 2016 年，更出現近三千名的缺額，有二十多間學校未能足額錄取，甚至有學校缺額率近七成。面對高等教育大眾化所帶來的挑戰，解除管制、刺激競爭、提升效率與確保品質，成為政府的對應措施（戴曉霞，2000）；但是，在此高度競爭的高等教育環境中，如何生存已是許多學校的當務之急。

高錄取率背後所代表的意義是：高等教育機構面臨前所未有的招生考驗，為了要招收優質且足額的學生，學校端所面臨的經營管理壓力大為提升，而學生成為高等教育機構重要相關利害人的形象亦在此階段中成形。高等教育機構數量增加，學生入學機會大增，但是國人每年創新低的出生率，不得不讓人對政府與高等教育機構提出警語，從每年出生人數推

算，2016 年成為大學倒閉潮大限。其實早在 2014 年時，已有首間大學倒閉，繼高鳳數位技術學院倒閉關門之後，屏東的永達技術學院也因招生狀況不佳，同樣遭遇倒閉關校的結果。面對全球性高等教育競爭激烈及國內少子女化衝擊，並為營造大學自主環境，提升我國高等教育品質，教育部近年已逐步修正法令，營造大學成為更自主的環境，賦予大學更寬廣的經營空間與辦學彈性，並且推動競爭型經費補助計畫、深化產學合作、開放陸生來臺及採認大陸學歷等，期望透過各類措施與方案的推動，積極提升我國大學競爭力。在此過程中，大學經營效能受到矚目，包括整合高等教育資源，合理調整大學經營規模，同時提升大學自主經營及運作管理效能，強化大學辦學績效（教育部，2015c）；在重視大學經營效能的同時，無形中模糊了高等教育機構與營利性組織之間的界線，讓商業性組織的各種行銷策略，在高等教育機構中受到重視。

在高等教育領域中，高等教育機構、國家、消費者一直是三者並存的，只是他們之間的關係是動態的，是隨著高等教育的發展、社會的需求及時代思潮而與時推移（葉至誠，2002：32）。前述臺灣高等教育發展過程，的確符應學校、國家、消費者的動態發展關係，早期是國家角色居重，主宰高等教育的發展方向；之後在教授治校、學校自主呼聲之中，相關教育法令的修改與配合下，讓學校端的角色地位加重；近十年來，由於市場化、全球化與少子女化的衝擊下，讓學校經營管理議題浮出檯面，消費者意識亦在高等教育機構經營管理過程中發酵，讓營利性策略成為學校端治理的重要發展趨勢，影響到學校的經營管理理念與模式，更凸顯本書議題之重要性。

肆、臺灣高等教育的問題與挑戰

　　近十年來，對臺灣高等教育發展而言，可算是處於改革與突破的重要階段。近來教育部推出一連串的高等教育政策改革，期能讓臺灣高等教育達到全球化與優質化的目標。在臺灣社會與政治氛圍下，高等教育機構與制度的確面臨許多挑戰與問題；對於這些高等教育的問題與挑戰，已有許多專家學者撰文討論；如：洪雯柔（2011）針對臺灣高等教育可能面對的問題以及因應策略，提出幾項批判議題：新自由主義思潮對社會正義之爭、市場化商品化對人文素養之爭、研究與教學之爭、營利與研發之爭。張瑞雄（2012）在教育問題眾聲喧嘩之際，提出高等教育六大問題，包括：大學太多，生源太少；學雜費和補助制度的不公不義；大學入學制度的僵化；資本主義的要求，但卻是社會主義的做法；高教和技職高教的混淆和定位不清；教育部的嚴格管制，讓各大學沒有辦學彈性。郭添財（2014）則以臺灣高等教育近年來面對少子女化、市場化、自由化、國際化的衝擊之下，提出高等教育面臨的問題與困境：大專院校數量激增，高教資源受排擠且不足；高教人口僅剩一半，規模太小經營困難；高教學用落差，就業供需失衡；高等教育未能培育優質的公民素養；人才全球流動化，國際競爭力不足。上述各專家學者所提出的問題與挑戰，共同見解之處甚多，如生源不足、市場競爭、入學制度、經營效能與教學研究爭議等，已成為常被提及的問題與挑戰。

　　從教育部 99 至 102 年度（教育部，2015d），與 102 至 105 年度（教育部，2015e）中程施政計畫內容改變來看，有關高等教育部分的施政主軸差異不大，包括推動技職教育再造方案與典範科技大學，培育優質專業人力；發展國際一流大學及頂尖研究中心計畫，提升國內高等教育研究影響力；獎勵大學教學卓越計畫，為匡正國內「重研究，輕教學」之傾

向；強化大學產學合作成效，以彈性因應產業界之需求變化；招收大陸與國際學生，以因應全球化及少子女化現象。若進一步從教育部（2015f）2015 年 4 月 9 日公告的《105 年度施政方針》中，第二條提及「推動高等教育創新轉型，建構一流大學典範，推動以大學為核心之區域創新系統；引導高級人力發展知識密集產業，強化產學與跨領域實務博士菁英養成。」第三條「持續推動技職教育再造，培育優質技術人力，縮短學用落差；強化產學連結，建構產學合作共同育才、試產、創業、研發，校園土地共用、人才共用、智財共用之創新模式，提升技職教育競爭力。」與第十二條「擴招優秀境外學生，營造留學臺灣之友善環境；吸引優秀僑外生留臺工作，建構多元化人力資源；強化學生語言能力及國際視野，提升青年全球移動力；整合學校、國際志工組織、國際品牌企業，共同培育國際級人才。」皆是與高等教育發展息息相關。

　　由前述 99 年以來教育部中程施政計畫與年度施政方針內容來看，突顯出臺灣近年來高等教育場域所面臨的挑戰與問題所在。在廣設大學之後，卻面臨國人生育意願降低，生源嚴重不足，威脅到高等教育機構的永續經營，至此創新轉型成為目前解決高等教育困境的策略，此外積極招收僑生與國際學生，以降低臺灣生源不足對高等教育機構的傷害；在長期重研究輕教學的高等教育場域中，為提供高等教育機構與教師投注於學生教學的動機，陸續推動好幾期的教學卓越計畫；為了讓少數大學可以擠進國際排名，以聚焦式且競爭的經費補助模式，投注到少數學校，以求學校在世界大學排名可以大幅進步。諸如此類的施政方針與計畫內容，除了強化教育部對高等教育發展引導的作用，另一方面也凸顯出臺灣高等教育機構所面臨的問題與困難。

　　綜上所述，臺灣高等教育問題眾多，然而為符應本書之撰寫主軸，在此將著重在狹義的高等教育經營管理範疇，探討目前高等教育機構與制度

所面臨的四大問題與挑戰：

 1. 高等教育普及，學校招生壓力倍增；

 2. 學術研究至上，教學型教師受冷落；

 3. 學雜費調漲難，經費侷限影響發展；

 4. 服務趨商業化，學生身分已顯模糊。

　　茲將四大問題與挑戰，分述說明如下：

一、高等教育普及，學校招生壓力倍增？

　　臺灣高等教育入學率已達到普及程度，依教育部（2014）統計資料指出：2011 年時，25-34 歲接受高等教育之人口比率，首次突破六成，達60.6%，之後逐年提升，到了 2013 年時，已成長至 64.2%，比經濟合作暨發展組織（Organization for Economic Co-operation and Development）主要會員國的比率還高。高普及率反映出臺灣高等教育機構數眾多，招生學生數亦隨之增加：從政府遷臺時高等教育機構僅 7 所（3 所科專、1 所獨立學院、3 所大學），至 2007 年達到 164 所的巔峰時期，五十多年間，成長近 24 倍；就學人數，從 1950 年的 20,132 人，到了 2007 年已達1,308,977 位學生，成長幅度達 65 倍之多。在學校數與就學人數增加的同時，臺灣的出生人口卻是呈現負成長趨勢，低迷的出生率氛圍，讓臺灣社會在 2008 年時，首次面臨出生人數不足 20 萬人的歷史新低點，到了2010 年，更只有 166,886 位新生兒，間接衝擊未來高等教育機構的招生業務。由教育部（2015c）與內政部（2015）的統計數據可以看出，臺灣高等教育普及的現況與事實；然而一味提升國人整體教育水平同時，政府如何管控高等教育質與量的發展？高等教育機構經營者如何在質與量取捨中達到平衡？成為高等教育經營管理的重大挑戰。

統計數據顯示：各級學制的招生人數與國內人口出生率比例，已產生失衡狀況。在正規教育體制中，國民教育階段是最早受到招生衝擊者，在少子女化問題無法有效緩解狀況下，2016 年成為大學階段面臨少子女化衝擊的生死存亡關鍵年。為有效降低少子女化對高等教育機構的衝擊，教育部積極推動學校整併、高等教育創新轉型與科系減招等策略，如：教育部（2015f）於 2015 年 3 月提出《高等教育創新轉型方案》，提出高階人才躍升、退場學校輔導、學校典範重塑、大學合作與合併等四大執行策略。在高階人才躍升部分，從建立媒合中介培訓導入機制開始、推動菁英導入產業人才轉型、與產學研人才加值培育，緊密高等教育教師與產業的聯結，未來可以進行教師職涯轉介服務及輔導；其次則是對學生、教師與行政人員進行學校退場時的妥善安排機制，並且針對學校資源與性質進行輔導；再者，從促進學校創新轉型，培育多元創新人才理念著手，輔導學校典範重塑；最後，則是進行大學合作與合併，藉由降低學校數方式，提高學校規模效益，減低少子女化對高等教育的衝擊。

　　不管教育部的策略為何，對於身處教育第一線的高等教育機構而言，「高等教育普及，學校招生壓力倍增」，已是不爭的事實。傳統給予獎學金招攬學生的方式已是普遍性策略，為了能夠出奇制勝，各校競出奇招，送筆電、平板、學雜費減免、保證住宿、交換學生、就業保障、雙學位等，已是常見吸引學生的手段，在此過程中，或因地理位置偏遠、或因學校排名不佳、或因就業難度較高等因素，影響學校招生成效。為了提高學校招生成效，招生壓力已擴及學校教師，至此「教師業務員化」成為教育場域中可見的事實。因此，在學生生源不足的社會現實下，學校招生壓力與日俱增，影響所及，讓學校端開始不得不思考運用營利性組織的經營管理模式，以達到學校永續經營的目標。

二、學術研究至上，教學型教師受冷落？

　　高等教育教師主要工作是教學？或是研究？兩者重要性應如何排序？一直是倍受爭論的議題。以現今各校聘約觀之，服務於高等教育機構的教師，需顧及教學、研究、服務與輔導三大面向；若進一步將這三大面向排序，因應學校性質不同，則會產生不同的序列比重；但是，大多數學校在教師工作重要程度排序上，主要還是研究掛帥為大宗，如：教師生涯發展中重要的升等制度，「研究」扮演主導升等成敗的關鍵角色；在教師評鑑項目中，研究面向亦佔有相當比重。此一重研究走向，從政府的教育政策與施政方針中，即能得到驗證；近兩期的教育中程施政計畫（教育部，2015d、e）中，即將「發展國際一流大學及頂尖研究中心」列為重要目標，各校為獲得政府競爭型經費補助，紛紛以提升學校在國際間的排名為目標。依據英國高等教育調查機構 QS 公司 100 年公佈之世界大學排名，臺大、清大、成大、交大、陽明、臺科大及中央等 7 校進入前 500 名，而上海交通大學 100 年公佈之世界前 500 大學評比，臺灣也有 7 校進榜（教育部，2015e）；在這些進榜的學校中，其校內設有各種提升研究能量的獎勵與規定，與政府補助經費之間形成緊密的連動關係。

　　在強調學術研究至上，一切以量化數據為評分導向，以「I」級期刊篇數為評量準則的要求下，造就了獨尊學術研究的高等教育氛圍。這樣的學術氛圍在鄰近的中國大陸亦是如此，出現「要發表？還是出局？」（Publish or Perish）的論調，讓學術界對大學教師的評鑑和升等政策提出質疑與反對意見（閻光才，2009）。臺灣在 2006 年開始全面推動 5 年 500 億「邁向頂尖大學計畫」，經過近十年的努力，提升了臺灣學者在國際期刊論文發表數量，但是論文引用率卻與論文成長數量不成正比。再者，依教育部（2016b）統計資料指出，目前就讀高等教育人文與社會類

別的學生，約佔 57.2%，而科技類別學生為 42.8%，然而邁向頂尖大學計畫的經費補助範圍，補助各校頂尖領域部分主要集中在理工領域，人文社會領域倍受冷漠。在國內高等教育對於研究數量多寡、大學排名前後熱衷追求之際，服務於高等教育機構的教師們，為了工作、評鑑或升等，只好盡力生產學術論文；日積月累之下，造就了學術研究至上，研究型大學與教師較受重視，而教學型教師勢微的高教氛圍。

學術研究為高等教育教師的重要工作之一，在各校教師聘約中皆可以得到驗證。但是，「教學」亦應是教師的另一個重要工作，不能為顧研究而失教學。為了扭轉過於獨尊 SSCI、SCI 的氛圍，國內最重要的學術研究補助機構：科技部於 2012 年 7 月宣佈取消過去採用的「研究表現指標」（Research Performance Index，簡稱 RPI）公式，改以計畫本身內容和申請者過去表現，作為判斷該研究案是否能通過的標準，期能藉由取消單一指標計分方式，改以多元衡量指標，改善學術界偏重論文數量的研究風氣（科技部，2015）。

國內大學「重研究、輕教學」之風盛行，恐造成大學畢業生基本核心能力欠缺，削弱我國高等教育的競爭力；有鑒於國外致力於大學教學卓越典範之建立，期望藉由提升大學教師專業素養，以培養學生紮實的基本核心能力，滿足知識經濟下迫切的人才需求，教育部（2015g）於 2004 年 12 月頒訂「獎勵大學教學卓越計畫」，由各校提出計畫爭取，期透過競爭性的獎勵機制，鼓勵大學提升教學品質並發展國內教學卓越大學典範；2005 年推動之初，編列 10 億元經費，補助 10 所學校進行教學改革與提升計畫，隔年則加碼為 50 億元，計有 28 所學校受惠（教育部，2015g）。執行至 2015 年，增加此競爭型計畫補助學校名單，當年度補助中原大學等 33 所學校，核定補助經費額度為 15 億 6 千 8 百萬元。此外，為改變長久以來學術著作升等所造成偏重學術價值、未能結合學校特

色、與制度過於單軌不符國際潮流的問題，教育部於 102-105 學年度，推動多元升等試辦方案，102 學年度推動教師多元升等制度試辦學校通過名單，計有國立中興大學等 28 校（10 所公立，18 所私立）。推動之初，是否能撼動行之有年的學術著作升等制度，其成效仍有待觀察；然而，從教育部的政策引導角度來看，此一改革的確肯定教學型教師對於學校的貢獻，重塑教學者的地位，期望藉由建立多元升等制度，引導老師專業多元分工，展現教學類型教師的重要價值與思維。

三、學雜費調漲難，經費侷限影響發展？

許多國家已將學雜費的調升與調降，交由市場機制決定；當學雜費收入不足以支持學校正常運作時，調升學雜費成為可行的開源策略。以加拿大為例，學雜費可謂是年年調升，以 2013／2014 到 2014／2015 年為例，大學部各類科系中，以法律類科系平均調幅最高，達 4.7%，最低的教育類科，也有 2.6%的調幅（Statistics Canada, 2015a）；在研究所部分，學雜費亦是呈現調漲趨勢，商業、管理和公共行政類，平均調幅達 4.5%（Statistics Canada, 2015b），為同時期所有類別科系調幅最高者。除加拿大外，美國、比利時、英國等亦曾因高等教育機構的支出增加，在經費不足下調漲學雜費；此一舉動雖引起社會大眾的抗議，然而為了學校組織的永續經營，仍不得不調漲高等教育學雜費，以利學校運作。

前教育部長楊朝祥（2007）在《國政研究報告》中指出：「大學所以一再調漲學費，並不是國內工資大幅提升的緣故。過去六年，國內工資調漲不到百分之八，但私立大學學費增加百分之二十，公立大學攀升百分之四十，其最主要的原因是近年來大專校院一再的增加，學生人數也日漸增多，但高等教育經費並沒有比例的提升，結果各校，不論公立或私立學校，從政府所得的補助日益減少，而對外界募款又沒有突出成績的情況

下，不得已只有從學生的學雜費調升著手。」雖然學雜費調升，不失為在政府補助高教經費不足下，另一個解決策略；然而，學雜費的調升在國內不單只是市場機制運作下的產物，更是一種政治性議題。每當政府或高等教育機構端釋出調漲學雜費的政策或訴求後，緊接而來的往往是社會大眾的抗議、媒體的炒作與政治人物的操弄，最後學雜費調漲案多是胎死腹中，不了了之，調漲失敗的例子，遠多於成功調漲的校數。

　　1995 年時，平均每位大學生分擔教育經費為 198,611 元，至 2012 年，卻只增至 206,827 元，由於前揭數字並未考慮通膨因素，若再將物價膨脹因素納入考量，則將發現近二十年來，我國大學生平均每生分攤教育經費實質上並未成長，甚至呈現下滑趨勢（詹盛如等，2014）。《教育經費編列與管理法》對於教育經費的編列有法定規範，依規定教育經費應是增加的，但在各方極力爭取情況下，許多的教育經費透過行政院統籌分配方式下放至地方，用之於高等教育的經費卻日漸減少（楊朝祥，2007）。為穩定高等教育機構的發展，學校端不得不思索有效且穩定增加收入的策略，其中學雜費的調漲即是其中重要策略之一。其實與國際其他主要國家相比，臺灣的高等教育學雜費佔國民平均所得比值的確較低，但此一數據並無助於促成高等教育調漲學雜費的成功。一味壓抑學雜費調漲案，對於家長與學生就學經濟壓力緩解，雖有成效，但是學校端卻在缺乏足夠經濟支持下穩定經營運作的結果，最後可能導致雙敗的局面─學校苦撐，降低服務品質，最終受害的還是學生。

　　高等教育的良窳影響國家社會經濟的發展，許多國家將高等教育機構視為富國強民的推手，大力推動高等教育發展；在臺灣，高等教育經費難以大幅提升，每生平均教育經費自無法有效提高的窘境下，要提升高等教育品質與國際競爭力，實有其難度。

四、服務趨商業化，學生身分已顯模糊？

　　高等教育算是服務業嗎？至今仍有不同的立論與爭辯。在經濟合作與發展組織公佈的《2014 年高等教育概況》（The State of Higher Education 2014）報告第二章中指出（Glass, 2014）：數十年前，高等教育機構即面臨提升效能、彈性與創新改革的組織變革要求，在財政變革影響高等教育永續經營的同時，高等教育機構面臨更大的壓力，並擔負著教學、研究、創新和在地經濟發展的責任；在此前提之下，成本結構（cost structure）、收益（revenue）、機構價值主張（institutional value propositions）等商業模式，在高等教育機構應用的可能性與重要性大增。

　　「服務品質的提升」為教育部重大政策之一，在服務品質獎評選過程中，評核項目包括服務流程、機關形象及顧客關係，及服務流程便捷性、服務流程透明度、機關形象、顧客滿意情形等四大指標，已充分將商業界所使用的服務行銷、消費者滿意度、服務品質概念等融入其中（國家發展委員會，2014）。103 年度教育部推薦國立嘉義大學與國立高雄科技大學參與服務品質獎評選，雖未獲獎，然此一推薦行動，卻代表對高等教育機構服務品質提升重要性的認同。從國內近幾年來高等教育改革趨勢與政府相關政策的推動狀況觀之，社會大眾對教育的認知與涉入程度加深，的確讓高等教育機構的經營模式有了改變。長久以來，國立大學挾著政府經費的支援，以較低廉的學雜費與國人對公立學校的正向認知態度，讓國立大學佔有經營管理上的優勢；然而在少子女化與市場化、全球化風潮之下，教育市場競爭強度的提升，讓他們不得不思考更彈性且有利的經營模式，至此商業化服務模式已在這些高等教育機構中成型、茁壯。對於私立大學而言，其所面臨的挑戰與競爭，更甚於國立大學所要面對與承擔的，因此對於高效能的經營管理需求更為迫切。

高等教育服務商業化已是不可避免的趨勢，但是高等教育機構的本質是教育，在此教育環境中的「學生」身份定位與識別，倍受爭議；與其說學生是學校教育下的產物，以產品（product）的概念來看待學生，認為教育決定權應該在校方，學生只是被雕塑出的產出物圖像，此一立論主張並不符合目前高等教育運作的實際狀況。然而，若將學生視為學校的主要消費者，似乎又貶抑了教育存在的價值與意義。或許我們可以從不同的角度來看待學生的身份與角色，以達到學校與學生雙贏的目標。Holdford（2014）以藥學學生為研究對象指出，到底學生是消費者？還是病人才是消費者？主張：將病人視為消費者，而學生應該是和學校共同合作者，教育模式應跳脫以學生為消費者的「學生被教」模式，教育應該是一種合作的概念（education is a collaboration），學校和學生一同對學生學習教育負責；教育的目標不再只是「學生滿意度」，而應該是專業競爭力的培養；教育的產出也不再只是一個成績，而是專業能力的養成；學校成員並非只是服務學生，而是要和學生一起努力創造共同的學校經驗。目前，國內高等教育評鑑活動中，則以「互動關係人」或「利害關係人」來界定學生與學校的關係，雖不獨斷將學生視為消費者，而是從關係互動密切角度切入，將學生視為學校經營管理時的重要利害關係人角色。總而言之，學校已無法否認高等教育服務商業化的事實，更無法自外於此一市場趨勢外，但是學校應在身為教育者的堅持下，與學生共創雙贏的高等教育體制。

綜合前述，目前國內高等教育機構所面臨的挑戰與問題多元，對於學校經營管理者而言，新時代的來臨，意味著學校經營管理策略需要在競爭中求生存、在傳統中求創新、在穩定中求進步，克服高教普及後所產生的招生壓力，建構研究與教學相長的高教生態，在有限的經費下穩定發展校

務，而不迷失在營利性組織獲利的洪流之中，為明日的臺灣高等教育發展，創造新的氣象。

伍、結論

　　從高等教育機構的演變過程來看，歷經了中世紀大學、現代大學、戰後時期的大學與全球化競爭的大學，機構的經營管理模式隨著各階段改變，而有了不同面貌。反觀臺灣高等教育的發展史，從 1949 年 12 月國民政府遷臺開始開展，可以區分成：1949 年至 1959 年的「高等教育戰後起始階段」、1960 年至 1986 年的「高等教育人才經濟起飛階段」、1987 年至 1993 年的「高等教育民主起步階段」、1994 年至 2005 年的「高等教育蓬勃發展階段」、與 2006 年至今的「高等教育市場競爭階段」。

　　在不同階段中，高等教育機構承擔著不同的教育使命與社會的期待；時至今日，高等教育機構與制度更面臨四大問題與挑戰；高等教育普及，學校招生壓力倍增、學術研究至上，教學型教師受冷落、學雜費調漲難，經費侷限影響發展、服務趨商業化，學生身分已顯模糊，讓學校經營管理議題浮出檯面，其中行銷策略的運用開始受到重視，成為維繫學校運作的重要因素之一。

第二章
高等教育行銷的發展

　　本章探討重點置於高等教育行銷議題上，為了對此一議題有更深入的認識，在此首先對「行銷」的意涵與沿革進行說明，以作為其後「高等教育行銷機構的意涵」之基礎，最後，則是針對目前臺灣高等教育機構需要行銷策略運用必要性之論述與本章結論。

壹、緒論

　　行銷活動已和人們的生活產生緊密的聯繫，每天我們都參與生活周遭的行銷活動，看到行銷策略的實踐；我們可以從電視媒體、平面廣告或是生活周遭環境佈置，甚至是所接觸到的物品包裝等諸多地方，發現行銷的蹤跡，體驗行銷的活動，接觸到行銷的產物；不可否認，行銷已廣及並深入到社會每個角落，對於大眾生活的影響力不容小覷。任何的產品、服務或觀念，需要藉由好的行銷活動，以推銷到目標市場之中，行銷活動不再只是營利性組織的專利，就算是非營利組織也迫切需要行銷活動的規劃與執行，以完成組織既定的目標。我們可以看到公益團體邀請藝人擔任形象大使、政府單位為政策進行電視廣告宣傳、學校校門口設置獲獎榮譽的跑馬燈、醫院拍起醫護人員形象廣告等，諸如此類的活動，就是行銷策略的運用，藉以推廣機構理念或是進行品牌形塑。

　　臺灣高等教育發展至今，正提供行銷活動更為寬廣的表現空間。臺灣高等教育的發展歷史，可以說是從菁英教育體制，發展至普及教育的一部教育擴張史。從 63 學年度，計有專科學校 76 所、獨立學院 15 所外，另有大學 9 所，合計 100 所高等教育機構；二十年後（83 學年度），專科學校雖微幅下降為 72 所、獨立學院卻已成長一倍以上（35 所）、大學亦成倍數增加到 23 所，合計 130 所；到了 103 學年度，專科學校僅剩下 14 所，獨立學院為 21 所，但是大學卻增加到 124 所，合計 159 所高等教育機構的盛況，讓臺灣名列高等教育普及率高的國家之列。在校數與招生人數倍增的高教發展趨勢下，進入高等教育機構就讀的窄門不再窄，高等教育機構從生源不虞匱乏，到面臨招生不足的窘境，至此如何行銷學校，提升社會大眾對學校的正向認知，增加家長與學生的選校意願，以招攬更優質的學生，成為現階段各高等教育機構經營管理者所要面對的重大挑

戰。

　　在高教蓬勃發展的今日，除了維持穩定的生源，如何增加學校的經費收入，已成為影響學校永續經營的重要因素。對於公私立高等教育機構而言，政府經費挹注仍是學校重要的財源，然而近幾年來，國內政府部門開始跳脫齊頭式的補助方式，將部分經費改以競爭型補助模式，由政府規劃發展方向，學校則逕自提出計畫申請。利用競爭型經費補助模式，一來有助於政府政策的推動，二來有利於引導高等教育的發展方向外，更有助於經費使用效能的提升。此種經費補助模式與美國高等教育資源補助改革方向一致，美國政府為回應社會大眾的期望，州政府開始減少齊一式經費補助的計算公式，同時加入更多的績效指標，推動績效表現型經費補助模式（Performance-based funding）；在美國各州績效表現型補助指標中，除採計學生人數此類基本計算指標外，亦將地方政府的需求與教育發展方向列入指標評量中，以引導高等教育的發展方向，使其可以滿足地方政府與國家社會的需要（NCSL, 2014）。在重視績效表現的年代，高等教育機構除了達成必要的教育使命外，若能形塑出正面且有績效的機構形象，對於增加外部經費的獲取將能發揮正面效益；因此，善用各種行銷策略，形塑學校正向品牌形象，對於高等教育機構的發展，實有所助益。

　　源自於營利性組織的行銷概念，目前已廣為高等教育機構所採用。林俊彥與張惠雯（2009）從我國高等技職校院行銷管理模式角度切入，以Kotler 與 Keller 的全面行銷理論：內部行銷、整合行銷、關係行銷與社會責任行銷四個關鍵因素為架構，提出對於未來我國高等教育實際推動行銷策略時之參考。然而，研究指出（黃義良、丁學勤，2013）：目前國內學校大多欠缺整體性的策略行銷規劃，多屬片段的操作，侷限在招生技術的發展上。總而言之，臺灣高等教育在外面臨全球化與國際排名的挑戰，在內面臨少子女化與學校招生壓力的增加，讓高等教育機構不得不思考行銷

思維的建立與策略運用的可行性，藉以面對內外在環境所產生的壓力與挑戰。因此，本章節將先說明行銷的意涵與沿革，以作為後續高等教育行銷意涵之基礎，並參照國內外高等教育發展狀況，提出高等教育行銷的必要性，作為後續內容之基石。

貳、行銷的意涵與沿革

行銷（marketing）一詞源自於產業界，其意涵與重點隨著運用場域與對象不同，而有所改變。1950 年代，產業界所盛行的行銷，是一種重視消費性產品的行銷模式，可算是一種重視一次性銷售的年代；1960 年代，行銷開始運用在工商業市場中；1970 年代，行銷適用領域除原本重視的商業範疇外，非營利行銷及社會行銷議題普遍受到社會大眾的重視；到了 1980 年代，行銷除重視產品本身品質外，更開始強調服務的提供，不再只是一味強調產品銷售，事後服務活動的提供亦為行銷的重點；時至 1990 年代，更跳脫傳統產品販售觀點，強調顧客關係營造與維續的關係行銷模式（劉祥熹、陳玉娟，2010；Christopher, Payne, & Ballantyne, 1991）。從 1970 年代開始，行銷突破原有的商業性範疇，逐漸被運用到非營利事業，行銷的理念與策略逐漸為醫療保健、教育、藝術活動、圖書館、社會服務、慈善等非營利機構所採用（戴曉霞，2000：71）。

從 1990 年代開始，行銷運用範疇更為寬廣，對於「產品」意涵則採取廣義界定模式，與以生產製作為起點、以利潤為目的，透過各種手段將產品售出的銷售（sale）模式，產生本質性的歧異；轉而針對目標市場，滿足不同顧客的需求，利用整合性行銷以獲得顧客滿意的行銷認知為主軸（Kotler, 1996），至此大家對行銷有了較一致性的看法。行銷學大師

Grönroos（1989）即宣稱行銷是在維持長期的顧客關係，並且將此關係商品化，藉以促使雙方目標均能順利完成；Kotler（2004）則認為行銷是一種社會與管理的混合過程，藉由規劃和執行商品、服務及觀念的定價、促銷及配銷過程，創造與目標團體間的交換行為，交換有價值的服務和產品，進而滿足雙方需要與慾望之社會性過程，是藝術與科學結合的行為展現。美國行銷協會（American Marketing Association, 2015）即將行銷界定為「是一種行動、制度的建立和創新，或是一種溝通、傳遞、交換的過程，藉由此過程為消費者、顧客、伙伴和社會大眾創造最大價值。」因此行銷是產品、價格、宣傳和分配的一種全面性設計，而產品呈現形式不只是物品或是服務，更可以是一種概念的呈現（Kolb, 2008）。林建煌（2011）在其著作中提及：行銷是一套程序、一種價值創造的交換活動、執行對象可能是群體或個人、標的物樣式繁多，可以是產品、訂價、通路及推廣的組合。發展至今，行銷的對象已擴及人與非人、產品與服務等多面向發展，所憑藉的過程亦隨著產品（服務）多元化與消費者需求歧異化，使其內涵更顯擴大。

綜合前述專家學者與個人實務經驗，研究者將行銷定義為：可以是一種制度、策略、或是溝通與交換的過程，將組織的產品、服務或是理念等，傳送給目標市場消費者，使其對組織保持正向想法，願意與組織進行互動或交易行為，進而有助於組織獲利提升與目標達成之活動。

參、高等教育機構行銷的意涵

誠如前述，「行銷的對象已擴及人與非人、產品與服務等多面向發展，所憑藉的過程亦隨著產品（服務）多元化與消費者需求歧異化，內涵更顯擴大」。隨著教育產業面臨的競爭強度日益提升，行銷思維受到重

視，各種行銷實際行動亦已在教育相關機構中推動著。從美國行銷協會（American Marketing Association, 2015）對於行銷的定義中，可以得知行銷的界定甚廣，可能以活動或制度建立模式來呈現，亦可以是一種創新、溝通、傳遞與物品交換的過程。藉由行銷策略的運用，足以讓品牌或產品達到組織預定的目標，為組織在進行市場區隔、目標市場的界定、行銷組合與消費狀況等，提供決策與方向；因此，行銷策略是一個全方向的組織策略，為組織運作提供更為全面性的方針（American Marketing Association, 2015）。不管是具體或是抽象行銷策略的運用，皆應有助於組織達成既定目標。

教育行銷係以教育產業為範疇，藉由各種活動、策略、溝通與交換的過程，使社會大眾與相關機構能夠瞭解，並且支持教育組織的產品、服務、經營理念或政策，提高其對組織的滿意與認同度，進而提升教育組織的競爭力稱之。對於教育產業而言，行銷已成為各層級教育機構無法忽視的重要經營策略之一，並且已在各層級教育機構中落實。在學前教育階段，托嬰中心或幼兒園已能運用行銷策略，發揮口碑行銷的功效，讓潛在顧客對中心（園所）產生信心，因而願意成為該中心（園所）的顧客；在國民教育階段，學校端雖有學區戶籍的保障，但隨著學齡兒童人數銳減，學區人口已不足以滿足學校招生需求，而越區就讀的便利性，讓學校端更需要重視特色的經營與形象的塑造；到了高中階段，部分縣市已出現公私立高中之間劍拔弩張的競爭局面，某些家長偏好將子女送至私立高中就讀，連帶影響公立高中招收學生的品質與數量，學校端為了招收到更多質優的學生，對外宣傳學校辦學績效已成為重要的行銷策略。到了大學階段，由於少子女化、普及化、多元化、競爭化與市場化等外在因素干擾下，大學階段面臨更大的經營壓力與行銷需求；目前許多高等教育機構明白：在高度競爭的全球高等教育市場中，學校端明白他們需要行銷自

己，需要學習其他學校成功的行銷經驗（Gibbs, 2002）。綜上所述，行銷用不同的形式在教育產業中存在與發展，在高等教育機構經營管理運作過程中，行銷成為學校永續經營的重要策略之一。

對於學生而言，他們可以選擇適合自己的升學管道，通過競爭過程進入高等教育機構就讀；此一進路方式，與消費者與企業之間的關係是有所差異。商業界以獲利為導向，可以提供大量的產品或服務，以供消費者消費使用，消費者在此過程中具有相對性充份的選擇與拒絕的權力。然而，對於高等教育機構而言，其所提供的服務與產品，是學生要經過競爭後才能獲得，若無法獲得入學資格，就算學生有能力亦願意支付該校費用，仍無法獲取此高等教育機構的產品或服務，而且一經選擇，其反悔所付出代價，將大於商業產品退貨的代價。由於產業別的差異，高等教育機構與以獲利為主的營利性商業組織，兩者運作有其本質性的差異。然而，兩者的差異，並不能讓高等教育機構自外於行銷之列，相反地，對於此類型教育組織而言，更應立基於商業性行銷議題之基礎上，考量教育組織的特性，擷取可用、應用、而未用的行銷策略，藉以壯大高等教育機構。

立基於行銷的基礎上，已有專家學者針對教育行銷進行研究並予以界定。黃義良（2006：191-192）主張教育行銷是：「教育組織運用行銷概念，積極理解目標顧客之需求及反應，塑造優質的內部與外部產品，透過通路以溝通、計劃、推廣與執行，使目標受眾能瞭解並支持組織的政策理念、課程教學與相關活動，促進對組織的認同與滿意度，而所採行的一系列價值交換的社會歷程」。教育行銷即是將教育視同一個市場，學校妥善活用區隔技術、鎖定目標、確立定位、並以精良的課程、師資、設備、學習資源、服務品質、獎勵措施及適切的宣傳方式，來提升學校競爭力的一種學校、教師與學生、家長三者間相互交換價值的社會過程（李小芳，

2001）。吳清山（2004）則將教育行銷界定為：學校相關人員進行教育環境、市場及顧客分析，採取適切的行銷規劃與策略過程，藉以提升學校形象、建立學校品牌、強化學校效能和達成學校的教育目標稱之。在教育行銷議題與理論的採用上，係轉化企業管理領域中的行銷策略，融入教育產業的目標市場與組織特性而成。

　　高等教育行銷實為教育行銷的一環，係將行銷相關策略運用於高等教育層級。與其他教育層級對行銷策略需求相比，高等教育機構更迫切需要行銷策略的運用，其成果亦較其他層級之教育機構更能立竿見影。本書所指稱之高等教育機構行銷，係立基於行銷意涵基礎上，高等教育機構進行內外在環境因素分析後，採取適當的規劃與策略，藉以提升學校形象，強化學生、家長與社會大眾等利害關係人對於學校的認同，以利學校招生與各種活動的推動，藉以達成學校既定目標稱之。在內外在環境因素部分，除了對學校外部環境因素的分析與探究，包括外在社會環境、政治經濟、國際局勢等因素，皆會影響高等教育機構的運作，學校端亦需針對校內狀況，進行內部行銷分析與推動，並配合外部行銷的運用，以達事半功倍之效。在規劃與策略的運用上，除可以運用行銷組合（marketing mix）：產品、價格、推廣與通路策略外，亦可結合其他行銷策略的運用，如：關係行銷、媒體行銷、網路行銷等，擷取適合高等教育機構運用的行銷策略，進行組織形象營造，藉以達成組織預設之目標。再者，高等教育機構行銷的對象，隨著學校所提供的服務項目與內涵的增加，對於所謂「消費者」的定義，已有更為廣泛的界定，學生、家長、甚至是社會大眾都可列為學校行銷的對象，而校內教職人員亦為高等教育機構內部行銷的重要對象。因此，本書第二篇高等教育機構行銷議題篇，將聚焦於高等教育機構品牌行銷、網路行銷、關係行銷、媒體行銷與內部行銷等議題之探究。

肆、高等教育機構行銷的必要性

　　對於「學生是否為高等教育機構的消費者」這個問題，至今仍是充滿爭議性（Maringe & Gibbs, 2009）。從消費者角度出發，學生付費接受高等教育，學校收取學雜費提供服務，滿足學生課程、活動、住宿等需求，最後授予學生學位證明等一連串的活動，好似消費者花錢購買企業的產品或服務的過程。然而，仔細剖析學生與高等教育機構的關係，之間的互動與權利義務，應與一般商業產品或服務的互動狀況有所差異。Maringe 與 Gibbs（2009）在《行銷高等教育：理論與實務》（Marketing higher education: Theory and practice）一書中提及：學生與高等教育機構的關係，應超越一般消費者層級和服務的供應關係，對學生而言，他們無法擁有和一般消費者相同的權利，學生可能在給付課程費用後，因個人修課情況不佳而被當掉，再者，就算學生對於學校所提供的服務或產品不甚滿意，亦不能如購買 3C 產品般的容易退換貨。因此，若單純從消費者與組織的關係來處理高等教育機構的問題，似乎將此一關係過份簡單化、營利化，終致產生許多難以克服的問題。

　　雖然，高等教育機構非營利性質的經營理念，與營利性企業的經營模式有所歧異，然而在市場競爭機制下，具非營利性質的高等教育機構要生存下去，必要程度的商業化行為是需要的。誠如 Maringe 與 Gibbs（2009）主張：全球高等教育在面臨大眾化（massification）、擴張與多元化（expansion and diversification）、異質性（heterogeneity）與競爭（competition）強度提升的現實情況之下，驅使高等教育市場化（marketization）日益明顯，致使高等教育市場化（marketization）已是無法抵擋的趨勢（Brown, 2011），在市場機制下，高等教育機構行銷的必要性與日俱增。誠如許士軍（2009）認為：「大學應定位為一種教育服務

事業」，在供給與需求之間需達到平衡，在此過程中，學校端如何形塑自己的品牌與特色，是學校所需思考的議題。

　　基於前章所述之高等教育機構面臨的問題與挑戰：1.高等教育普及，學校招生壓力倍增；2.學術研究至上，教學型教師受冷落；3.學雜費調漲難，經費侷限影響發展；4.服務趨商業化，學生身分已顯模糊等，高等教育機構有其行銷的必要性，以形塑學校正向的品牌形象，提升學校治理效能。立基於前述之問題與挑戰，研究者提出四項支持高等教育機構行銷必要性之論述：

　　　　一、高等教育普及化，行銷策略的運用有助於吸收生源；
　　　　二、高等教育多元化，行銷策略有助於品牌特色的形塑；
　　　　三、高等教育市場化，學校行銷能夠成為必要經營策略；
　　　　四、高等教育競爭化，學校可藉由行銷策略提高競爭力。

　　茲分項說明國內高等教育機構行銷必要性之原因如下：

一、高等教育普及化，行銷策略的運用有助於吸收生源

　　高等教育大眾化現象，在西方國家已出現近半個世紀，尤其是在普遍推行中、小學義務或強迫教育後，政府及大學無可避免要面對民眾日漸提升的高等教育需求（李曉康，2002）。社會學家 Martin Trow 依高等教育入學人數比例狀況，將高等教育規模發展分成菁英（elite）、大眾（mass）、普及（universal）三大類型；菁英型係指只有少於 15%的適齡學生可以接受高等教育，而大眾型則是適齡學生入學比例高於 15%但未達 50%，普及型則是超過 50%的適齡學生可以進入高等教育體系就讀稱之（Altbach, 1999）。從經濟合作及發展組織（Organization for Economic Cooperation and Development，以下簡稱 OECD）統計數據觀之，2000 至

2013 年，具有完整統計數據的 33 個會員國中，2000 年時 25-34 歲接受高等教育之人口比率分佈狀況，擁有高等教育文憑者比率未達 15%的國家，計有：土耳其、義大利、捷克、斯洛伐克、葡萄牙、波蘭、奧地利、匈牙利等；另外 13 個國家界於 15-30%之間、12 個國家則高於 30%。時至 2013 年，除土耳其、義大利、奧地利、墨西哥、捷克、葡萄牙與斯洛伐克等 7 個國家，25-34 歲具有高等教育文憑者界於 22-30%之間，其餘國家皆高於 30%（OECD, 2015）。從此數據可以看出，接受高等教育且獲得文憑的人數比率，呈現成長趨勢，朝向高等教育普及化之路邁進。

OECD（2015）統計數據顯示：2000 年至 2013 年間，OECD 各會員國中，25-34 歲接受高等教育（tertiary education）人數比例，皆呈現成長趨勢；其中，成長幅度最高前三名，分別為南韓、波蘭與盧森堡；其中，南韓人數成長趨勢最為明顯，從 2000 年 25-34 歲接受高等教育人數比例佔該年齡群的 36.91%，到 2013 年，已大幅成長為 67.14%，短短十多年間，成長了 30.23%。其他如：波蘭、盧森堡、拉脫維亞與愛爾蘭等四國，亦有超過 20%的成長率（詳如表 2-1 所示）。英國方面，1963 年所公佈的羅賓斯報告（Robbins report），主張擴張英國高等教育規模，是英國高等教育由菁英教育走向大眾化教育的重要里程碑，不只入學學生人數大增，升格為大學的校數亦隨報告書公佈得到政府支持而激增，學生人數從 1963 年的 324,000 人，至 1990 年代已達 1,200,000 人（Maringe & Gibbs, 2009）。

表 2-1

25-34 歲接受高等教育比率

國別	2000	2005	2010	2011	2012	2013	國別	2000	2005	2010	2011	2012	2013
OECD 平均數	26.42	32.72	37.75	38.09	39.65	40.53	挪威	34.87	40.9	47.25	46.8	45.01	46.64
土耳其	8.88	12.5	17.44	18.87	20.99	22.45	紐西蘭	28.89	43.26	46.38	46.04	46.86	40.53
丹麥	29.29	39.83	37.58	38.58	40.24	41.24	捷克	11.19	14.23	22.63	25.12	27.83	29.19
日本	47.84	53.18	56.7	58.72	58.55	58.36	荷蘭	27.13	35.37	40.27	39.9	41.33	42.86
比利時	36.02	40.6	43.8	42.45	42.98	42.66	斯洛伐克	11.19	16.25	24.02	25.5	26.97	29.67
加拿大	48.39	53.66	56.47	56.7	57.26	57.82	斯洛維尼亞	19.3	24.68	31.3	33.81	35.34	37.39
冰島	29.54	35.79	36.18	39.37	38.38	39.98	愛沙尼亞	31.29	32.74	38.04	39.05	39.8	43.52
匈牙利	14.69	19.57	26.01	28.1	30.43	30.87	愛爾蘭	29.8	40.67	48.32	47.42	49.2	51.07
西班牙	34.08	40.7	40.31	40.31	39.25	41.08	瑞士	25.57	31.03	40.05	39.8	40.64	43.2
希臘	23.92	25.5	30.93	32.52	34.74	37.16	瑞典	33.63	37.28	42.23	42.86	43.47	44.81
拉脫維亞	16.92	21.96	33.94	35.1	38.72	40.7	義大利	10.45	16.1	20.71	20.98	22.25	22.74
法國	31.37	39.77	42.87	42.98	42.9	44.05	葡萄牙	12.94	19.11	24.8	26.92	28.33	29.31
波蘭	14.18	25.53	37.12	38.99	40.79	41.82	墨西哥	17.45	18.22	21.34	22.58	24.12	25.14
芬蘭	38.67	37.54	39.2	39.37	39.74	39.99	德國	22.25	22.5	26.13	27.67	28.95	29.99
南韓	36.91	50.97	65.01	63.82	65.68	67.14	澳地利	14.48	19.71	20.76	21.16	23.02	25.04
美國	38.08	39.24	42.31	43.13	44.04	44.77	澳洲	31.37	38.09	44.37	44.61	47.23	45.74
英國	28.89	35.33	46.04	46.91	47.86	48.31	盧森堡	22.88	37.01	44.22	46.64	49.88	48.13

修改自：OECD（2015）. *Population with tertiary education (indicator)*. Retrieved from https://data.oecd.org/eduatt/population-with-tertiary-education.htm

　　反觀臺灣，《教育統計指標之國際比較》（教育部，2013、2014a）數據顯示：2012 年臺灣接受高等教育之人口比率已達 62.2%（專科學校為 16.3，大學及以上為 45.9%），比起同年度的 OECD 會員國的統計數據，僅低於南韓的 65.0%（高等教育含專科與大學及以上階段），到了

2013 年，臺灣成長至 64.2%，已超過南韓的 63.8%。若僅採計大學及以上之受教狀況，亦已達 49.1%，仍遠高於 OECD 會員國之統計數據（最高為 39%）。由各種數據比較結果顯示：臺灣在接受高等教育之人口比率上，表現的確亮眼。

　　國內大學錄取率亦是逐年提高，民國 93 年（2004）聯招的錄取率已達 87.05%，至 103 年（2014）已上升至 95.73%；同時，多元入學錄取率從 67.02%上升至 76.78%，而四技二專錄取率亦達六成以上；從前述錄取率來看，進入高等教育機構就讀的窄門，已不再窄了。從民國 93 年至 103 年，每年錄取人數約二十萬人，除以適齡學生出生時之總人數，早已超過普及型的 30%。民國 87 年時，當年出生率首次跌破 30 萬人，來到 271,450 人，之後除民國 89 年因屬龍年，受到華人社會認為生肖屬龍子女較有福氣的態度影響，每到龍年時出生率皆會有所提升，因此當年出現出生率回歸到 30 萬人以上的榮景，但是之後就呈現下降趨勢，到了民國 99 年，又因華人社會對虎年的忌憚，影響當年度出生狀況，以致於出生人數來到歷史新低的 166,886 人。在出生總人數下降，而大學校院新生需求（錄取人數）卻一直保持在 20 萬人左右的情況下，致使臺灣高等教育過於普及化。對於學校端而言，為了在有限的生源中，爭取足夠且優質的學生就讀，各種行銷策略的運用，成為必要的經營管理策略。

表 2-2

大學校院新生錄取人數及錄取率

學年度	93	94	95	96	97	98	99	100	101	102	103
聯招（指考）錄取人數	88,939	88,991	88,920	86,652	81,409	76,434	71,165	66,683	59,696	55,307	52,608
甄選入學（含其他管道）錄取人數	21,588	23,286	26,359	31,388	32,907	34,905	41,439	46,504	53,637	58,306	60,625
四技二專錄取人數	87,564	89,373	91,353	90,148	98,412	96,758	99,397	101,806	95,612	93,500	93,841
聯招（指考錄取率）	87.05	89.08	90.93	96.28	97.10	97.14	94.87	90.44	88.00	94.39	95.73
多元入學錄取率	67.02	66.89	68.59	74.20	73.18	75.48	76.31	77.37	73.33	75.73	76.78
四技二專錄取率	55.19	58.02	56.62	58.82	60.77	61.82	61.63	60.23	61.06	64.28	63.26

資料來源：修改自教育部（2016a）。**大學校院新生錄取人數及錄取率／四技二專錄取率**。臺北市：教育部。

二、高等教育多元化，行銷策略有助於品牌特色的形塑

　　高等教育多元化與前述普及化之間的關聯甚深，由於高等教育普及化後，進入高等教育機構就讀的學生背景更加多元，為了滿足多元背景學生的需求，高等教育機構勢必要發展出多元的風貌，以滿足不同學生的學習需求；與此同時，為符應世界潮流變化，多元化經營策略的運用亦顯重要。在學生進路多元發展，高等教育校系發展亦朝向多元之際，學校特色的形塑就益顯重要。在多元化風潮下，如何行銷學校，正考驗著學校經營管理者的能力。

　　首先，針對入學管道的多元化議題而論，臺灣高等教育入學制度的變革，朝向適性揚才、重視學生個別差異，建置多元入學管道的方向前

進，各大學得依其特色訂定招生條件，招收適才適性之學生入學。目前招生管道計有：繁星推薦入學、個人申請入學與考試入學等三管道，學生可依其狀況與需求，選擇不同入學管道：可以選擇由高中向大學校系推薦符合資格的學生，提供各地區學生適性揚才之均等機會，並引導學生就近入學之「大學繁星推薦入學」招生管道；或是學生可依學科能力測驗成績及個人志趣選擇「個人申請入學」管道，針對符合大學入學資格者，可申請志趣相符之大學校系；此外，凡公、私立高中（職）畢業生或具同等學力者，均可以指定科目考試、學科能力測驗、高中英語聽力測驗、術科考試等各項考試之成績，選擇「考試入學」分發管道（大學招生委員會聯合會，2016）。從 93 學年度至 101 學年度入學方式錄取人數增減趨勢來看（詳如圖 2-1），經由各入學管道進入高等教育就讀者，聯招（指考）錄取人數逐漸減少，而甄選入學（含其他管道）錄取人數則是增加的，但是在總錄取人數上，變化不大。

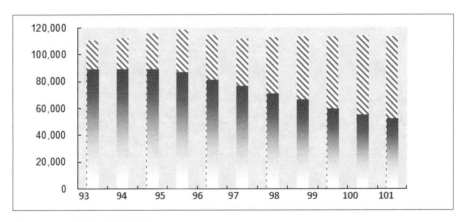

圖 2-1　入學路徑消長圖
說明：聯招（指考）錄取人數（■■■■）；甄選入學（含其他管道）錄取人數（▨▨）。
資料來源：修改自教育部（2016b）。**大學校院新生錄取人數及錄取率**。臺北市：教育部。

其次，在機構發展的多元化方面，其實不只是臺灣的高等教育科系發展多元，其他主要國家的發展亦朝向多元化發展方向。以英國為例，目前存在於高等教育機構中的一些科系，是數百年前的高等教育機構絕對不會成立或存在的科系，如：時尚（fashion）、運動（sports）、音樂（music）、戲劇（drama）與舞蹈（dance），然而發展至今，有些科系甚至成為學校經營的主軸科系（Maringe & Gibbs, 2009）。臺灣高等教育機構的多元化經營，也顯現在各種類型科系的蓬勃發展上；教育部統計資料顯示：近年來大專校院系所持續擴充，102 學年科系所數共 1,339 種，較 92 學年增加 457 種，主要是反映新興產業發展、專業分工加深及人口社會結構變化，致使人才培育需求相對受到影響；將 102 學年與 98 學年相比較，學士班學生人數成長最多的前 10 大學系中，與觀光和餐旅有關之類科共 4 個，且囊括前 3 大，主因是看好陸客及外籍人士來臺帶動之觀光商機，以及所衍生之相關服務產業人力需求所致；此外，因應網路創意產業時代來臨，數位媒體與時尚創意設計類科學生人數亦呈現增加趨勢，而在政府近年鼓勵產學合作下，工程類產學專班學生人數也是呈現成長趨勢（教育部，2014b）。在配合社會潮流與滿足產業需求前提下，臺灣高等教育科系的種類呈現多元擴展的樣貌，因應社會潮流與國家發展需求的各類型科系正蓬勃發展著。

再者，高等教育多元化的趨勢，則是展現在學校經營管理面向上。多元化走向是大學因應社會脈動必經之過程，大學教師身負研究、教學、服務及輔導三項工作，雖然目前許多大學主要側重研究及教學功能的發揮，但是為了學校永續經營，未來大學將增強服務的功能，滿足社區民眾學習需求，貢獻企業學術研發成果，提供非傳統學生回流學習，以及供給社會人士職業訓練的機會，讓大學成為多元學習的場所（徐明珠，2003）。近年來臺灣高等教育受到少子女化現象的影響，造成高等教育學

生來源銳減，為此教育部特推動《高等教育創新轉型方案》，推動學校典範重塑，鼓勵學校依其辦學專業，針對強化產學合作、國際合作辦學、多元實驗教育或其他創新策略面向，提出「高等教育創新轉型典範計畫」（教育部，2016c）。從上述教育部因應少子女化衝擊所提出的因應策略，可以看出大學院校除教學與研究外，亦應肩負產學合作責任，因此多元化的經營管理模式，已是高等教育機構必須正視的現實。

總而言之，在入學制度、機構發展與學校經營面向多元化發展趨勢下，善用行銷策略，塑造學校品牌形象，有助於學校定位與經營策略的擬定，對於社會大眾而言，正向且明確的學校形象，有助其提升對學校辦學的肯定。

三、高等教育市場化，學校行銷能夠成為必要經營策略

高等教育市場化係指：高等教育機構在市場經濟條件下，依據市場運行的機制和規律，重構其管理體制、運行機制和控制體系等教學管理系統，調整和修正大學與社會其他組織的關係，將大學逐步改造成為市場經營主體的一種行為過程和趨勢（曾坤生，2002）。高等教育市場化雖然引起許多爭議，但是高等教育市場化趨勢並不會因為這些爭議而停歇。溫明忠（2011）在《高等教育經濟學》一書中提及：高等教育事業的特性的確與其他產業有所不同，包括生產方式的歧異、追求目標的歧異、對顧客看法不同等，但是這樣的差異，亦不能讓高等教育機構完全脫離市場化機制的運作。以鄰近的香港為例，在《高等教育市場化》（戴曉霞、莫家豪、謝安邦，2002）一書中，已充分說明香港高等教育在市場化機制運作下，所產生的教育治理模式改變，如在教育治理上，利用高等教育評鑑機制，作為教育品質保證的手段，並且重視高等教育端的籌款能力與績效責任，增加學生員額數等措施，以回應香港高等教育市場化的事實。莫家豪

與羅浩俊（2001）所提出教育市場化的八項表現特徵：自負盈虧原則、市場的興起、國家提供者角色減弱、市場管理原則的採納、市場主導課程發展、校院創收、內部競爭、強調效益，亦已在臺灣高等教育場域中顯現，宣示著高等教育市場化的來臨。

雖然高等教育市場化已是事實，然而對於高等教育是否「能」市場化？是否「應」市場化？爭議卻一直存在著，在市場化趨勢之下，高等教育面臨四大矛盾（別敦榮、郭冬生，2002）：精神價值與經濟價值的矛盾、教育理念與市場理念的矛盾、人文導向與職業導向的矛盾、公益目標與經營目標的矛盾。但是，這樣的矛盾並不能讓高等教育機構完全自外於市場機制之外，高等教育市場化已是必然的趨勢，甚至可以說目前我們已身處其中；因為在高等教育成本提升的同時，來自政府補助卻是呈現減少趨勢，致使高等教育機構不得不思考如何在有限的收入下，開源節流；此時高等教育機構在市場經濟條件下，必須調整修正學校與其他組織的互動關係，將高等教育機構改造為市場經濟的主體。謝安邦、劉莉莉（2002）指出，大學與市場需要接軌的原因包括：1.高等教育的產業屬性決定了大學可以接受市場的調節；2.大學與社會聯繫的緊密使大學接受市場的調節成為可能；3.高等教育自身的改革與發展需要大學走向市場。誠如 Dill（2003）所言，市場競爭更能讓學校組織產生創新與適應環境的能力，對於融合知識產業與服務性質的高等教育產業而言，其市場化態勢已儼然成形。在全球化世代中，拜資訊通訊科技發展之賜，讓高等教育擠身無國界產業之中，誠如溫明忠（2011：119）所言：「資訊通訊技術進步，使大學之間的競爭超越空間限制，不再限於同一地區或同一國內；教育市場變得愈來愈大，相對的競爭也愈來愈激烈。」高等教育產業成為市場中重要且頗具潛力的產業之一。

針對教育產業市場化狀況，曾坤生（2002）提出大學市場化的四種新

趨勢：大學學制彈性化、教學服務商品化、教學內容套餐化、教學選擇多樣化。從國內高等教育的發展現況中，上述市場化的新趨勢已在國內高等教育場域實踐；在大學學制彈性化方面，配合學生與社會大眾的需求，雖然維持學士、碩士、博士的學制體系，但各學制的彈性程度加大，為滿足社會大眾需求、學校財源與招生壓力考量下，各種學程班別陸續開設中。其次，在學校服務商品化方面，雖然許多人對於學生是否為消費者，仍存在著不同立場的爭論，但是在高等教育市場化已然確立的同時，服務品質、品牌形象、顧客忠誠、行銷策略等營利性組織重視的面向，已受到高等教育經營管理者的認同；目前已有許多高等教育機構把行銷理念引進學校的招生、募款、定位及課程方面（戴曉霞，2002），學校教職員逐漸參與類似商業市場的競爭行為，以提升學校經營管理績效。此外，目前高等教育機構為了滿足多元學生的需求，教學內容套餐化與教學選擇多樣化，亦是目前學校進行各種課程與教學改革時的方向之一。最後，為了滿足學生就業的需求與學習興趣的多元，各校陸續推出各種學分學程，由各系所單位依其專長與學生需求，開設各種學分學程以供學生修習，如：臺灣大學歷史學系設有《經典人文學分學程》、社會科學院設有《中國大陸研究學分學程》等，全校多達 40 多個學分學程，滿足學生多樣化的修課需求。

　　誠如前述，臺灣高等教育機構已充分展現市場化的樣貌，市場自由化已使得政府對教育市場的管制日趨寬鬆，藉由自由競爭與自由市場供需法則的引入，提高學校經營管理的效益，誠如莫家豪（2002：48）所言：「面對種種因政治、社會及經濟轉型帶來的挑戰，以及因公共事業發展而為各國政府財政開支帶來的沉重負擔，市場的理念及策略被引入公共政策和社會政策領域，以達到節源增效的效果」。為了加速高等教育市場化，政府可採用（戴曉霞，2000）：1.解除管制：就是減低政府對於公立

大學財務、人事、課程等方面的管制，下放決策權於學校層級；2.消除壟斷：係指政府放鬆或取消禁止大學相關規定，如收費標準、招生人數等，讓公私立大學可以在平等的基礎上競爭；3.私有化：提升私部門在高等教育體制中的角色與影響性。在解除管制、消除壟斷與私有化的市場化機制下，行銷策略的運用，對於高等教育機構經營管理工作，將扮演更為重要的角色。

四、高等教育競爭化，學校可藉由行銷策略提高競爭力

臺灣並非典型的福利國家，對於高等教育學費負擔亦是偏向使用者付費的立場，因此當有民意代表想要仿效西方國家政策，對於畢業幾年後，仍無法有效償還助學貸款的學生，政府有責任協助這些學生償還貸款之意見風向球一出，引發對學生造成錯誤示範與人格教育的質疑，產生對按時繳學貸的學生並不公平的疑慮（蘇龍麒，2012）；在媒體炒作之下，此議案如同許多政策風向球一般，無寂而終。其實，針對此一問題，加拿大安大略訓練、學院與大學部（Ontario Ministry of Training, Colleges and Universities）即提出《償還協助計畫》（Repayment Assistance Plan），此作法藉由兩階段步驟：利息津貼與減少貸款金額，提供在畢業後十年、甚至是十五年內仍無法有效償還學貸之學生協助（OMTCU, 2015）；加拿大政府認為：如果國家所提供的高等教育機會，讓人民花費時間進入學校就讀，放棄立即就業的機會，畢業後試了各種方法，卻仍無法償還貸款，無法有效脫貧，反而因學貸而變得更為貧窮，國家就有責任承擔高等教育對人民所造成的傷害，幫助人民償還此貸款的責任。在臺灣，社會大眾與教育政策制定者對於高等教育學費償還的認知，顯示出臺灣是一個「競爭型國家」，接受高等教育是人民自己選擇，付出之成本與後果，本來就應該由人民自己承擔，因此學貸償還自然

無關國家責任。

　　在競爭型國家中，解除管制是提高競爭力的策略之一。對於高等教育機構而言，所謂解除對高等教育的管制，即政府放鬆對現行高等教育機構在經費運用、採購契約、人事聘雇、費用收取、設備財產、課程安排與治理結構上的管制，而將這些決策權轉移給高等教育機構本身自行決定（陳芳吟、余曉雯，2013）。此一高等教育鬆綁趨勢，在英國、日本、瑞典等主要國家中，皆可窺見一二。對於臺灣的高等教育體制而言，雖然政府對於高等教育的管控力仍強，但是在解除管制下的運作模式已漸成型，大學自主不再只是口號，教授治校已在臺灣高等教育場域中慢慢實現。其實，在 1994 年《大學法》修訂之前，我國大學各項核心事務多受到政府管制，但《大學法》修正後，舉凡大學之組織、人事、課程、招生、師資聘任等事項，都已逐步鬆綁，回歸由大學自主運作，順應高等教育發展的世界潮流與趨勢（詹盛如等，2014）。之後，於 2001 年《大學教育政策白皮書》中，亦建議政府在不違背教育公共目的前提下，應加速對大學的鬆綁，讓各大學能享有更充分的自主空間，以應付教育市場開放所帶來的競爭。

　　競爭的高等教育體制，可以顯現在治校經費的競爭、學生來源的競爭與各種資源的競爭之中。以治校經費的競爭來說，競爭型計畫經費核撥已成為政府對高等教育機構補助的重要模式。以美國為例，傳統以學生人數作為經費計算標準的模式，受到社會大眾的質疑，產生對高等教育經營成效的疑慮，與是否有助於提升學生學習成效的議論，因此對傳統「入學本位經費補助模式」（enrollment-based funding model）產生反動，取而代之的是「以州目標與優先項目為主的經費補助模式」（aligning funding models with state goals and priorities）（NCSL, 2014）；在競爭型經費補助模式之下，各州對於州內高等教育經費補助訂有計算指標，除以學生人數

為計算基準外，亦將州的政策發展方向列為重要指標項目，藉以引導高等教育發展方向，滿足州政府的需求，如：堪薩斯州（Kansas）將機構品質指標中的學生績效表現狀況、學生就業或就學率、學生工作薪資、第三方技術證書和工作能力測試等列為指標計分項目，以符應州未來發展方向；內華達州（Nevada）將經濟發展，即一個機構授予特定學科之結業證書和學位的總數，與州政府的經濟發展計劃方向是否一致，列為機構補助指標；緬因州（Maine）於 2014 年開始，從基礎性撥款的 5%開始，之後每年提升 5%，直到績效表現撥款佔基礎撥款的 30%；喬治亞州（Georgia）預計從 2017 年開始，所有新的經費撥款將以機構績效表現為參照標準；阿肯色州（Arkansas）於 2012-13 年時，4%的經費來自競爭績效型補助，預計至 2017-18 年，將提高到上限 25%，另外 75%則仍依學生註冊和機構需求作為衡量指標。從上述資料可以看出，美國高等教育機構經費的補助，將競爭型的概念融入，致使高等教育機構未來在經費的獲取上，面臨更大的競爭與挑戰。

現今臺灣高等教育經費補助模式，與美國經費補助的現況與發展走向相同。國內政策性引導的競爭型計畫，以「邁向頂尖大學計畫」、「獎勵大學教學卓越計畫」與「大專校院產學合作績效激勵計畫」最具代表性，藉由上述競爭型計畫經費的挹注，協助學校發展特色，同時滿足教育部引導高等教育發展方向的企求。在前述計畫經費的挹注上，以「邁向頂尖大學計畫」（教育部，2015a）為最大宗，該計畫成立宗旨係為因應全球性競爭下，知識和創新成為提升國家競爭力的利器，各國競相投入知識的創新及人才的培育，尤其是大學學術卓越的追求及菁英人才的培育；例如鄰近的日本、韓國、中國大陸等，便均投入大量經費，期望透過提升高等教育品質，進而強化國家競爭力。為因應此一國際競爭趨勢，我國自民國 95 年起推動「發展國際一流大學及頂尖研究中心計畫」，規劃分 2 期

推動，第 1 期為 95 年 1 月至 100 年 3 月，第 2 期為 100 年 4 月 1 日起至 105 年 3 月 31 日止，並更名為「邁向頂尖大學計畫」，期透過支持高等教育卓越發展之蛻變，讓國家競爭力躍升；扣除研究中心與跨校整合計畫，目前計有國立臺灣大學、國立成功大學等 12 所公私立大學執行本競爭型計畫。

再者，教育部為扭轉「重研究、輕教學」之風氣，對於高等教育造成的傷害，特於民國 93 年 12 月訂頒「獎勵大學教學卓越計畫」，並於民國 94 年度編列 10 億元經費，由各校提出計畫爭取，期透過競爭性的獎勵機制，鼓勵大學提升教學品質，發展國內教學卓越大學典範，並於民國 95 年度將經費擴增為每年 50 億元（教育部，2015b），希望藉由該計畫的推動，達到預期效益：1.建立以優異計畫申請競爭性經費之客觀補助模式；2.整體教學環境之提升；3.培育高級人才並提升國家競爭力。競爭型計畫經費的精神在獎勵大學教學卓越計畫中充分展現，在高等教育資源有限的前提下，此一計畫經費的獲取，不只有利於學校財務資源的增加，獲得「教學卓越」之頭銜對學校品牌形象而言，更具有超乎經費補助上的價值。此外，在《教育部獎勵私立大學校務發展計畫》（教育部，2015c）中，分析獎勵補助指標核配比率表，1997 年時補助與獎助比例維持在各 50%，到了 2014 年補助比例僅佔 30%，另外 70%為獎助經費比例，符應獎勵學校辦學特色與行政運作的競爭型補助模式。

除上述治校經費的競爭外，臺灣高等教育的競爭機制亦展現在學生來源的招募上。從前述《一、高等教育普及化》中的數據，可以看出普及化的高等教育走向，讓人人都有上大學的可能，錄取率年年攀升的結果，卻讓高等教育機構端的招生壓力大增。從教育部（2015d）最新一期公告的《104 年應用統計分析》資料，有關 104-119 學年度大專校院大學 1 年級學生人數預測分析報告中，以 104 學年度為例（詳如表 2-3），具本國籍

表 2-3

大學一年級學生數實際統計及預測值 單位：人

學年度	上學年高中畢業生	大學一年級學生數											
		高推估			中推估						低推估		
		小計	一般體系	技職體系	小計	學士、二專		五專四年級	一般體系	技職體系	小計	一般體系	技職體系
						本國籍	境外生						
98	277150	263153	118460	144693	263153	243321	4013	15819	118460	144693	263153	118460	144693
99	278717	268733	120237	148496	268733	248305	3932	16496	120237	148496	268733	120237	148496
100	282605	275616	122490	153126	275616	254604	5299	15713	122490	153126	275616	122490	153126
101	279381	277756	125795	151961	277756	255721	5858	16177	125795	151961	277756	125795	151961
102	277910	271108	124249	146859	271108	246492	7419	17197	124249	146859	271108	124249	146859
103	276984	272027	126362	145665	272027	245246	9590	17191	126362	145665	272027	126362	145665
104	274519	278516	127709	150807	273197	245952	9590	17655	125270	147927	270309	123946	146363
105	254036	258911	118719	140192	253989	227600	9590	16799	116462	137527	251316	115237	136079
106	238168	243339	111579	131760	238725	213384	9590	15751	109463	129262	236219	108314	127905
107	251885	256658	117686	138972	251777	225673	9590	16514	115448	136329	249127	114233	134894
108	242585	247573	113521	134052	242873	217341	9590	15942	111365	131508	240321	110195	130126
109	214127	219633	100709	118924	215484	191844	9590	14050	98807	116677	213231	97774	115457
110	202662	208372	95546	112826	204446	181573	9590	13283	93754	110701	202313	92767	109546
111	189240	195167	89491	105676	191500	169547	9590	12363	87809	103691	189509	86896	102613
112	184102	190205	87215	102990	186638	164944	9590	12104	85580	101058	184701	84692	100009
113	177893	184068	84401	99667	180622	159381	9590	11651	82821	97801	178750	81963	96787
114	175273	181534	83239	98295	178138	157034	9590	11514	81682	96456	176294	80837	95457
115	174677	180919	82957	97962	177535	156500	9590	11445	81406	96129	175697	80563	95134
116	169766	176134	80763	95371	172844	152099	9590	11155	79255	93589	171058	78436	92622
117	154889	161537	74070	87467	158536	138771	9590	10175	72694	85842	156906	71947	84959
118	161785	168326	77183	91143	165191	144949	9590	10652	75746	89445	163489	74965	88524
119	190188	196219	89973	106246	192534	170397	9590	12547	88283	104251	190533	87366	103167

資料來源：教育部（2015e）。**104-119 學年度大專校院大學 1 年級學生人數預測分析報告**。臺北市：教育部。

之大專院校（含二專、五專 4 年級、學士）學生共計 263,607 人，而上學年度（103）高級中等學校畢業生人數為 276,984，換算後 104 學年度之錄取率可達 95%以上，時至 2016 年，大學招生缺額已達近三千人之多，顯見高等教育機構端在招生市場上的競爭強度。整體而論，高等教育競爭化除展現在前述經費與學生來源的爭奪外，「競爭」已是高等教育機構無法逃脫的未來；在日益競爭的環境裏，學校若能善用行銷策略，提升學校知名度，形塑優質品牌形象，建立校內外良好互動關係，對於學校經費的獲取、招生成效的提升，皆能產生正面助益，因此行銷策略的運用應能提升學校的競爭力，有助於學校未來的經營與發展。

陸、結論

　　源自於產業界的行銷一詞，隨著時代的改變，從原本重視消費性產品的一次性銷售模式，轉而重視細水長流型的行銷模式，除了積極開發新的顧客群，更強調舊有顧客關係的維持。行銷活動已和人們的生活緊密的結合，不管是營利性組織，或是非營利性組織，皆會設法利用行銷策略，與目標市場之顧客建立並維持良好的關係。總而言之，行銷「可以是一種制度、策略、或是溝通與交換的過程，將組織的產品、服務或是理念等，傳送給目標市場消費者，使其對組織保持正向想法，願意與組織進行互動或交易行為，進而有助於組織獲利提升與目標達成之活動。」經由轉化後，並能運用在高等教育機構之中，提升學校經營管理績效。

　　基於第一章所述之高等教育機構所面臨的問題與挑戰，更凸顯出高等教育機構有其行銷的必要性：高等教育普及化，行銷策略的運用有助於吸收生源；高等教育多元化，行銷策略有助於品牌特色的形塑；高等教育市場化，學校行銷能夠成為必要經營策略；高等教育競爭化，學校可藉由行

銷策略提高競爭力。因此，對於高等教育機構而言，在體制上無法像營利性組織般的運作，但是仍可以藉由對行銷議題的融入與運作，形塑學校正向的品牌形象，提升學校治理效能，開展學校永續經營的前程大道。

綜合前述，在高等教育普及化、多元化、市場化與競爭化之社會挑戰下，為了讓高等教育機構可以永續經營，營利性組織所重視的行銷策略，已在學校體制中獲得重視並運用之。在營利性與非營利性組織經營模式之間的疆界日益模糊前提下，高等教育行銷策略的理論與實務，是一個可以且需要深入探究的領域。行銷策略面向多元，於本書撰寫過程中，研究者選擇與高等教育相關的品牌行銷、網路行銷、關係行銷、媒體行銷與內部行銷等管理議題，進行說明，並探究高等教育行銷策略相關研究成果，以擴展此領域之研究內涵與範疇。

第二篇

高等教育機構行銷議題篇

第二篇為《高等教育機構行銷議題篇》，本篇共
計有五章，分別為第三章到第七章，依序進行高
等教育機構相關行銷議題論述：品牌行銷、網路
行銷、關係行銷、媒體行銷與內部行銷。

第三章
品牌行銷議題

本章主題環繞在品牌行銷（brand marketing）議題上，首先為說明高等教育機構為何需要品牌行銷之「緒論」，其次則是高等教育機構品牌行銷的內涵，與高等教育機構行銷策略之說明，最後則進行相關研究與高等教育機構推動品牌行銷之結論。

壹、緒論

當高等教育機構無法招收足夠學生，亦無法從公部門或私部門獲得足夠的資金挹注時，學校經營勢必面臨危機，甚至會步上閉校一途。高鳳數位內容學院因學生人數過少，收入無法支應學校支出，在連續積欠教職員薪水，負債高達已 3 億狀況下，在 2014 年宣佈自行退場，成為國內第一所因高等教育擴張後，無法招足學生維持營運而退場的高等教育機構。同年，永達技術學院亦因同樣問題，宣布停辦，成為同年自行退場的第二所高等教育機構。此二所高等教育機構的關閉，並非只是單純的個案，而是高等教育警訊的開始；隨著高等教育生源減少，高等教育機構將面臨更加嚴峻的挑戰，供過於求所產生的高教危機，將使得退場關閉成為許多學校可預期的未來。

受到少子女化社會現象的影響，為確保高等教育品質得以維持，並能協助各高等教育機構發展轉型，教育部（2015a）提出《高等教育創新轉型方案》，期能安然渡過高等教育機構即將面臨的經營挑戰；此方案內容計有四大主軸策略，其中「學校典範重塑」策略重點在協助大學依其優勢及特色發展，教育部以法令鬆綁為主，經費獎勵為輔，鼓勵學校提出創新典範。為使大專校院能透過此方案重新檢視自身特色，發展高等教育新藍圖，於 104 年 3 月 28 日辦理第一場論壇「他山之石—創新經營成功案例探討」，探討國內外大專校院創新經營成功案例，使大專校院受到創新轉型經營模式啟發，進一步提升學校教育品質及創造學校多元發展。於論壇中，臺灣首府大學、高雄餐旅大學、輔仁大學與成均館大學等，共同分享其創新轉型的實際經驗。在這一連串教育部計畫推動過程中，學校品牌形像的建構被視為是學校創新轉型的新契機，成為學校能在高度競爭市場中持續發展的利器。

在日益競爭的市場機制中，高等教育機構需要維持和發展區別性形象，以提升競爭優勢（Paramewaran & Glowacka, 1995）。研究證明（Helgesen & Nesset, 2007; Standifird, 2005），學校的形象與聲望管理有助於吸引與維持高等教育學生持續就讀意願；Helgesen 與 Nesset（2007）以挪威大學生為對象，進行結構方程模式建構發現：大學聲望的營造有助於提升學生對學校的忠誠度，對於高等教育機構而言，學校品牌的形塑對於組織永續經營有正面助益。建構具市場區別度與特色的學校品牌形象，有助於吸引對此領域有興趣之學生就讀；國內東吳大學（2015）英文校訓出自新約聖經以弗所書第四章第十三節／「Unto a Full-Grown Man」，寓意教育成人，該校即其致力發展成一所精緻、有特色、具前瞻性的優質教學大學，培育兼備專業與通識，富創意及執行力之社會中堅人才，在一片重視研究產量的高等教育學術氛圍中，東吳大學期許自己成為具特色的教學型大學，以此塑造重教學的品牌形象，並用以作為招生的宣傳，產生不錯的成效。總而言之，在眾多的行銷策略中，品牌形象的塑造可說是行銷組織的重要策略；藉由品牌形象的建立，可吸引目標群眾的注意，提升組織知名度，增加組織實質獲利及抽象認同度，對於組織經營管理將能發揮正面助益。

貳、高等教育機構品牌行銷的內涵

在此，針對高等教育機構品牌行銷的內涵進行論述，研究者將先說明品牌的演變與意涵，其次則是品牌行銷的功能，在前述品牌行銷的基礎上，論述高等教育機構品牌行銷的意義。茲分述如下：

一、品牌的演變

品牌（brand）概念的使用，可以追溯至古希臘羅馬時代，當時人們會將商店所販賣的商品外形，刻劃在石頭上，作為與顧客溝通的媒介，讓顧客可以明確知道該商店所販售的物品種類狀況（Riezebos, Kist, & Gert, 2003）。時至中世紀（476-1492），始有品牌英文字—Brand 的出現；「Brand」係源自於古北歐文字（old Norse world）「Brandr」，意指「烙印」之意，用於區別牲畜之所有權，區別個人與他人的私有財產之用。此時，品牌最常被應用在三個地方（Riezebos, Kist, & Gert, 2003）：首先是工匠（craftsman）使用來標記自己的作品，然而此一品牌圖像使用量偏少，而且常刻劃在產品的底部，作為識別（identification）產品的生產者與產地，而非具有刺激消費的意圖。其次，則是被協會（guild）所使用，用以控制某些特許產業，保證其產品品質，如：應用在銀器匠、麵包師父等行業類別上，可算是一種品質保證的代表。最後，則是一種地區的概念：城市標誌（city sign），此一概念與現今我們在商品上會註明製作產地（Made in）的作法一致。

隨著時代變遷，品牌已跳脫原有「烙印」的狹隘用法，並非只是與其它產品和服務進行區隔，轉而具有更積極與廣泛的意涵；之後，隨著時間的演變與重視面向的不同，品牌有了不同的著重點。在品牌的起草階段，品牌的功能僅在於使產品或服務與其直接競爭者產生區隔，用以擴獲顧客的荷包為目的；到了第二階段，品牌開始與其所代表的產品與服務分家，並凌駕其上，盡可能擴獲顧客的心為其主要功能；到了第三階段，品牌的重點則是在提供企業塑造世人意識形態的機制，以最大可能擴獲顧客的生活，甚至是他們的靈魂（胡政源，2006）。從品牌三階段的演變過程，可以看出品牌不再只限於具體標誌與圖像，虛擬的觀念、想法、行

為、活動等皆成為品牌表徵之一。Temporal（2010）指出品牌管理角色的轉變，係從產業（industry）轉而重視市場（market）取向、從戰術思維（tactical thinking）轉為策略思維（strategic thinking）、從重視區域市場轉而重視與分析全球性市場、從個別產品管理轉而為類別性管理、從產品品牌轉而重視公司的品牌、從商品責任轉而重視消費者關係責任、從管理品牌表現到品牌價值與權益、從重視財務績效轉而重視社會責任，凸顯出品牌管理能發揮的功效，不再只限於發揮市場區隔效力，更具有延續與發展組織經營的目標與功用。

　　Heding、Knudtzen 與 Bjerre（2009）將 1985 年至 2006 年，長達二十年的品牌發展歷史，劃分成三階段六取向。首先，為 1985 至 1992 年的第一階段，該時期焦點置於販售端的公司／銷售者（company／sender focus），是一種經濟取徑（economic approach）與特色取徑（identity approach）的代表，前者係從量化數據來剖析品牌的價值，後者則是重視公司特色（corporate identity）的營造，此階段的品牌概念是由販售端所建構，顧客端只能被動接受。到了 1993 至 1999 年的第二階段，該時期則轉為以人／接受端（human／receiver focus）為焦點，此時期主軸是以個性化取徑（personality approach）與關係取徑（relational approach）為發展方向，前者賦予品牌人性化之個別性，此一取徑與之後的關係取徑之間關係密切，是關係取徑不可獲缺的先備條件。最後，進入第三階段 2000 至 2006 年期間，品牌重視焦點轉而重視社群取徑（community approach）與文化取徑（cultural approach），重視社群創造出來的品牌價值，同時進入巨觀文化範疇之中。

　　整體而言，品牌源自於古希臘羅馬時代，做為販賣商品的標誌與圖像後，便使用在各種產品主權的宣示用途上，包括工藝作品、產品所有權、產地標誌等用途。之後，品牌的抽象意涵更凌駕於某項產品的具體圖

像之外，成為組織或產品的代言者，發揮品牌聯想（brand association）的功用，意即當顧客看到某一個項產品或服務的品牌標誌時，即能被吸引並產生對此品牌的想法、感覺、經驗與評價。因此，品牌概念的塑造最早係由銷售端所決定，之後轉而由顧客認知所形塑，至此，品牌也從具體圖像，擴及廣泛且抽象的感受認知；發展至今，品牌內涵包羅萬象，具體或抽象、圖像或觀念、文字或聲音等，皆可以成為品牌的標誌，並且具有貨幣交易的實質價值；而對品牌的關注點，也從組織端轉而重視消費者正向認知態度的建立。

二、品牌的意涵

美國行銷協會（American Marketing Association, 2015）將品牌（brand）定義為：「一個名稱、術語、標記、符號，或是其他特徵，足以讓組織所提供之產品與服務，與其他競爭者有所區別者稱之」。品牌可算是企業和顧客之間的聯繫，其具有一貫性與延續性的特質；是企業的代言人，將產品與服務的相關資訊傳到市場；是顧客做決定時的主要參考依據，為了讓顧客更容易感受它，它的形態可以是文字、標誌、圖案、聲音以及概念（胡政源，2006：18）。誠如 Dutta（2012）所言，品牌可以被視為是一個產品、組織、個人或標誌。品牌所指涉的對象範疇，隨著對品牌議題的重視，其範圍越來越大，人、事、時、地、物都可以具有品牌意象，如：藝人的名字即是他的品牌代表，縣市重要景觀地點可以成為該縣市的品牌，一件已發生的事實亦可以成為組織的品牌議題。從品牌的演變過程中，即可以看出品牌已從具體的標誌與圖象，擴大到抽樣的意涵，並已延伸出許多品牌的相關概念，包括品牌權益（brand equity）、品牌聯想（brand association）、品牌形象（brand image）、品牌忠誠（brand loyalty）、品牌文化（brand culture）、品牌延伸（brand extension）等，

凸顯品牌在組織運用過程中，其能發揮的影響力與重要性不容小覷。

　　綜上所述，品牌可以是一種標誌或符號，用以吸引顧客的注意，如麥當勞的 M 型金字拱門，所代表的即是這個跨國企業的重要商標圖像，代表著效率、品質與標準化作業的品牌形象。品牌也可以是一個名稱，一個可以用語言予以發聲的品牌形象，如現今流行的智慧型手機 iPhone，為 Apple 公司重要的產品，對於許多人而言，提到「Apple」就會想到該公司所推出的智慧型手機 iPhone；品牌亦可能是一個代表人，而這樣的實例已顯見在許多企業組織之中，如：郭台銘代表著鴻海集團、張忠謀代表著台積電，此外像是品牌代言人（Brand Spokesperson），也是一種代表人的概念，當人們看過或想到某一個人時，就會想到與其相關聯的產品、服務或是組織，這種品牌聯想效應，也就是為什麼各組織機構在物色代言人時，會依其公司、產品或服務屬性不同，費心選擇適合的代言人進行代言。再者，品牌亦可以是一個抽象的觀念或意象，以目前國內重要的職業媒合平台 104 人力銀行為例，其品牌承諾為求職者「不只找工作，為你找方向」、為企業「不只找人才，為你找夥伴」，致力於解決求才求職的問題，其職業媒合的形象深植人心。

　　葉連祺（2006a）即將品牌的意義分成三類論點：1.視品牌為有形物品，如有形的名字、術語等；2.為無形的感受經驗，如顧客對產品或服務的感受與信賴等；3.係指顧客與製造者的關係，亦即是一種契約的表現，反映出製造者賦予產品的意念或價值，也反映出組織經營過程的策略或承諾。隨著對品牌的認知與接受度的提升，品牌的界定已非全然侷限在具體的標誌上，無形的經驗、與顧客的關係、契約價值等，都已是品牌的範疇之一。總之，品牌的意涵隨著運用的產業、組織或產品的不同，而有不同的考量，可以視為有形的標誌，亦可以視為無形的意象。目前較為研究者所使用的是美國行銷協會的定義：「品牌係指一個名稱、術語、標記、符

號，或是其他特徵，足以讓組織所提供之產品與服務，與其他競爭者有所區別者稱之。」換言之，具體與抽象、有形與無形的標誌、經驗、感受、價值、形象等，皆為品牌呈現的形式。對於高等教育機構而言，學校品牌的展現，可以充分表現在不同地方，以不同形象出現，彰顯學校辦學績效，以吸引相關利害人的認同，提升治學績效。

三、品牌行銷的功能

品牌行銷即是利用各種行銷策略，將代表組織、產品或是服務的名稱、術語、標記、符號，或是其他特徵，讓顧客能夠明確得知，使其與其他競爭者產生明顯市場區別，以獲得顧客的青睞，達到組織既定目標。對於組織而言，品牌形象的建立固然重要，但是如何讓顧客可以建立深刻的品牌意識，提高品牌知名度，促進品牌聯想效益，充分發揮品牌權益功能，更是品牌行銷的重要目標。誠如戴國良（2010：9）於《品牌行銷與管理》一書中提及：「品牌就是產品的靈魂，可以幫助顧客做選擇，因為它代表可靠的品質、形象與售價。經過適當的行銷與刻意營造，品牌甚至會觸發消費者心中強烈的情感，進而強化他們對於產品的忠誠度，而這種忠誠度，有時甚至可以持續一輩子。」因此，比起組織所提供的產品或服務，品牌形塑的重要程度遠較其來的大，因為相同產品或服務雖然都能滿足顧客需求，但是不同的品牌卻能讓相同的產品發揮市場區隔的效力（Keller, 2008）；Kotler 與 Keller（2015）曾提及：組織可以利用選擇正確的品牌元素（brand elements），增加顧客對品牌的認知與識別，並且設計整體性行銷活動，以產生品牌知識的附屬關聯。此一高度差異性，即是組織與眾於不同之處，是提高產品價值的重要利器。

社會大眾對於品牌越來越重視，相關研究也證實：品牌與消費者忠誠度、組織認知、消費者意向等變項之間，具有正面影響關係，好的品牌形

象可以提高消費者的忠誠度，可以提升其對組織的認同，並且可以左右消費者的消費選擇與態度（如：Bauer, Stokburger-Sauer, & Exler, 2008; Lo & Im, 2014）。藉由優質品牌的建構，可以發揮三大功能：1. 外顯識別功能：係指品牌的顯性因素，如名稱、符號、特殊顏色、字體等，使其與眾不同而易於識別；2. 內隱凝聚的功能：係指品牌的隱性因素，如社會責任、精神追求和價值取向，使其成為溝通內部員工和外部消費者的紐帶；3. 市場導向的功能：意指品牌是在市場中成長起來的，是得到顧客認可後的結果（蔡金田，2009：143）。

　　除了上述對品牌行銷功能的看法外，對於品牌行銷的功能表現，亦可以從品牌相關議題切入。在各種與品牌相關的概念中，品牌權益可說是品牌行銷的產物之一；藉由推動具成效的品牌行銷策略，將有助於品牌權益的提升。品牌權益對一個組織而言，不僅是獲利來源，更是提高市場競爭力的利器，有助於獲得顧客對該組織不間斷的信賴、互動，並持續產生購買的行為（彭建彰、呂旺坤，2011）。品牌權益是從顧客反映所產生的差異程度而來，這些差異來自於對此品牌知識的認知狀況，意即來自於對品牌的感覺、印象、想法與經驗，而這些顧客不同的反應，構成了不同的品牌權益（Kotler & Keller, 2015）。組織端若能善用品牌行銷策略，發揮品牌權益功能，則有助於獲得顧客對於品牌形象的肯定與知名度的提升，亦有助於提高品牌忠誠度，對於組織的經營與獲利而言，將發揮正向功效。

　　綜上所述，品牌行銷重要的功能之一，即是提升品牌聯想程度，藉以擴大品牌所產生的綜效；藉由品牌行銷活動或策略推動，讓消費者產生正向品牌聯想，對於組織、產品與服務而言，可以產生明確的市場區隔，塑造出優質獨特的品牌知名度與形象。而品牌行銷策略的運用，除上述市場區隔功能的發揮外，藉由好的品牌形塑活動，可以提升消費者的認同與信

任，進而提升其對於組織或商品（服務）的忠誠度。

四、高等教育機構品牌行銷的意義

好的品牌形象不只對營利性組織經營有加分作用，對於高等教育機構而言，藉由學校正向品牌的建構，亦有助於學校的經營與發展。誠如 Brown 與 Mazzarol（2009）研究證明：學校品牌形象的重要性與其他產業相比是相同的，好的品牌會影響到學生對學校的滿意度與忠誠度。當學生在多所已錄取的學校間進行選擇決定時，該校的聲望與品質往往會成為影響學生決定的重要因素，因為一個好的學校品牌，就是支持學生選擇的重要保障（Beneke, 2011; Moogan, 2011）。因此，藉由行銷策略的運用，塑造高等教育機構的品牌，已是教育組織必須考量與使用的經營策略。

誠如前述，「品牌行銷是利用各種行銷策略，將代表組織、產品或是服務的名稱、術語、標記、符號，或是其他特徵，讓顧客能夠明確得知，使其與其他競爭者產生明顯區別。」若是將此一定義轉化到高等教育機構之中，即是指高等教育機構端可以利用並各種行銷策略，建立學校正向品牌形象，並且將學校所代表的品牌意涵，讓相關利害人得知，並獲得相關利害人的肯定與認同，提升其對於學校的忠誠度，以與其他性質相類似學校之間產生市場區隔。其實，在各種內外在環境的改變下，學校品牌化現象已趨明顯，學生和家長在選擇就讀學校過程中，對學校品牌的認知，已成為一個重要考量因素，因為具有品牌的學校，通常代表教育資源與受教品質較佳（葉連祺，2006a）。

雖然，品牌所表現出來的形象多元，標誌、實體、名稱、符號、代表人等，都是品牌外顯的一種方法。然而，對於像高等教育機構這種服務性品牌（service-sector brands），如何擁有一個優質的品牌更顯重要，因為對顧客而言，此種教育服務所提供的多屬非具體的產品（Underwood,

Bond, & Baer, 2001）。在品牌建構上，蔡金田（2009）從學校品牌建構角度切入，提出學校品牌建構的重要原則，包括：秉持教育品質是品牌的核心價值、建立有系統正向的和清晰的學校品牌形象、重視優質學校識別形象的設計、重視品牌價值的延伸、實施學校內外部研究等原則。當學校已具備正向的品牌形象後，學校端如何將此抽象的品牌，推廣至社會大眾，讓關係利害人能夠瞭解該校的品牌意涵，就有賴行銷策略的運用。

品牌與行銷之間的關係密切，藉由好的行銷策略可以為學校建立好的品牌形象，並且讓學校的品牌廣為大家所熟知；而好的品牌形象，則有助於行銷策略成效的提升，發揮事半功倍之效，兩者息息相關。本研究將高等教育機構品牌行銷定義為：高等教育機構利用各種行銷策略，將既有已建立之學校品牌形象，包括名稱、術語、標記、符號，或是其他可代表學校品牌的特徵與想法，推廣至校內外相關利害關係人，使其對該校產生正面品牌聯想的策略稱之。

參、高等教育機構品牌行銷策略

於現今高度複雜與競爭高強度的市場機制中，高等教育機構經營管理者已經意識到：發展品牌已是學校經營管理的重要策略，然而礙於高等教育服務性質的獨特性，大學品牌化不見得都是成功的（Pinar, Trapp, Girard, & Boyt, 2014）；為此，高等教育經營管理者如何成功地推動品牌行銷策略，就顯得格外重要。謝文全（2012）即指出，學校進行品牌領導時，可以從設定品牌識別、規劃品牌藍圖、做出品牌承諾、規劃品牌策略、確實執行以打造品牌與品牌評估等管道開始著手，以發揮品牌領導的功能。

在品牌行銷策略的運用過程中，品牌聯想是重要的行銷策略之一，有

助於提升品牌行銷的成效。Pinar、Trapp、Girard 與 Boyt（2014）以美國中西部一所大學為研究對象，蒐集該校 439 位學生的意見進行統計分析發現：對於教職員品質的認知，是品牌聯想中最重要的區域，不只是大學名聲、情緒環境、品牌忠誠、品牌意識是形塑優質大學品牌的重要策略，其他像是圖書館服務、學生生活設施、職涯發展與外在設備等，亦是支持品牌聯想的重要範疇。國內部分，葉連祺（2007a）研究發現：最有效增進大學品牌聯想成效的策略是改善教學、課程和設備，因此學校端致力改善教師教學、學生學習和課程，應被視為是提升大學教學品質和強化大學品牌的根本要務。對於大學經營管理者而言，應兼顧學校內外部教學相關環境和條件的改善，藉以提升教學品質，形塑大學品牌，並務實性結合大學教學品質管理和行銷策略，以擴大大學品牌效應。在品牌聯想概念之下，對於品牌行銷策略的運用，涵括具體設施環境的改善，如：教學環境與設備、學生生活設施，與軟體設施（如：服務品質、教師教學等）的重視外，在重視畢業生就業力的今日，學生職涯發展好與壞，亦是提升品牌聯想成效的重要策略。

對於高等教育機構品牌行銷策略的探討，研究者會因研究主軸不同，而有不同的主張。如蔡金田（2009）以文獻探討歸結出學校品牌行銷管理八大因素：品牌環境、品牌策略、品牌文化、品牌設計、品牌權益、品牌形象、品牌發展與品牌精進；在前述八個因素下，提出學校在實施行銷管理之具體規劃（蔡金田，2009）：

1. 以 SWOT 分析掌握學校的品牌脈動；
2. 以創意思考策略規劃學校特色品牌；
3. 以精緻發展理念型塑學校品牌文化；
4. 以學校識別系統建立學校品牌形象；
5. 以專責單位人員維護學校品牌權益；

6. 以整合行銷理念推廣學校品牌形象；

7. 以永續經營觀點檢視學校品牌發展；

8. 以追求卓越精神精進學校品牌價值。

　　Dvais、Dunn 與 Aaker（2002）提出品牌接觸輪（Brand Touchpoint Wheel），將顧客接觸品牌分成購買前、購買時、購買後與影響性四個階段，每個階段都會有接觸到品牌的機會，藉由此四階段接觸點的相互影響，會讓消費者產生綜合性的品牌經驗與認知。Khanna、Jacob 與 Yadav（2014）利用 Dvais 等（2002）提出的品牌接觸輪，以高等教育領域為範疇，進行高等教育機構品牌建構的研究，研究結果指出：在就讀前階段所重視的包括有：軟硬體設備、校友和學生推薦、大眾媒體影響、學生畢業力、收費與地點等；就讀階段包括：提升知識、聯課活動、產學合作、學習資源等；在畢業階段後則包括：就業狀況與校友涉入狀況；到了最後的影響階段，則包括高等教育機構創新與迴響、利害關係人認知狀況等；其具體提出學校要建構優質品牌的策略，對品牌行銷有更明確的導引。而葉連祺（2006b）於進行《教育行政類系所品牌評估模式之初步建構》研究時，依據大學法理基礎和品牌接觸輪觀點所提出的學校、系所、教師和學生四個層面和項目，用於評估教育行政類系所品牌表現狀況。在品牌接觸輪的概念下，所發展出利害關係人與學校之間品牌連接點，正可以轉化成高等教育品牌行銷之策略，不同階段有不同的關鍵重點，轉而為不同的行銷策略運用。

　　總而言之，高等教育品牌行銷策略宜依對象與階段不同，採取不同的策略。綜合上述各家論述與研究者實務經驗，針對高等教育機構性質與狀況，提出推動高等教育機構品牌行銷之策略：形塑高度的市場區隔化、重視學校「教育」功能的發揮、建構永續型行銷策略、發揮整合行銷策略功

能。茲分項說明如下：

一、形塑高度的市場區隔化

　　首先，高等教育機構品牌行銷策略之一即是：高度市場區隔化的形塑。誠如 Alessandri、Yang 與 Kinsey（2007）所言，對於大學這類性質較特殊的組織而言，擁有高區別度的具體圖像，是可以提升利害關係人心中對於組織與其他組織間的區別程度。市場區隔的概念，其實就是品牌個性化的發揮；應用品牌個性（brand personality）以加強大學與外在利害關係人之間的聯結程度，發展一個具有區別度的品牌形象，有助於利害關係人對此大學品牌認同（brand recognition）的提升（Blackston, 1993）。Heding、Knudtzen 與 Bjerre（2009）在品牌策略中，除了建構適合顧客的品牌外，與競爭者區隔化的品牌形象是必要的。藉由市場區隔的形成，高等教育機構在行銷策略的運用上，更能聚焦於目標市場，對於行銷策略的制定與運用，亦因聚焦而能發展出適合目標市場的策略，有助於行銷功效的發揮。

二、重視學校「教育」功能的發揮

　　其次，正視高等教育最基本的任務，滿足高等教育機構存在的必要性，即是對學校「教育」功能發揮的重視。在高等教育機構品牌行銷策略中，改善教學、課程與軟硬體設備，是增進大學品牌成效的策略（葉連祺，2007a）；Pinar、Trapp、Girard 與 Boyt（2014）以美國大學為研究對象，研究成果亦支持教學、設備與環境對於學校品牌聯想的重要性。近年來，由於國內對於學術研究的重視程度大為提高，各種外在政策與制度的配合，形成了重研究輕教學的氛圍，容易讓大學忽略其教學的使命。有鑑於國內大學「重研究、輕教學」風氣盛行，大學教師花費許多時間與精力

於研究產出的提升，相對地，在教學上所能付出的精力與時間自然較少，恐造成大學畢業生基本核心能力的欠缺，在全球化競爭潮流下逐漸削弱我國高等教育的競爭力與彈性，為此教育部於 2014 年 12 月特訂頒「獎勵大學教學卓越計畫」，由各校透過競爭型獎勵機制的申請，獲得發展所需經費，鼓勵大學提升教學品質並發展國內教學卓越大學典範（教育部，2015b）。該競爭型計畫的重點在學生學習與教師教學議題上，獲得補助的學校可以將經費用於改善學校教學設備與內容，此一獲得補助的意義更代表著學校教學受到肯定。獲得補助大學校內，處處可看到獲得教學卓越補助的恭賀字眼外，有些學校甚至利用獲得此一榮譽的機會，對外大肆進行行銷，在人來人往的公共場合中，進行廣告宣傳。

三、建構永續型行銷策略

再者，高等教育品牌行銷策略宜從永續經營概念著手，屏棄短效型的行銷策略，全面檢視學校品牌的形塑與行銷策略的運用。教育是百年樹人的志業，宜有一致且延續性的發展規劃，不能因人設事，更不能發生人去政息的窘境。誠如蔡金田（2009）建議，當學校在實施行銷具體規劃時，應「以永續經營觀點檢視學校品牌發展」，謝文全（2012：226）亦認為：「根據品牌識別、藍圖與承諾，並參酌組織環境、顧客分析、競爭者分析與自我分析的結果，規劃出品牌策略時，宜強調長遠利益、服務、情感、信賴、功能等主客觀因素。」總而言之，對於高等教育機構而言，短效型的行銷策略，雖能立見成效，但效果不能持久，其延續性亦受到質疑；對於高等教育機構的品牌行銷策略建構與推展而言，宜具一致性、延續性與永續性，符合學校中長程計畫之發展方向，避免換人當校長，學校行銷策略就得重新規劃的窘境。

四、發揮整合行銷策略功能

　　最後，高等教育機構品牌行銷宜採取整合行銷概念，融合運用各種行銷策略進行品牌推廣，重視各種品牌接觸階段以發揮品牌效益。在整合行銷概念之下，高等教育機構宜有專責單位人員進行學校品牌權益的維護與行銷，畢竟高等教育機構所面臨的市場化競爭，已非傳統校內單位分工能夠解決，故設有專責單位，延聘具有品牌行銷經驗的專業人才，是學校推動整合性行銷的前置工作。在整合行銷概念之下，本書其他章節所提之網路行銷、媒體行銷與關係行銷等議題策略，皆可作為品牌行銷策略的重要管道，兩者之間關係密切。除了上述策略管道的結合外，傳統行銷 4P（即產品／Product、價格／Price、推廣／Promotion、通路／Place）與轉化後的 4C（包括顧客／Customer、成本／Cost、溝通／Communication、便利／Convenience）等，亦是高等教育機構在品牌行銷過程中，可以運用的策略指標，以提升學校行銷之功效。

肆、高等教育機構品牌行銷相關研究

　　品牌行銷一直是熱門的研究議題，對於營利性組織而言，藉由優質品牌行銷策略的運用，可以提升消費者對於組織的認同，進而提高其對組織的忠誠度；對於非營利性組織而言，好的品牌行銷策略運用，對於組織的永續發展亦有正面的幫助。對於教育產業而言，近來由於運用企業管理策略的頻繁，此類研究亦呈現增加趨勢。在研究領域上，高等教育機構因為組織型態較其他階段教育機構彈性，但相對面臨的經營壓力亦較大，對於品牌行銷運用的需求比其他階段的教育機構來的殷切，主要以招生相關研究議題為大宗。綜而言之，目前國內外高等教育品牌行銷相關研究狀況主

要呈現出三特徵：

1. 品牌行銷相關議題研究成果豐碩，凸顯教育場域研究的弱勢；
2. 國內教育領域品牌行銷議題，多聚焦於高等教育階段；
3. 高等教育領域品牌行銷議題，以學生與招生相關議題為主軸。

　　茲將目前國內外高等教育品牌行銷相關研究狀況，說明如下：

一、品牌行銷相關議題研究成果豐碩，凸顯教育場域研究的弱勢

　　傳統上，品牌是代表「產品」的標誌，是產品的相配品，此時期希望藉由品牌吸引顧客的注意力；之後，品牌跳脫單一產品的代言形象，發展成為關係到許多產品的一種認知與態度，即是一種觀念（concept）的展現（Riezebos, Kist, & Gert, 2003）。不管是具體的產品，或是抽象的服務，或只是一種聲音或觀念，皆能藉由品牌行銷過程，為組織獲取極大的利潤，因此對於營利性組織而言，品牌行銷已成為不可或缺的一種經營管理策略。各種有關品牌行銷的相關研究主題，隨著企業組織對於品牌定義與概念的轉變，不再只是將品牌視為產品的另一種代名詞，更進一步將品牌概念化，聯結品牌與組織之間的關係，此一品牌概念的發展，亦展現在此類型的研究成果中。以國內外各大資料庫搜尋結果觀之，品牌行銷相關研究主要還是運用在營利性組織，如 Nicolau 與 Mas（2015）、Bastida 與 Huan（2014）將研究領域聚焦於觀光業中的品牌效應上。

　　分析科技部專題研究計畫補助資料，以 94 至 103 學年度為調查期程，其中以品牌為計畫名稱者，計有 321 件，94 學年度 16 件、95 學年度 22 件、96 學年度 32 件、100 學年度 22 件、101 與 102 學年度各 49 件，104 學年度上升至 54 件，是十年來以品牌為題，獲得專案研究計畫補助獎勵最多的一年。從逐年上升的申請件數中，可以看出品牌議題受到重視的趨勢，然而在 321 件中，屬於教育學門／教育領域之研究範疇者僅有 7

件，凸顯教育領域對於此一議題的研究狀況，的確較其他營利性組織來的弱勢。

　　誠如前述，國內有關品牌行銷相關研究日益增加，但多運用在營利性組織之中。查詢臺灣期刊論文索引系統近幾年（2012 至 2015 年 6 月）以「品牌」為題之研究狀況發現，共計有 296 筆資料，其中將研究對象設定在教育產業者，僅余美惠、陳斐娟（2012）等 9 篇研究成果。余美惠、陳斐娟（2012）進行《學校行銷策略、學校品牌形象與家長滿意度之相關研究》，聚焦探討國小家長的學校行銷策略、學校品牌形象與家長滿意度知覺狀況，及彼此間之相關情形和預測分析，結果顯示：三者間有中度至高度正相關存在，且學校行銷策略與學校品牌形象二者皆對家長滿意度具有預測力。黃義良與王怡又等人（2014）進行幼兒園品牌權益量化與教師品牌相關議題的研究；蘇容梅（2012）與蔡金田、施羽、施又瑀（2012）、杜英儀（2013）等人，則是以高等教育領域為研究對象；另一篇則是針對臺灣地區教育品牌學術研究的內容與趨勢，以學位論文與期刊為內容分析資料，進行教育品牌研究的整合性分析成果（黃義良，2012）。整體而言，教育領域品牌行銷議題研究，僅佔 3 成的狀況，若再聚焦在高等教育階段的研究產出，所佔比率則更低，與目前國內高等教育產業產值相比，的確有成長的空間。

二、國內教育領域品牌行銷議題，多聚焦於高等教育階段

　　鄰近國家新加坡，其人口雖不多，只有 500 萬人，但大學也只有 4 所，平均每 125 萬人才有一所大學；香港有 700 萬人口，有 7 所大學，平均每 100 萬人有一所大學；馬來西亞有 2,700 萬人，僅有 56 所大學，平均每 48 萬人口設有一所大學（李誠，2013）。反觀臺灣，人口數約 2,300 萬，卻有近 160 所高等教育機構（含大學、獨立學院、專科學

校），換算下來，平均約每 15 萬人，就有一所高等教育機構的存在，密度可謂不低。在高密度的高等教育場域之中，招生成敗成為各校永續經營的重要影響因素；各校重視世界排名、重視國內排名、重視各種評鑑考核，背後所代表的意義，皆難以跳脫招生考量。對於高等教育機構而言，優良品牌形象的建立，就是最好的行銷策略；研究成果證明：當學生對於學校品牌具有正面認知時，其對於學校的經營效能與招生成效，皆有正面助益（吳政文、陳律盛，2012；蔡金田，2009）。

在學生生源不足後，品牌行銷議題研究更受到重視。分析國內有關教育機構品牌行銷議題的論文，從幼兒園階段即有品牌相關議題的研究成果（如：黃義良，2014a、b；黃義良、王怡又，2014）。到了中小學階段，雖屬於強迫型義務教育階段，但是在市場機制之下，品牌行銷相關議題亦有所表現（如：張淑貞、蘇雅雯，2011；葉連祺，2003；葉連祺、林文祥，2011）。到了高等教育階段，由於已非義務教育階段，各大學生源無法受到政府政策保障，將商業界所重視的行銷策略運用在高等教育場域，已成為不可避免的趨勢。在科技部近幾年（96 至 103 年度）人文及社會科學類教育學門中，以品牌為研究計畫主題者，計有 6 件，其中僅有 1 件為幼兒園為研究場域（黃義良，2008），另 5 件皆以高等教育場域為研究對象（陳玉娟，2014；陳春富，2012；葉連祺，2007b、2008；黃義良，2009），題目分別為：《師資培育系所品牌之網路行銷策略與成效之研究》、《大學生就讀大專院校品牌形象影響之研究》、《大學選擇歷程模式和大學品牌關係之研究》、《技職院校幼兒保育系品牌評估指標之研究》。上述專題研究計畫皆是以大學為研究場域，除一般大學外，另擴及師資培育類與技職教育機構；此一結果顯示，目前有關品牌建構之概念，非僅一般大學需要重視，技職教育或師資培育類學校亦需重視之。

黃義良（2012）針對臺灣地區 2003 年至 2011 年 4 月止，以教育品牌

為主題的 15 篇期刊論文，進行內容分析發現：在教育品牌學術研究主題中，研究主題以品牌與學校品牌為大宗，佔了七成五的比例；而在機構層級方面，以大學（含研究所）階段的論文篇數最多，佔了 26.7%。進一步以國家圖書館《臺灣期刊論文索引系統》進行檢索，發現從 2012 年至 2014 年的學術期刊論文中，以教育領域為研究範疇者，計有 15 篇；研究層級包括幼兒園階段、國民中小學、高中職與高等教育階段，其中屬於幼兒園階段者計有 3 篇、國民中小學階段計有 2 篇、高中職階段計有 1 篇、不分層級之內容分析者，計有：黃義良（2012）《臺灣地區教育品牌學術研究的內容與趨勢：以學位論文與期刊為例》1 篇，而屬於高等教育階段的研究成果計有 8 篇，所佔比例最高。

　　上述 8 篇高等教育領域的研究成果，主要以量化研究為主。如張文榮、黃任億、殷育士（2014）以國內休閒技職院校學生為對象，進行問卷調查研究，藉以探討企業的品牌一致性、實習滿意度與就業意願之間的關聯性，實證分析發現：品牌一致性會正向影響實習滿意度與就業意願。黃義良（2013）基於學生選校因素、大學與系所評鑑標準，以及大學品牌相關研究等基礎，採用德懷術、階層程序分析法及問卷調查方法，建構技職院校幼兒保育系品牌的評估指標。蘇容梅（2012）以學校品牌知名度為干擾變項，分析品牌知名度對學校關係行銷與學生行為意向之間的調節效果；其採問卷調查法進行，研究發現有助於瞭解學校品牌知名度對學校關係行銷，以及學生選校行為意向之間的影響，藉由學生觀點提供大專校院在經營行銷上另一層面的省思。再者，如吳政文、陳律盛（2012）以分層隨機抽樣方式，進行問卷調查活動，經由統計分析後發現：大學品牌形象對學生知覺品質有正向影響，顯示學生對於所就讀的大學品牌形象，所產生的主觀感受及印象總合越高，其對於學校經營品質的主觀判斷與評價也會隨著越高。上述研究成果，顯示出目前高等教育品牌行銷相關研究結

果，支持品牌議題在高等教育機構運用的可行性與未來性。

三、高等教育領域品牌行銷議題，以學生與招生相關議題為主軸

　　國內部分，隨著教育界對商業理論的重視與運用頻繁，開始有相關性研究成果提出。蔡金田（2009）針對學校品牌建構與行銷管理進行文獻探討，主張在學生來源的減少與教育市場高度競爭因素下，學校應在眾多競爭者中，建立學校個別的品牌行銷，並與教育顧客建立良好的互動關係，作為吸引學生的重要利器。葉連祺（2007a）研究亦證明，大學品牌知名度和品牌形象的品牌管理變項，的確是吸引高中端學生就讀的影響因素，而最有效增進大學品牌成效的策略是：改善教學、課程和設備，因此塑造大學品牌仍需回歸學校基本任務─教學上，以品質管理為基礎，建立務實性的教學品質管理和服務。高等教育機構品牌形象管理，對於招生具有正面助益的立論，亦在蘇容梅（2012）以學校品牌知名度為調節效果中，得到量化數據的驗證，當學校知名度越高，對於學生選校行為的影響程度亦隨之提升。蔡金田、施皇羽、施又瑀（2012）的研究發現亦支持品牌知名度此一變項，會對於高中學生選填院系意願，產生顯著的直接影響效果。

　　在前述 8 篇（2012-2014 年）屬於高等教育階段的期刊研究成果中，主要還是聚焦在學生與招生相關的品牌行銷議題上。如：張文榮、黃任億、殷育士（2014）以學生實習滿意度、就讀意願與品牌一致性進行關聯性研究；杜英儀（2013）則是探討大學品牌對於學生就業狀況的影響；黃義良、王怡又（2012）、吳政文、陳律盛（2012）與蘇容梅（2012）等，亦是以就讀高等教育機構的學生為研究對象，探究相關品牌行銷議題之研究成果。而蔡金田、施皇羽、施又瑀（2012）則是以高中三年級學生為研究對象，探討學校品牌知名度、院系偏好對高中學生選填意願之影

響，利用問卷調查蒐集研究所需資料後，進行統計分析發現：品牌辨識、品牌象徵、品牌回憶、院系偏好與選填意願五者間，的確有顯著相關存在。

在國外部分，有關高等教育品牌行銷之議題，由於高等教育機構成立時間較早，市場競爭機制亦較我國更早面臨，因而此類型議題較受重視，研究成果較國內豐富。例如：Alavijeh、Rezaee 與 Hosseinabadi（2014）針對品牌相關議題進行量化研究，研究發現：對於大學端而言，品牌個性情形的確會影響到學生選擇學校的決定，其藉由進一步以驗證性因素分析，確認 22 題項可以區分成品牌個性六大面向，並建立結構方程模式確定學生和大學之間關係，會受到大學品牌個性化的影響。此外，亦有相關品牌與招生議題的研究與主張提出，Brown 與 Mazzarol（2009）以澳州大學為研究對象，研究發現：學校品牌形象的重要性的確與其他產業一樣，會影響到學生對學校的滿意度與忠誠度，因為當學生在已錄取的學校間進行選擇時，學校聲望與品質是影響學生決定的重要因素（Moogan, 2011）。而 Bulotaite 等人（Bulotaite, 2003; Rolfe, 2003）的研究成果亦支持：品牌管理與招生活動成效具有緊密的關係，當學生在進行選校決策時，學校或系所的聲望對於決策有重大影響。正如其他產業的品牌概念一樣，一個優質的學校品牌對學生而言，其實就是一個保障（Beneke, 2011）。

整體而言，從國內外高等教育品牌行銷相關研究對象與內容來看，品牌形象與學生招生之間的關聯性甚高。其實，對於高等教育機構而言，學生是學校永續經營的重要影響因素，以國內的高等教育系所評鑑發展趨勢與主軸來看，學生已被視為是評鑑系所發展的重要指標，學校招生狀況、學習成效、職涯輔導與發展等，皆為評鑑的重要項目；而在品牌行銷相關研究內容中，招生議題亦常是聯結品牌形象而進行，高等教育機構莫

不期望發揮品牌行銷的效用，提升招生成效維持學校經營管理績效。

伍、結論

　　誠如前述：「品牌行銷是利用各種行銷策略，將代表組織、產品或是服務的名稱、術語、標記、符號，或是其他特徵，讓顧客能夠明確得知，使其與其他競爭者產生明顯市場區別，以獲得顧客的青睞，達到組織既定目標。」隨著時代的演進，學校教育單位對於商業性組織所運用的經營策略，接受度日益提升；在現今的社會環境中，對於高等教育產業而言，學校品牌行銷策略運用已是無法逃避的經營策略。良好的品牌形象，即是行銷的重要利器，「高等教育機構利用各種行銷策略，將既有已建立之學校品牌形象，包括名稱、術語、標記、符號，或是其他足以代表學校品牌的特徵與想法，推廣至校內外相關利害關係人，使其對該校產生正面的品牌聯想，以發揮品牌聯想的效力」。

　　在高等教育行銷策略中，高度市場區隔化的形成，是建立品牌過程中，需要正視的議題，在高度市場化的高等教育生態中，具有品牌特色的學校經營策略是條件之一。其次，在品牌形象塑造過程中，教育本質的堅持，是品牌行銷的重要精神。而高等教育品牌行銷策略宜從永續經營概念著手，屏棄短效型的行銷策略，全面檢視學校品牌的形塑與行銷策略的運用。最後，在行銷策略的運用上，宜採取整合行銷概念，融合運用各種行銷策略進行學校品牌推廣，重視各種品牌接觸階段以發揮品牌效益。

　　剖析高等教育品牌行銷相關研究，發現目前品牌行銷議題的研究成果的確豐碩，卻同時凸顯出教育場域此類研究成果質量上的弱勢。進一步剖析國內教育領域品牌行銷議題，或因其他教育階段多為義務教育或基本教育類型，招生壓力不比高等教育階段來的大，因此有關品牌行銷議題的研

究，多聚焦於高等教育階段，其中高等教育領域品牌行銷議題，以學生與招生相關議題為主軸，期能解決高等教育機構目前面臨的問題，正視未來的挑戰與困境。

第四章
網路行銷議題

　　本章為第二篇《高等教育機構行銷議題篇》的第二個章節，主題環繞在網路行銷（internet marketing）議題上，首先說明高等教育機構為何需要網路行銷之「緒論」，其次則是高等教育機構網路行銷的內涵，與高等教育機構網路行銷策略之說明，最後則進行相關研究與高等教育機構推動網路行銷之結論。

壹、緒論

網際網路（Internet，以下簡稱網路）發展雖僅短短數十年，但是在知識就是權力的時代中，此一發明已大大改變人們探求知識的方式（Zimmerman, 2003）。網路是目前普及的溝通方式，據臺灣網路資訊中心（2015）統計資料指出：目前 0 歲以上曾經上網人數，推估約18,830,120 人，佔 80.3%；若以 12 歲以上計算，比例更提升至 83.7%。此數據顯示臺灣使用網路人數日多，在網路使用頻率日高的現今，機構對於網路的依賴程度亦隨使用頻率增加而提升，大大擴展了網路運用的範圍。在網路功能延伸與發揮過程中，網路行銷被視為是知識時代中，重要的行銷工具與策略；網路行銷為 21 世紀企業行銷的重要方式，在美國已有超過 40%的企業利用網路行銷業務，美國《財富》雜誌評選的全球 500強企業，幾乎都在網上開展行銷業務（樂承毅，2015）。

隨著各種電腦軟體的運用與更新，網路已成為品牌建構的重要利器（Temporal, 2010）。對於高等教育機構而言，如何發揮網路行銷功能，成功塑造學校品牌形象，成為學校重要行銷策略之一。對於高等教育機構而言，市場定位（market positioning）與品牌識別（brand identity）是未來要面對的重要行銷挑戰（McCaffery, 2010）；網路行銷的運用與市場定位息息相關，針對不同的消費族群，設定不同的行銷策略，以發揮不同程度品牌識別的功用。對營利性組織而言，網路行銷的運用，有助於組織獲利與發展；以全球品牌大廠可口可樂為例，其行銷策略使其品牌價值一直維持在全球百大最有價值品牌之列，在維持品牌價值過程中，該公司善用數位空間（digital space）進行行銷策略，如部落格、Facebook、全球資訊網的使用（Temporal, 2010）；Nugyen 與 Barrett（2006）、Yip 與 Dempster（2005）等人的研究亦證明網路行銷的使用，對於組織行銷成效

具有正向影響力。因此，善用網路的功用，對於組織行銷策略的運用實有加分效果。

　　Armstrong 與 Lumsden（1999）指出，雖然高等教育機構是一個傳統的領域，但對學生行銷的策略則需要用非傳統的方式，符應學生的語言、溝通平台與資訊檢索方式。網路行銷具備互動性強之優勢，組織可透過網路環境，以較低的成本在行銷過程中對消費者進行即時資訊搜尋，提高消費者的參與性與積極性（王志平，2008）。對於目前高度競爭的高等教育生態而言，外部資源的挹注有限，而網路行銷策略的善用，實有助於學校品牌的建立，對於招生成效亦能有所助益。Moogan（2011）調查就讀英國威爾斯大學學生對於學校招生行銷策略的感知狀況，研究結果指出：學生在決定申請哪一所大學期間，大學網站是排序在大學指南手冊之後的第二項重要資訊來源，影響學生選校的結果。網路行銷並非只限於網站設計，然而對於高等教育機構端而言，在對品牌認知、數位工具掌握、專業人才配置上仍未達到既定水準之前，網頁設置可說是學校端在推動網路行銷的敲門磚，是未來推動全面位網路行銷的重要墊腳石。

　　總而言之，在數位網路時代中，如何善用網際網路的功能，發揮其速度快、幅員大的優勢，結合組織既有的行銷策略，是高等教育機構應思考的重要行銷策略議題。在此，研究者將先說明高等教育機構網路行銷的意涵，包括網路行銷的意義、網路行銷的功能與管道、高等教育機構網路行銷的意義等主題後，探究高等教育機構運用網路行銷的策略，和目前國內外與高等教育機構網路行銷相關研究成果，最後則是本章之結論。

貳、高等教育機構網路行銷的內涵

　　以下針對網路行銷的意義進行說明，其次則是網路行銷的功能與管

道，最後則是針對高等教育機構網路行銷的意義進行論述如下：

一、網路行銷的意義

1969 年，美國 UCLA（University of California at Los Angeles）和 SRI（Stanford Research Institute）兩個實驗室的電腦連線成功，成為今日便利網路世界的開端；之後，在 1990 年，英國 Berners 成功開發了全球資訊網（World Wide Web），然而全球資訊網並不等同於網際網路，只能說是網際網路所提供的服務之一，但卻是讓網路的運用更為普及與便利的幕後大功臣。隨著網路發展日新月異，其已深入社會大眾生活之中，影響人們的生活型態。時至今日，網路與行銷密切結合，形成不同於傳統行銷的網路行銷模式。伴隨著網路使用人口的增加，不管是營利性或非營利性組織，皆已積極將網路與行銷策略之間進行聯結，善用網路優勢推動行銷，期能將網路行銷的功用發揮到最大。

網際網路是電信與電腦的融合，能集文字、圖片、影像、聲音、動畫等於一身，目前網際網路中存有各式各樣的資源與服務，若能善加利用，必能增強組織的競爭優勢（余朝權、林聰武、王政忠，1998）。利用網際網路作為行銷活動的管道、工具或是策略，即是網路行銷的一種展現形式。誠如余朝權、林聰武、王政忠（1998）等人認為：「利用電腦網路進行部份的行銷活動。」即可以是一種廣義界定的網路行銷。對於組織而言，只要在行銷過程中，某一行銷活動透過網路達成其目的，即可列入網路行銷之列。與其說網路行銷是新的行銷模式，或許更貼切的描述應該是：行銷方式與管道的多樣化，利用網路作為新的行銷工具或管道，所形塑的一種行銷模式。劉文良（2005）在《網際網路行銷策略與經營》一書中，將網路行銷界定為：「是一種互動式行銷，其透過網際網路之應用，提供顧客相關產品與服務的資訊，甚至是讓顧客參與整個企劃流

程，以維持顧客並促進顧客間的關係所進行的行銷活動之過程」；亦即經由線上管道作為意見、產品和服務的傳遞管道，以滿足買賣雙方需求為目標，藉以建立和維持顧客關係之行銷方式（Imber & Bestsy-Ann, 2000）。Siegel（2006）認為網路行銷是在數位化環境之中，藉由網路的使用加速互動、建立與消費者長期性關係、創造價值，達到行銷目的。Chaffey、Mayer、Johnston 與 Fiona（2000）亦支持網路行銷是一種新的行銷工具（marketing medium），是一種新型態媒體（new media），不同於舊有的媒體，不同於舊有一對多的溝通模式，而邁入一對一或是多對多的溝通模式；不似舊有獨白式的媒體，而改以立即性的對話式互動；不再將消費者視為目標，而是將其視為是可以提供更多產品或服務需求資訊的伙伴；而且網路行銷必須比傳統行銷更注意互動、包裝、曝光度與忠誠度（經濟部中小企業處，2009）。

　　網路行銷與傳統行銷其實本質沒有差異，只是使用的媒介不同（經濟部中小企業處，2009），傳統行銷中所重視的 4P、5P，甚至是 6P 的行銷組合，亦可以在網路行銷時代找到出路，藉由網路的加持，發展出各種樣態的網路行銷模式與策略。綜而言之，網路行銷可說是以網路作為行銷的重要工具，組織可以透過網路的管道，提供目標市場所需的資訊、產品或服務，利用網路媒體發展並宣傳組織的過程，藉以滿足目標市場需求的一種新型態行銷模式。在行銷過程中，藉由網路所衍生的各種軟硬體配備或溝通平台，如：Facebook、Website、E-mail、WWW、搜尋引擎等的運用，充分發揮網路行銷的效用。因此，網路行銷內容極為廣泛，部落格行銷、網站行銷、社群行銷、口碑行銷、電子商務行銷、影音行銷、電子郵件行銷、搜尋引擎行銷等都是網路行銷的一部分（經濟部中小企業處，2009）。

二、網路行銷的功能

　　1969 年，Vint Cerf 及其研究團隊在美國國防高等研究計畫局（U.S. Defense Advanced Research Projects Agency）的實驗，成為開啟網際網路成功的先鋒。時至今日，網際網路的使用不只影響到產業運作模式，更已深入人們的日常生活中，舉凡食、衣、住、行都離不開網際網路的影響範疇。即使是身處環境變革的現今，組織面臨需求危機（demand risk）、革新危機（innovation risk）、無效率危機（inefficiency risk）三大危機挑戰，而網際網路的使用確可以降低前述三項危機的存在（Watson & Zinkhan, 2000），因此網際網路的存在，對於組織、社會、國家而言，實能發揮許多正面功能。

　　教育部（2016）即指出：網際網路的使用，可以提供使用者四項與眾不同的功能：1.提供各種不同網路連線的解決方法；2.連上網際網路即可與其廣大社群連通；3.點對點的連線，即使互相連線的兩點不在同一實際的網路上；4.一致性的服務；而這些功能的發揮，正有助於行銷策略的運用。1990 年代初期，利用網路進行宣傳廣告行銷是前所未聞，到了後期，利用網路進行行銷已成為可行且十分合適的管道（Herbig & Hale, 1997）。隨著各種載具的發明與個別化，普及且便利的網際網路，讓行銷策略的運用邁入新紀元。整體而言，網路行銷的主要功能有三，茲分項說明如下：

（一）全年無休的速度感

　　針對網路行銷的功能，首先，即是人人稱道的速度與全年無休的運作模式。Siegel（2006）指出，網路一直處於 24／7／365 環境之中，一天24 小時、一週 7 天、一年 365 天，無時無刻不在運行之中；換言之，網路行銷具有全年無休的功能，可以時時刻刻發揮行銷效果。在電子化服務

時代，快速回應消費者的需求（quick customer feedback），為其特色之一（Bisht, Belwal, & Pande, 2010）。以網頁使用為例，組織端可以時時上網更新訊息，而消費者端亦可以無時無刻上網獲得最新訊息；以高等教育機構為例，學校可以利用網頁的設置，提供全年無休的服務。除了全年無休的運作優勢外，配合網路高速度的傳播效果，更可讓行銷成效大為提升。

（二）無所不在的宣傳力

其次，網路行銷可以發揮無所不在的宣傳效果，除傳統的點對點、單向式的宣傳模式外，利用網路進行行銷甚至可以完成點對面、互動式的宣傳效果。藉由網際網路的運用，以其作為行銷通路，可以聚焦於特定目標或是普羅大眾。再者，網路行銷可以發揮消費者客製化行銷的功效，劉文良（2005）提到：「網路行銷是採用直接瞄準的方式，將特定的行銷訊息傳達給特定的顧客，包括透過豐富的資料庫內容分析、辨識線上消費者的行為模式與偏好等」。除了上述特定點對點的客製化行銷模式，網路行銷亦能發揮點對面的行銷效果；一個無所不在的網路，的確能夠允許消費者、賣方和供應商共享資訊（Hanson, 2000）；在不同的場域或時間中，擷取所需的資訊，有助於組織經營管理效能的提升。誠如 Coupey（2001）所言：「網路的優點之一，即是可以同時與許多消費者進行溝通，或是聚焦在特定一人身上。」在網路溝通過程中，可以讓組織產品或服務發揮品牌化的效果，Sharma（2010）在《網路行銷概論》（Introduction to internet marketing）一書中指出：網路行銷是不可或缺的品牌化行為，組織亦可設法從網頁中獲得潛在消費者資訊，例如消費者藉由提供個人資訊，以換取免費的服務項目或電子報，而組織則從中獲得消費者的訊息列冊建檔，藉以發揮銷售漏斗（sales funnel）效果。綜上所

述，網路行銷發揮的效用，不只是點對點，更可以是點對面的宣傳效應，充分發揮無所不在的宣傳效果。

（三）成本較低的多元管道

再者，成本較低亦為網路行銷受到稱讚的優勢之一。目前網路行銷所衍生的管道甚多，如 E-mail、網頁、Facebook 等，都是網路行銷過程中，可以運用的溝通平台或策略管道。E-mail 即是最常被使用的管道之一，此管道的運用，可以讓銷售方直接與消費者聯繫；Sharma（2010）指出，使用 e-mail 作為行銷的重要管道與工具，不只是一個有效的方法，更是一個可以降低運作成本的網路行銷利器。Valassis（2015）認為在推動個別化（personalization）行銷管道時，許多人總有一些迷思存在，其中之一即是認為這似乎是一個「昂貴」的方式，然而目前許多網路行銷可茲運用的管道，卻逐一打破此迷思，其中 E-mail 的使用，即是建構一個具有個人化管道的主軸，在行銷宣傳範疇中，成為引領朝流時尚的取徑（fashion forward approach），而這個管道的建立，所費成本低於其他傳統行銷策略。在數位化時代下，低成本為數位化服務下的優勢（Bisht, Belwal, & Pande, 2010），網路行銷所能運用的管道甚多，諸如前述的 facebook、網頁、E-mail 等，都是可以運用的利器，如何善用此一行銷模式，有效降低成本成為組織的挑戰之一。

總而言之，網路行銷已是網路時代必備的行銷策略，在網際網路無遠弗界的世界裏，快速、多面向溝通、較低成本等優勢，的確為網際網路時代下的新行銷型態加分。據統計，在 32 個新興開發中國家（Emerging and Developing Nations），有 27 個國家其半數以上人民每天皆會使用網路，其中黎巴嫩與智利兩個國家，更有高達 83%以上的民眾每天至少會

有一次以上使用網路的經驗，其主要用於社交與獲取資訊上（PewResearch Center, 2015）；對於已列開發國家的歐美諸國，網路使用的普及程度，更不在話下。利用網路進行行銷活動，組織正可以挾其普及的使用率，發揮全面性行銷影響力。隨著網路的普及與大眾化，其功能日益提升，網路行銷所能發揮的影響力，已不能等閒視之，因此，各產業或組織對於網路行銷的運用，需以更正向且積極的態度與行為去面對，不只是適應數位時代的來臨，更需要善用數位時代中重要的產物，以提升組織的運用績效。

三、網路行銷的管道

網際網路正在各種軟硬體配合之下，蓬勃發展著，同時也豐富了網路行銷的內涵，提高了傳統行銷的功用。時至今日，網路行銷可用的管道或是策略眾多，如：擴大網路平台的合作運用、使用網頁旗幟廣告（banner ad）、善用 E-mail 等方式，皆是網路行銷可行的策略（Sharma, 2010）。雖然全球資訊網只是網際網路所能提供的服務項目之一，卻是目前網際網路使用過程中的基本配備。早在 1990 年代，Morgan（1996）即指出，未來的行銷將會利用全球資訊網頁的管道，充分發揮其速度快、成本低、無時限與全球化的優勢。在眾多網際網路相關工具的使用中，網頁已成為各行各業必備的工具，不只營利性組織對於網頁的依賴度高，政府單位亦將網頁使用視為單位必備工具。為提升網頁品質與效用，行政院研究考核發展委員會（2013）推出《政府網站版型與內容管理規範》，裏面規定政府網站的細部規範，以方便使用者接觸官方網頁並從中獲取資料。其規範計有 13 項，茲分述如下：

1. 使用者的呈現裝置：如網站設計應考量使用者的裝置，支援不同的瀏覽程式等。

2. 網頁組成要素：如網站名稱與識別標誌，建議置於版面左上方等。

3. 導覽：如導覽列以一致的風格與位置貫穿全站、按鈕圖示加註文字等。

4. 首頁設計：如首頁應考量使用者瀏覽方便及裝置，不宜產生橫向捲軸等。

5. 文字樣式與連結：如全站的文字格式使用一致字型、顏色與尺寸等。

6. 圖片與多媒體：如網頁圖片兼顧清晰品質與下載時間等。

7. 表單：如在輸入框旁邊加註填寫限制、格式或提供填寫範例等。

8. 搜尋：如搜尋結果應方便檢閱、提供進階搜尋等。

9. 應提供內容：如提供單位及主管業務介紹、提供申辦服務介紹及程序說明等。

10. 內容呈現格式：如網頁文章標題與重點應明確標示，以利快速瀏覽等。

11. 內容管理：如機關應更新網站內容，並標示更新日期，定期檢視並修正網站資料等。

12. 行動版網站：如行動版網站設計應可隨裝置自動調整版面等。

13. 外語版網站：如外語版網站內容應依外籍人士需求提供等。

　　除政府單位所提出的參考指標外，商業界亦曾提出好的企業組織網頁應該具備的條件內涵，歸納出七大類別 101 項完美企業網站指標，用以評測企業網站的設置，茲將七大類別說明如下（銳商企業，2013）：

1. 內容：計有 23 項指標，包括內容要豐富、準確、不斷更新、原創性等。

2. 易用性：共計 34 項指標，包括不使用任何網頁特效、導航深度不超過三級等。

3. 設計：共有 12 項指標，包括為初次到訪者傳遞專業的第一印象、設計不可喧賓奪主等。

4. 安全：共有 7 項指標，包括網站必須有安全備份和恢復機制等。

5. 性能：計有 6 項指標，包括使用成熟優化的 Web 頁面渲染技術等。

6. W3C 標準：僅只有 1 項指標，即網站應該符合 W3C 標準。

7. SEO：計有 18 項指標，包括網站中的每一頁都應具備和本頁內容相襯的標題等。

　　網頁已是目前公私立組織必備的行銷管道之一，由上述公營機構與私人企業對於網站網頁設置的規範與指引，強調明確與便利的設計原則，讓使用者可以方便且快速的從網頁中獲取所需資料，組織則藉由網站網頁的設立，發揮公告周知與宣傳的行銷功能。在 1990 年代，Ong（1995）即提出一個全面性全球資訊網行銷架構，從最初確認網路行銷策略開始，之後進行預算編製，包括：評估現有資源、訓練和支持系統、安全考量、內部發展等，接著進入另一個階段，從研究網站（web sites）開始，到設置網站，最後則是宣傳網站、評量與發展的階段；在一系列階段中，保持循環系統，不斷修改與調整，以達到行銷的目標。網頁頁面的設計，其實會影響到潛在消費者的選擇與決定，研究證明（Neilson, 2010; Weinreich & Obendorf, 2008）：77%的網頁瀏覽者，花費在瀏覽該網頁的時間不會長於十秒，而且只有 23%的網頁使用者會使用首頁的滾動條，去閱讀畫面以外的資訊。因此，對於高等教育機構端而言，網頁的設置已是各校必備工具，在設計網頁時，除將重要的訊息置於首頁外，並應列於主畫面內，減少使用滾動條的頻率，自有助於該資訊與事件的行銷效果。

　　除上述網頁行銷策略的運用外，網路行銷仍有其他許多方法與管道可茲運用，像是 e-mail、facebook、部落格、關鍵字行銷等，都是組織可茲運用的網路行銷管道或是方法。據統計，每天上網行為中，使用 e-mail 已排名第二，成為上網的重要活動（Zimmerman, 2003）。從廣義來看，發 e-mail 給潛在或現在顧客的行為，即可以視為 e-mail 行銷（Sharma,

2010），其是為網路行銷的一種呈現形式。至今，E-mail 行銷可以如此受到重視，正是因為比起其他溝通管道，發放 E-mail 的成本較為低廉，而且可以發放訊息給特定人們，研究亦證實，如果運用得當，E-mail 行銷是可以成功的（Sharma, 2010）。總之，在網路行銷的眾多管道與策略中，E-mail 的使用是可以有效提升行銷成效的工具。

目前高等教育機構最常運用的便是前述的網頁與 E-mail，網頁已是各校必要設置之物，以作為連繫與宣傳之用。近年來，學校端對於網頁的設置，重視度大為提升，對於網頁使用人性化部分，亦十分重視，如：依網頁使用者身份，提供不同的進路管道，以利網頁使用者能夠更為快捷的找到所需資料；設置不同的網頁使用載具版本，讓使用者可以時時且便利的使用網頁資源。而在學校與教職員生的聯繫上，E-mail 亦已成為面對面、電話聯繫外的便捷管道。近年來，網路行銷的管道與工具的使用，除了上述常見的網頁與 E-mail 以外，像 Facebook、Line、Google 等社交網路服務的興起，讓行銷效能更易發揮，所能影響的對象亦更加廣泛且快速，而這些亦是學校單位較常使用的工具管道。但是，為了保持資訊來源的正確性，學校端對於許多訊息的提供，如：有關教職員生的法規依據，稍有錯誤則會影響個人權益，故對法規正確性有其高標準要求，因而對於某些管道與工具的使用，則有其限制，主要還是以學校官方網頁資訊提供為主，其他社交網路平台的資訊較不具官方代表性，為維持資料來源的正統性與一致性，避免影響到當事人的權益，故在使用上有所侷限。

四、高等教育機構網路行銷的意義

數位化時代，讓網際網路走入每個人生活中，扮演著重要的角色。根據非營利性組織 PewResearch Center（2015）統計資料顯示：調查 32 個新興已發展國家民眾的意見發現，64%的填答者認為網路的運用，對於教

育會產生正向影響性，僅有 18%的填答者認為會有不良影響，而認為沒有影響者僅佔 8%。比起其他面向：個人關係、經濟、政治與道德等議題，以道德面向的 29%、政治面向的 36%、經濟面向的 52%、個人關係的 53%，網路對教育面向所能產生的正向影響肯定者比例最高，足見網路在教育產業中所扮演的重要角色。對於高等教育機構而言，網路不只對於教育具有正面功能，可以產生正向影響力，藉由它的存在與運用，亦可以提升機構行銷的功效，跳脫傳統行銷的侷限，充分發揮網路行銷的功能，有助於高等教育機構經營管理成效的發揮。

對於高等教育機構而言，其所使用的網路行銷工具與方式，自無法像營利性私人機構般來的自由；但是，不管是營利性或非營性組織，網路行銷仍能因地制宜，依產業不同而有不同的運用，充分發揮其應有的功效。前述，「網路行銷是以網際網路作為行銷的重要工具，組織可以透過網路的管道，提供目標市場所需的資訊、產品或服務，藉以滿足目標市場需求的行銷方式；在行銷過程中，藉由網路所衍生的各種軟硬體配備，如：Facebook、Website、E-mail、WWW、搜尋引擎等的運用，發揮網路行銷的效果」。對於高等教育機構而言，其網路行銷係指學校端利用網路所衍生的各項工具與管道，作為行銷學校的媒介，發揮行銷的功效；學校端可以利用 Website、E-mail、Facebook、WWW、搜尋引擎等，各種不同的工具作為行銷的利器，藉以提升學校聲望與影響力稱之。

參、高等教育機構網路行銷策略

目前有關高等教育機構行銷研究成果，主要以學校與學生之間的互動為主，除了將網路行銷策略運用於常見的招生議題外，隨著網路蓬勃發展而產生的社交網站，因使用頻率高、速度快、成本低、影響廣泛，而受到

學校端的重視與學生青睞，Greenwood（2012）等人，即以高等教育機構在社交媒體網站的使用狀況，進行深入的研究探討；田正榮（2006）等人以大學網站的設置與使用進行分析；兩者皆肯定網站存在的必要性。對於高等教育機構而言，其在網路行銷策略的運用，或許不如營利性組織來的彈性與專業，在網路行銷上所能投注的經費亦是有限，然而由於網路的盛行，致使網路行銷成為學校必備的經營策略。

經濟部中小企業處（2009）曾針對企業經營議題，提出推動網路行銷時應注意的重點：

1. 不能與傳統行銷一樣單向的傳遞訊息給消費者，必須瞭解哪些是網路上目標客戶聚集的地方，然後在正確的地方與目標客戶進行互動。
2. 不能跟傳統行銷一樣單純傳遞產品訊息給消費者，必須將訊息包裝，讓消費者幫你傳播訊息。
3. 在各種消費者可能進行搜尋行為的網路上，花費最少的預算，讓消費者找到你的產品資料，並且是正面評價的訊息。
4. 因為消費者可以在網路上快速的轉移消費場所，網路上的顧客忠誠度會比傳統市場低，所以更需要使用各種網路行銷策略來提高消費者的忠誠度。
5. 網路上消費者的流動不像實體商店可以憑感覺來掌握，因此網路行銷必須使用統計工具來計算投資報酬率，這些數據可以讓企業主管瞭解哪些管道具有實際效益。

與傳統行銷相比，網路行銷可說是提供服務導向的產品，或是經由網路管道提供目標市場產品的資訊，並建立兩方的互動關係（Fan & Tsai, 2010），誠如 Kiang、Raghu 與 Shang（2000）所言，網路行銷不只將網路視為行銷的一個管道，更是扮演提供消費者產品與服務資訊的中介溝通者角色。在重視消費者聲音與存在的現今，此一中介溝通者的運作必須要

顧及對象的不同，設置不同的管道或是使用方式。行銷策略的運用應該重視市場區隔，意即不同的對象，應有不同的對待方式（Armstrong & Kotler, 2000）。以目前高等教育機構最常運用的網站設置為例，雖然網路行銷並不侷限於網站的使用，但是對於教育機構而言，由於對象與提供產品或服務的屬性無法等於一般商業性組織，加上國內相關教育法令的規範，網路使用的自由度自然受限，然而在此受限的使用範疇中，學校網頁的設置仍是最普及，亦是與利害關係人最直接聯絡的管道。近幾年來，學校端在網頁的設計上，已跳脫傳統以學校為主的設計模式，而改從使用者角度切入，以最方便、快速的方式，讓使用者可以從網頁中獲得自己想要的資訊。誠如 Anctil（2008）所言：「一個好的網頁取決於學生是否可以容易找到資訊，」目前國內高等教育機構網頁的設置，會依使用者不同，提供不同的網頁路徑，一來便利於使用者使用，二來有助於學校端以更為快捷的方式提供使用者資訊，以作為行銷學校的手法。

其次，高等教育機構在推動網路行銷過程中，亦應考量語言使用性、安全與隱私權的保障。在商業性網路行銷過程中，研究證明全球性的消費者是否會在同一網站上重覆購買行為，會受到該網站是否使用其母語（primary language）的影響（Thomas, 2008）。此一現象轉化到高等教育機構之中，我們亦可以從近年來學校端對於英文網頁的經營建構中，發現兩種產業間的共通之處。此外，安全與個別隱私的注重，亦是網頁行銷過程中的挑戰；網路的使用具有其優勢，但亦具有其威脅性，其中安全性與隱私權的保障，為學校在推動網路行銷過程中，需要特別留意的地方。

再者，工欲善其事，必先利其器，網路行銷過程中，若沒有考慮到消費者端使用的行動載具設備，做好雙方的配合，網路行銷的功效必大打折扣。行動載具（mobile device）係指具基本電腦功能，且可運用無線通訊介面存取網路資源的可攜式裝置，亦稱行動裝置；有線網路相關裝置雖可

透過電話線、網路線或各式電纜等可見的媒介定點式的傳輸網路資訊呈現基本電腦功能，但其限制使用者存取網路資源的便捷性，因此行動載具的另一要件為需透過無線通訊技術，以利使用者不限時地取用網路資訊及接收即時訊息；國內現階段常用的行動裝置有：筆記型電腦（laptop／notebook）、平板電腦（tablet PC／pad）、個人行動助理（personal digital assistant，簡稱 PDA）及智慧型手機（smart phone）等（陳國泰，2012）。研究者調查發現，目前國內大學生使用的行動載具中，以筆記型電腦與手機為主，因此對於學校端而言，在制定網路行銷策略過程中，設計符合學生使用載具類型的行銷模式，為其必要策略。

最後，除了前述市場區隔性的提供、安全與隱私權的重視、行動載具的多元策略使用外，學校端在推動網路行銷過程中，知人善用，將對的人擺在對的位子上，給予足夠的資源支持，將是影響網路行銷是否成功的重要因素之一。目前高等教育機構端可以使用校務基金，聘請學校所需的人才，但因為薪資的給付有一定標準，想要網羅合適人才，卻常苦於無法提供合理薪資待遇，而無法聘請到此一領域的專業人才，成為推動網路行銷過程中的一大阻礙。為此，學校端可以藉由在職進修機會的提供，培育員工具備網路行銷的能力，或是利用業務外包方式，尋求專業組織團隊的協助，亦是可以考慮的解決方法。

肆、高等教育機構網路行銷相關研究

Ngai（2003）查詢 ABI／INFORM、Academic Search Elite、ACM Digital Library、Catch Word、Emerald Fulltext、Ingenta Journals 與 Science Direct 等資料庫，分析 1987 年至 2000 年間有關網路行銷論文 270 篇，發現研究主軸可分成五大類別：網路行銷環境（IM environment）、網路行

銷功能（IM functions）、特定網路行銷應用（Special IM applications）、網路行銷研究（IM research）與其他研究主題（Other topics），其中以網路行銷功能類所佔比重最高，達 52.2%；在網路功能類中，則以管理、計畫與策略比例最高（14.8%）。分析結果顯示，網路研究已經萌芽，網路行銷已成為新的行銷管道，在新行銷環境中的消費者行為亦已成為研究重要的範疇，然而在傳統行銷矩陣：價格、管道、產品、促銷中，有關網路行銷產品的研究成果則較為缺乏。前述 270 篇的研究成果，主要以營利性組織為研究對象，較缺乏高等教育機構類別的研究成果產出。

　　國內有關高等教育機構研究產出量，相較於其他教育層級的研究成果產出量，或因此類研究人口所佔比率較低，研究成果豐碩度自然較其他領域低，有關高等教育機構網路行銷之研究成果更顯缺乏。分析科技部專題研究計畫主題，自 2001 年以來，網路行銷的研究主題雖有增加趨勢，但在以「網路行銷」為題之 26 件研究計畫中，與高等教育機構有關者，僅有 2014 年的《師資培育系所品牌之網路行銷策略與成效之研究》，以師資培育系所為研究範疇，利用訪談與問卷調查方式，蒐集研究資料，藉以探討在此類特色系所中，學生對於網路行銷的認知，及其與系所品牌之間的關聯性。

　　於國內期刊部分，近幾年來由於高等教育市場競爭激烈化，行銷議題受到青睞，研究成果雖有增加，但礙於高等教育機構性質與私人企業本質上有所差異，對於行銷的運用與研究，在態度上自然較為保守；在高等教育行銷議題中，網路行銷已漸受重視，然仍未成為主流而處於相對弱勢之中，和高等教育機構網路行銷議題較為相關者，計有楊美華（2011）《善用 Facebook 社群功能行銷圖書館服務》、劉煌裕、舒榮輝（2008）《大學圖書館電子資源之需求分析與行銷策略之研究》、田正榮（2006）《聯繫於網路行銷競爭優勢的大學網站功能規劃與分析》、莊英慎與林水

順（2003）《顧客對高等教育機構行銷特性認知分析—以中華大學為例》、黃義良（2002）《淺談學校運用網路發展形象行銷的具體策略》等研究。

在高等教育機構網路行銷研究中，圖書館因與電子網路密不可分，劉煌裕、舒榮輝（2008）即以《大學圖書館電子資源之需求分析與行銷策略之研究》為題進行研究，其認為對於圖書館而言，電子資源行銷概念應以讀者為導向，著重讀者的資訊需求，並利用各種宣傳技巧，行銷電子資源，使圖書館能提供更完善的服務，因此以開南大學日間部四學院學生為樣本，討論讀者的使用需求及電子資源的推廣策略，以獲致最有效益的行銷方式後，提出七項建議：將讀者需求與圖書館資源能力進行分析和比較；課程內容設計要兼顧吸引性、實用性與便利性等；活動或課程結束後進行檢討，完成經驗記錄；經常更換活動或課程的目標及內容，以迎合讀者需求；儘可能顧及不同類型的讀者群，配合所好；尋找和開發潛在讀者，進行市場區隔與後續聯繫工作；訂定電子資源的使用政策及推廣策略。之後，徐心儀、楊美華（2011）則將焦點置於目前學生常使用的社群網站 Facebook，利用 Facebook 社群功能行銷圖書館服務；其利用文獻探討發掘 Facebook 應用於圖書館的功能與相關議題，並分析國內大學與公共圖書館對 Facebook 之應用現況，基於 Facebook 具備之互動性與交流、群集效應、知識共享與圖書館品牌形象建立之優勢，提出建置圖書館 Facebook 之注意事項，包括：政策的訂定、定期更新與即時管理、圖書館服務加值、鼓勵使用者參與、隱私權保護的政策訂定等，凸顯出在虛擬的世界中，圖書館如何跟隨時代潮流，評估大環境需求並不斷調整組織的運作內容，以增加圖書館價值的目標。

除上述以圖書館為範疇的研究成果，目前高等教育機構面臨最大挑戰之一，即是招生成效議題。在招生成效的提升部分，如何快速且正確的提

供相關利害人資訊，形塑學校正向的品牌形象，成為擴展生源的策略。莊英慎與林水順（2003）以顧客對高等教育機構行銷特性認知分析為題，以中華大學為研究對象，調查新竹地區高中學生與中華大學在校生對於該校的認知狀況。而田正榮（2006）以《聯繫於網路行銷競爭優勢的大學網站功能規劃與分析》為題，指出：網路行銷與互動行銷顛覆與衝擊了企業與非營利組織的競爭優勢，並引發世界第三次戰爭革命：資訊革命。上述兩個研究結果皆顯示網路已成為目前傳遞資訊的重要管道，依使用者特性，設計不同的使用方式，對於學校經營管理有正面的助益。

此外，有感於網路行銷成為學校形象行銷的新趨勢之一，黃義良（2002）以《淺談學校運用網路發展形象行銷的具體策略》為題，探討學校如何運用網路功能，將學校特色與辦學理念宣揚出去，並將數位訊息透過行銷徑路傳達給家長、社會大眾，使親師生與大眾均能瞭解、認同繼而支持，並提出適用於學校的具體做法：在內部行銷方面，則建議提供免費帳號與電子信箱、設置「電子聯絡簿」、製作階梯學習系統、提供不打烊的師生留言版、提供新穎而安全的上網繳費系統。在公共關係行銷方面，包括有：架設活潑生動的網站、提供資料庫與研究成果、結合網路購物與捐獻功能、優秀學生與事蹟上網、加強與其他網站的連結、結合行動研究，進行回饋修正。然利用網路路徑來行銷學校形象時，的確面臨不少問題，其提出幾項建議：轉化教職員工的行銷觀念、培養教師基礎的上網與文書處理能力、強化教師行動研究的能力、薦請教育主管機關提供更安全的「防火牆系統」、提升網管人員的位階以及提供跨校性的「網路技術諮詢小組」等。從上述國內的研究成果來看，網路行銷已被視為是一個必要且有效的行銷策略，善用網路所帶來的附加價值，有助於學校行銷成效的提升。

中國大陸近年來，隨著高等教育的改革與發展，招生策略的規劃與執

行已成為學校經營管理的重要工作。在眾多招生行銷宣傳策略中，網路運用受到重視。任會明（2010）在其《關于高校招生宣傳工作的探悉》一文中指出：中國大陸高等教育體系在面對大規模擴招時期後，不只要滿足學生與家長的需求，更要維持辦學品質，在諸多外在壓力下，招生宣傳活動成為此過程中重要的影響因素。在各種招生行銷策略中，網路的運用成為重要且快速的行銷管道，誠如目前各大學皆會設置的官方網頁，利用網頁創造學校與學生之間，跨越時間和空間的直接溝通平台，進行即時的意見交換。

除國內與中國大陸對於高等教育網路行銷的研究成果外，由於網路所能發揮的影響力無遠弗界，高等教育機構開始利用網路作為行銷利器，提供客製化的資訊管道，以彰顯學校品牌形象（Mentz & Whiteside, 2003a; Porter, 2008），學生端也會利用學校網頁、E-mail 等網路工具獲取學校資訊。高等教育已成為主要國家重要的輸出產業，藉由吸引國際學生前來就讀，以提升高等教育的產值，因此招生行銷策略的運用，成為這些高等教育輸出國的重要行銷議題。Gomes 與 Murphy（2003）即以吸引國際學生作為研究主題，探究教育機構如何利用網際網路技術（Internet technologies）中的網站（Web sites）與 E-mail 工具，發揮行銷學校的效果，以吸引國際學生（international students）就讀，並瞭解這類型學生在選擇學校就讀的決策過程中，是如何受到上述兩個網路工具的影響，研究結果顯示：學校在設立網站過程中，需要針對國際學生特性，設置以此類學生為對象的網站入口與 E-mail 資料庫，亦需針對其家長需求，提供網站中獲得資訊的便利管道。

國外有關高等教育機構網路行銷的研究中，多從招生角度切入，探討大學潛在學生在選擇學校過程中，網路工具使用狀況與其所能發揮的效用程度。對於目前重視虛擬化、速度感與電子化的招生策略，大學端正可利

用網路功能，發揮其優勢，左右學生的選校行為。如：Mentz 與 Whiteside（2003b）研究指出：高中生在利用網路進行個人入學資料的提供過程中，較重視隱私性，且偏好私人性和有限線上搜尋功能（limited interaction of searching online），喜歡大學端提供分門別類、清楚而易判斷的路徑。現今大學網頁的設置，即符應 Mentz 與 Whiteside 的研究結果，在網頁中因使用對象不同，而有不同的路徑引導，方便不同對象資料的取得。

除了網頁的設置與使用，許多因網路的使用而蓬勃發展的社交網站，亦是高等教育機構端常運用的行銷工具，豐碩此類研究成果。Lindbeck 與 Fodrey（2010）以 e-mail 問卷方式，詢問美國中西部二所州立大學 9,997 位新生，詢問其選擇就讀大學過程中，他們會使用哪些方法獲取資料？常見管道有：學校網頁（school web sites）、電子郵件（E-mail）、部落格（Blogs）、社交網絡（social networking）、即時通訊（instant messaging）等，高中端學生在申請大學過程中，最常使用並覺得較有效的前五名中，排名第一、二名者，皆是用於提醒申請學校資訊與截止日的電子郵件與學校網頁，第三、四名則是用於提供學校相關訊息的網頁與電子郵件，第五名則是提供潛在學生有關學校發生哪些事情的網站資訊功能。Greenwood（2012）則以 2010 至 2011 年間，四年制且同時提供大學與研究所課程之全美優質學院排名（2010-2011 Best Colleges: National Rankings）前 100 名學校為研究對象，研究發現：學校網頁是未來的潛在學生獲取資訊最重要管道，而在社交網站部分，最常出現者為：Facebook（98.9%）、Twitter（95.7%）、YouTube（85.9%）、iTunes（51.1%）、Flicker（33.7%）、Linkedin（19.6%）與 Foursquare（9.8%）等，其中有些學校甚至同時使用多種社交網站，比率最高者為 38 所學校同時使用了 4 種的社交網站，比重達 41.3%；在各種社交網站的使用上，

於學校網頁首頁設有聯結管道者，前七名依序為：Facebook（98.7%）、Twitter（94.8%）、YouTube（85.7%）、iTunes（46.8%）、Flicker（27.3%）、Linkedin（7.8%）與 Foursquare（6.5%），其中有 21 所學校從首頁進入後，只要「按一次」即可連結至該校的社交網站；此種網頁設置的方式，正符應前述對於網路行銷管道中所提及對於網頁設置標準的立場。

對於高等教育機構經營管理者而言，隨著數位科技的的進步，網路行銷可以運用的管道與平台甚多，其中各種社交網站的使用頻率日漸提升，國外研究成果亦證明在大學網頁行銷策略中，社交網站的運用的確能發揮效果，因而得到學校端的重視，聘任專人統籌管理社交網路的設置與使用。Greenwood（2012）探究在大學網站（web sites）中各種社交媒體（social media）所能發揮的效用，研究結果顯示：在美國持續成長的社交網站（social networking sites），具有社交互動的媒體平台屬性，可以讓高等教育機構與特定市場目標進行交流互動，藉由運用廣泛，成本相對低廉的平台進行行銷活動；網際網路的便利與快速特質，的確讓社交網站異軍突起，成為目前風行的溝通平台，此一結果支持了目前許多大學網站對於熱門社交媒體重視的策略運用。Reid（2009）指出：社交網站運用已經可以消彌關係網絡的缺口，讓高等教育機構能與目標市場進行溝通，跳脫傳統社交媒體溝通模式，進行更進一步的互動交流。因此，在網路蓬勃發展下，許多衍生的網路使用方式與平台，豐富了高等教育機構行銷的圖像，讓網路行銷的運用更具創新與挑戰性。

整體而言，從上述相關文獻的研究趨勢與成果內容觀之，雖然以高等教育機構為研究範疇的網路行銷研究，相較於其他行銷議題之研究，成果產出量相對較少，但是隨著網際網路的盛行與發展，高等教育機構網路行

銷研究已漸嶄露頭角，其中有關社交網路平台的運用，已在高等教育經營管理議題的研究中受到重視。再者，在網路行銷的研究主軸上，主要還是以學生為主要對象，然礙於教育機構所具有的非營利色彩濃厚，無法將學生視為單純的消費者，與營利性組織之消費者等同視之，故在網路行銷的運用廣度與深度上，仍有所侷限，左右了網路行銷的研究議題。目前，有關高等教育機構網路行銷議題，主要還是與學校永續經營息息相關的招生議題為主，探討潛在學生對於高等教育機構端網路行銷策略使用的認知狀況與影響程度，進而提出理論上或實務上的建議。

伍、結論

1969 年，美國 UCLA 與 SRI 兩個實驗室電腦連線成功，為網際網路的使用帶來曙光。網際網路的發明，讓訊息流通速度加快，它不止改變人們溝通方式，亦改變組織行銷模式。一連串的研究與創新，70 年代電子郵件的引入，80 年代的傳輸控制協議，90 年代創建全球資訊網，與網路電子商務的盛行，到了 2000 年以後，Facebook 的發明與視頻分享網站 YouTube 啟用，讓網際網路的功能日新月異，成為大眾生活中不可或缺的一項重要發明。

網路行銷可說是「以網路作為行銷的重要工具，組織可以透過網路的管道，提供目標市場所需的資訊、產品或服務，利用網路媒體發展並宣傳組織的過程，藉以滿足目標市場需求的一種新型態行銷模式。」對於高等教育機構而言，其網路行銷係指「學校端利用網路所衍生的各項工具與管道，作為行銷的媒介，發揮行銷的功效；學校端可以利用 Website、E-mail、Facebook、WWW、搜尋引擎等，各種不同的工具作為行銷的利器，藉以提升學校的聲望與影響力稱之」。學校端可以利用多元形式的網

路工具，進行學校行銷策略的運用，藉以提升學校經營管理之成效。

　　在眾多的網路行銷策略中，高等教育機構端應重視市場區隔，設置適合不同使用者使用的網路行銷策略，而安全性與隱私性的提升，是網路行銷過程中，需要重視並積極維護的使用者權益。隨著科技的發展與進步，目前各種網路使用載具多元，學校端在推動網路行銷過程中，亦需要考量各種網路載具的不同，設計不同的網頁使用方式，以符合使用者需求，在此過程中，知人善用，聘請合適的人才進行網路行銷的構思與推動，影響網路行銷成效甚劇。

　　最後，在此類研究成果方面，將網路行銷運用在高等教育領域的研究成果，仍未成為此類議題的主流，主要研究成果仍是集中在營利性組織範疇之中。國內方面，已開始有此類議題的研究，而且多聚焦於學生議題之上，其中又與招生議題相關程度最高；在國外研究成果方面，亦以招生角度切入者為大宗，凸顯出招生與學校經營管理之間的密切關係。對學校經營管理者而言，如何吸收優質學生前來就讀，維持學校的穩定與發展，是經營管理者的重要工作之一，此一重視程度亦反應在網路行銷研究議題上。

第五章
關係行銷議題

　　本章為第二篇《高等教育機構行銷議題篇》的第三個章節，主題環繞在關係行銷（relationship marketing）議題上，首先說明高等教育機構為何需要關係行銷之「緒論」，其次則是高等教育機構關係行銷的內涵，與高等教育機構關係行銷策略之說明，最後則進行相關研究與結論的撰寫。

壹、緒論

　　高等教育機構所面對與提供服務的對象，是學生、家長、社區人士與社會大眾，在互動過程中，對於人與人、人與組織之間關係營造的需求自然較其他產業高。在重視組織與相關利害人關係品質營造的現今，高等教育機構與利害關係人間的關係建立與經營，顯得格外重要；目前已有許多大學著力於關係行銷策略的建置與應用。如：東海大學有感於廣設大學、開放私立學校籌設與專科學校改制下，大學院校擴增，然國內青少年人口卻持續減少的雙重影響下，為凸顯學校特色，以期在激烈競爭市場中脫穎而出，於 2000 年設立公共關係室（東海大學，2016）；成立之初，以加強與新聞媒體關係之建立與維護，負責新聞發佈與提供為宗旨，至今則轉以重塑大學品牌、提升大學品質價值、維護大學品牌權益為使命，重視與家長、學生、企業界、媒體等關係的營造。

　　目前國內高等教育機構所設立之公共關係相關單位，主要業務範圍還是以對外關係營造為主，其中將新聞媒體互動關係之營造列為工作主軸，如：國立中興大學於該校秘書室下，設置媒體公關組，綜理媒體輿情蒐集、新聞發佈及媒體公關相關事宜，由組長擔任媒體連絡人角色。其次，則是結合校友服務與對外公共關係營造作為工作範圍，如：國立中正大學設有媒體暨公關中心，主要業務在公共關係活動的規劃與執行、媒體關係的建立、新聞訊息的發佈與列管、校友服務等；國立彰化師範大學設有公共關係與校友服務中心，負責校友相關活動、採訪通知與新聞稿發布、對外宣傳品製作等。整體而言，目前國內高等教育機構內的單位編制與工作分派狀況，以「關係」為名之校內編制單位，主要還是以對外關係營造為主，如：負責學校與畢業校友和媒體人員之關係營造，此一關係雖仍未涵括學校所應處理與面對的關係類型，但也凸顯出學校對於某些族群

關係營造的重視。關係行銷重視組織與相關利害關係人關係的營造，藉由建立長期良好的互動關係，期能達到雙贏互惠的目標。總之，校友與媒體此二類型人員雖為學校重要的利害關係人，但是與學校產生互動關係的對象，除了此二類外，社會大眾、家長與校內教職員等，亦都是與學校互動密切的利害關係人，對學校經營管理者而言，各種對象關係的營造與維持，是必要且重要的工作。

　　Palmer（1996）在《關係行銷：是一個普世典範？還是一時的管理時尚？》（Relationship marketing: a universal paradigm or management fad?）一文中提到：關係行銷是立基於西方規準與行為之下，具有文化脈絡上的差異，因此同樣的關係行銷在不同文化價值觀之下使用，可能會面臨失敗的惡果；西方的關係行銷重視數據資料庫行銷（database marketing）和激勵計畫（incentive schemes），此模式可能在重視廣泛社會關係架構的文化脈絡中，嚐到敗績。相較於西方社會，東方華人社會對於關係營造的需求，因對於人情互動的重視，因此需求程度較高，在組織中對內與對外關係的營造，被視為維持組織永續發展的重要經營策略。在中西方文化脈絡的差異下，如何推動重視人際關係營造與維持的關係行銷策略，成為關係行銷策略移植過程，需要正視的問題與挑戰，此亦是研究者將關係行銷列為本書其中一章的用意。

　　本文將以營利性組織運用已久的關係行銷概念與策略為基礎，將其轉化至高等教育場域之中，推展到與學校相關利害關係人之關係營造上，以發揮行銷策略的功效。首先，研究者從高等教育機構關係行銷的意涵談起，以作為關係行銷運用於高等教育場域之基礎；接續著說明高等教育機構關係行銷的策略與相關研究發表狀況，最後則提出本文結論做為本章之結束。

貳、高等教育機構關係行銷的內涵

針對《高等教育機構關係行銷的內涵》，研究者將先說明關係行銷的內涵與演變狀況，之後在關係行銷內涵與演變基礎上，論述高等教育機構關係行銷的意義。茲分述說明如下：

一、關係行銷的內涵

關係行銷發展至今，已有二、三十年的歷史（Trocchia, Finney, & Finney, 2013）。Berry（1983）是最早提出「關係行銷」一詞的學者，當時作者在美國行銷學會主辦的服務行銷研討會（Services Marketing Conference），發表了一篇題目僅寫上「關係行銷」的文章，讓關係行銷一詞第一次出現在行銷文獻中（Berry, 2002）。其實，很早就有與關係行銷概念相類似的主張提出，最早出現在學術領域者，可以追溯到 Levy 與 Zaltman（1975）於《行銷、社會與衝突》（*Marketing, society, and conflict*）一書中，其強調交換價值的最大化，意即個人或團隊需要發展出與他人互動的關係模式（Berman & Sharland, 2002）。中國文化對於關係的解讀，深受儒家精神影響，應用到商業領域，則是重視「君子生財，取之有道」的關係行銷精神（Murphy & Wang, 2006）。在重視人際互動的華人社會中，對於「關係」的重視，不亞於西方國家，只是我們並未以「關係行銷」此一專有名詞來凸顯關係在行銷過程中的重要性。不管是東方或西方，雖然對於關係的重視程度受到文化脈絡差異的影響，然而在重視行銷策略運用的現今，人與人關係的營造成為影響行銷成效的重要因素，因此對於關係行銷的重視程度已隨著行銷策略運用的必要性而越加顯著。

美國行銷協會（American Marketing Association, 2015）將關係行銷一

詞界定為：「在行銷環境中，以發展和管理與消費者、批發商、供應者或其他伙伴之間，建立長期且互信關係為行銷目標稱之。」早在 1983 年，Berry（1983）提出關係行銷一詞之際，即已提出對關係行銷的界定，其將關係行銷視為吸引、保留和提升顧客之間關係的一種策略。隨著各新式數位產品問世與各種資料庫功能的提升，關係行銷中對於關係營造、維持與創新，有了各種新式軟硬體設備的支持，更有效提升關係行銷的成效。然而，回歸到關係行銷的基本概念上，雖然各種外在輔助軟硬體的創新與發展，讓關係行銷策略運用產生新面貌，但是其核心主軸仍未有變革，仍是環繞在關係營造與維持上，外在軟硬體的創新，只是扮演協助者角色，支援穩固與開創關係的工具。

在關係行銷過程中，重視關係品質的涵養，而必要且良好關係因素的品質建立，則有助於提升關係行銷的成效。在關係行銷的組成要素中，最受到專家學者認同的，主要為：信任（trust）、承諾（commitment）與滿意（satisfaction）三大因素；Caceres 與 Paparoidamis（2007）、Doaei、Rezaei 與 Khajei（2011）、Kristof、Gaby 與 Dawn（2001）、Smith（1998）、趙康伶（2009）、蔡淑娟、顏財發、鄭春暉（2009）等人的研究中，即是主張關係行銷係由信任、承諾與滿意三大因素組成，缺一不可。此外，亦有學者認為關係行銷的組成因素，主要為信任與承諾二大因素，如：Chen（2015）、Morgan 與 Hunt（1994）、謝作明、廖森貴（2002）等人的研究主張。亦有學者認為關係行銷組成因素應該是：信任與滿意兩大因素，如：Crosby、Kenneth 與 Deborah（1990）、Lagace、Dahlstrom 與 Grassenheimer（1991）、Levitt（1986）等人即為此主張。上述對於關係行銷組成要素的界定，主要在信任、承諾與滿意三因素之間進行取捨，其中皆包含信任要素，顯見信任在關係行銷中所佔有的重要地位。除了上述所提及的信任、承諾與滿意外，邇來有不同研究者加入溝

通、衝突管理與能力是否勝任等要素，作為影響關係行銷成效的重要因素。茲將各專家學者對於關係行銷組成要素的主張，整理如表 5-1 所示。

表 5-1

關係行銷組成要素

專家學者	信任	承諾	滿意	溝通	衝突管理	能力勝任
Caceres & Paparoidamis (2007)	V	V	V			
Chen (2015)	V	V				
Crosby, Kenneth, & Deborah (1990)	V		V			
Doaei, Rezaei, & Khajei (2011)	V	V	V			
Kristof, Gaby, & Dawn (2001)	V	V	V			
Lagace, Dahlstrom, & Grassenheimer (1991)	V		V			
Levitt (1986)	V		V			
Morgan & Hunt (1994)	V	V				
Ndubisi & Chan (2005)	V	V		V	V	V
Nelson (2007)	V	V		V	V	
Smith (1998)	V	V	V			
趙康伶（2009）	V	V	V			
蔡淑娟、顏財發、鄭春暉（2009）	V	V	V			
謝作明、廖森貴（2002）	V	V				

資料來源：研究者整理

「信任」係指交易的一方，相信對方是可靠且誠實的（Morgan & Hunt, 1994）。在關係行銷理論中，「信任」是營造雙方優質關係的重要影響因子，因為唯有立基於互信基礎上，雙方才願意有更進一步的互動或

是交易行為，並且願意延續此一互動模式。從商業角度切入，當 A 公司認為與 B 公司的交易行為，將有效提升公司獲利，信任態度與互動模式即油然而生；從消費者和銷售人員角度切入，當消費者相信銷售人員是可靠的、是誠實的、是值得信賴的，連帶會影響到消費者的消費意圖與行為，更加願意購買該銷售人員所推銷的產品。在各種產業或是人際互動中，信任一直是受重視的，教育產業更需要有信任因素的存在，如此才能發揮教育的功能，並凸顯教育產業的核心價值。在高等教育領域裏，信任以各種形式存在著，包括師生之間的信任、學校與社會大眾之間的信任、學校與家長之間的信任、學校與教職員生之間的信任等，不勝枚舉，依對象不同而有不同的使用方式與界定；然不管存在形式或位置為何，學校皆可善用此信任的存在，與成員建立更為緊密的互動關係。

其次，在談論關係行銷過程中，除信任因素之外，最常被提及的另一個要素就是承諾因素。當交易雙方相信與對方建立持續性的關係是重要的，他們就會願意花費最大的資源去維繫此一關係（Morgan & Hunt, 1994）。對於組織而言，如何讓組織利害關係人相信他們之間的關係是有價值的，因而願意去維持此一具價值性的關係，即是一種「承諾」行為的展現。在高等教育機構中，當學生對學校產生高度承諾，他們就會願意留在該校完成學業，甚至畢業後對學校仍保有高度認同感與忠誠度；當教師對於學生有承諾時，教師就願意花費更多時間與精力，協助學生學習與生活問題的克服；當教職員對學校有高度承諾時，教職員就更願意為學校無條件付出。陳玉娟（2015）在《高等教育機構行銷策略、信任、承諾對忠誠度模式建構與驗證》一文中，利用結構方程模式統計方法檢視各變項之間的關係，所建構的模式即支持：當學生對就讀學校的承諾程度越高，其對於該校的忠誠度亦會隨之提升，此一結果支持：在關係行銷過程中，承諾的確能夠發揮效能，有助於利害關係人對組織忠誠度的提升，而這樣的

想法亦適用於高等教育產業之中。

　　再者,「滿意」亦是在論述關係行銷過程中,另一個常被提及的概念。滿意是人際關係互動過程中,所產生的一種抽象且主觀的感受。在高等教育場域之中,滿意已成為學校順利運作的基石,所有利害關係人的滿意會成為學校永續經營的重要動力。Aldridge 與 Rowley(1998)以八大面向測量學生對所就讀高等教育機構的滿意程度、Haung(2012)探討大學生對環境的看法與學習表現間的關係狀況、Quraishi、Hussain、Syed 與 Rahman(2010)則是探究學校教職員對學校的滿意狀況,即是環繞在高等教育機構的滿意議題上;上述高等教育相關滿意度研究的出版,凸顯出高等教育機構經營管理模式對市場機制的回應與重視,教育場域不只扮演單純的教育者角色,同時也需要回應市場機制下,對於利害關係人滿意需求的滿足,而此滿意需求的滿足,正是建立良好關係的基石。

　　隨著各行各業對於關係議題的重視,亦將關係的營造與維持視為重要的行銷策略,讓關係行銷成為組織經營管理的重要面向。對於關係行銷內涵的界定,除了上述最常提及的信任、承諾與滿意之外,亦有專家學者加入其他的因素。如:Nelson(2007)認為關係行銷除了信任與承諾兩大因素外,溝通與衝突管理兩大因素是關係行銷中重要的一環;Ndubisi 與 Chan(2005)則是加入溝通、衝突管理與能力是否能勝任等三大因素,作為衡量關係行銷成效的重要標準。其實,長久以來,在行銷理論與實務範疇中,因為任何的行銷策略內涵與運作,定會隨著人、事、時、地、物的不同,而有不同的詮釋及不同的應用方式,難有一個大一統的定論,對於關係行銷的內涵各有主張,但大致已趨於一致,對其重要性的肯定,亦較具有共識。在高等教育產業中,人際關係互動的管理佔學校營運極大部分,而關係行銷是適合在此種高度人際互動稠密區中使用,學校端可以藉由各種良好關係的營造,作為行銷學校的重要利器,提升學校品牌形象與

影響力。

二、關係行銷的演變

　　對於顧客關係管理（Relationship management）的概念，傳統上以為只要給予每位顧客相同的對待與標準即可；但是，依據 Pareto 法則（Pareto Principle；又稱為 80／20 法則）的概念，組織中 80%的利潤來自於 20%的忠誠顧客，甚至影響的利潤程度更高於 80%（Temporal, 2010）。從 Pareto 法則來看待行銷的運作，如何保有舊有顧客，成為組織重要的獲利來源，因此組織對消費者的對象及其重要程度應重新計算，藉以合理分配資源，進行正確且有效的行銷策略運用。在留住舊有顧客過程中，最重要的策略之一，即是雙方良好關係的營造，藉由優質的關係互動讓顧客願意持續與組織互動，願意持續進行消費行為。

　　傳統式行銷策略以「賣」出產品（或服務）為目標，重視的是售出後的組織獲利所得，強調的是隨交易完畢即終止的短暫性主顧關係維持，因此對顧客售後的服務非受其重視，其將重點聚焦於產品販售上，藉由大眾化的溝通模式，完成產品的銷售行為。然而關係行銷強調的是：互惠合作、重視顧客的網羅與維持、尋找與顧客共享的新價值、重視顧客購買後的終身價值感（Christopher, Payne, & Ballantyne, 1991; Gordon, 1998; Sheth & Parvatiyar, 1995）。傳統式銷售行為其實不符合 80／20 法則的理念，對於產品採用銷售的概念，重視立即性的獲利，而非長期關係的營造，因此也難獲得細水長流般的獲利；在客製化潮流之下，其不重視與消費者關係營造的銷售模式受到質疑，為此而有不同於傳統銷售模式的關係行銷概念產生。

　　行銷內容隨著年代演進，而有不同的訴求。1950 年代是重視消費性產品行銷模式的時期，1960 年代則是將行銷擴及工商業市場，1970 年代

行銷議題擴及社會行銷相關領域，1980 年代行銷概念開始轉變重視售後服務的提供，1990 年代關係行銷開始風行（劉祥熹、陳玉娟，2010；Christopher, Payne, & Ballantyne,1991）。由研究者與實務工作者所組成的《行銷科學組織》（The Marketing Science Institute）即將關係行銷並列為1996 至 1998 年，最重要的三大行銷議題之一（Berman & Sharland, 2002）。細數各時期行銷的重點，從傳統行銷模式轉而重視關係創新與維繫的關係行銷議題，除了代表社會大眾對於產品與服務需求的不同，也代表著傳統行銷轉而重視關係行銷的轉變，組織開始重視與顧客個別化的溝通對話，重視長期且互惠的互動關係模式建立，以長期的思維模式與顧客建立永續的互動關係。

Yudelson（1999）在其研究中指出：關係行銷被視為是影響行銷思維的六個重要改變之一，也是在行銷觀念（marketing concept）、行銷的擴大（the broadening of marketing）、交易的確認（the identification of the exchange transaction）、全面品質管理（total quality management）、價值鏈（the value chain）等改變行銷思維議題之外，另一個重大議題。因應關係行銷概念的產生，宣告著組織所提供的產品或服務其核心是消費者，組織不再只是為販售而銷售，不再只是單純將滿足組織獲利視為第一要物；在關係行銷概念下，改以消費者為中心的思維模式，瞭解消費者的需求，重視與消費者間建立良好互動關係，並以提供滿足消費者需求的產品或服務為主要目標。

三、高等教育機構關係行銷的意義

在少子女化的社會現實之下，加以高等教育普及化、多元化、市場化與競爭化現象的成形，行銷策略的運用已是高等教育機構經營管理過程中密不可分的一環。高等教育產業算是一種人力高度密集的產業，所面對的

學生、家長、社會大眾、教職員等利害關係者，都是活生生的人，與其產生的關係互動頻率，更甚其他產業；因此，在各種行銷策略的運用中，關係行銷對於高等教育機構而言更具意義與重要性。

關係行銷不只營利性組織適用，亦適合運用在非營利性質的高等教育產業。由於高等教育機構所面臨的對象與處理的事務，與「人」有密切的關聯性，不管是學生、家長、教職員、社區人員、社會大眾、校友、產業雇主與政府主管機關人員等，都是高等教育機構的利害關係人，與其維持高品質的互動關係，對於學校的運作與發展具有正面助益。在關係維續過程中，如何獲得利害關係人的信任與承諾，提高其對學校的滿意程度，是推動關係行銷的重要執行策略，亦是評斷行銷運用成效的最好準則。

基於前述《關係行銷的內涵》中，對於關係行銷的論述：「在行銷環境中，以發展和管理與消費者、批發商、供應者或其他伙伴之間，建立長期且互信關係為行銷的目標。」其重視吸引與保留顧客關係策略的運用，以提升利害關係人的信任、承諾與滿意程度。將此意義轉化到高等教育場域之中，研究者將高等教育機構關係行銷定義為：「在高等教育機構運作過程中，致力與利害關係人發展出良好的互動關係，並以建立雙方之間長期且互信關係為目標，讓利害關係人對學校產生高度的信任與承諾，並提高其對學校的滿意程度，以維持對學校高度的忠誠度為目標的行銷策略稱之。」

參、高等教育機構關係行銷策略

對於高等教育機構經營管理者而言，目前所面臨的許多挑戰，其實和營利性組織甚為相似，在解決策略上，可參考與修正營利性組織的作法，以順利解決高等教育機構端所面臨的問題。營利性組織運用關係行銷

策略，已展現成效，對於身處高度市場競爭機制中的高等教育機構而言，關係行銷的運用，亦應能發揮預期中的成效。在推動關係行銷之前，學校端應先確認學生與學校的關係，是單純的顧客與銷售端的商業性關係，或是具有部分消費者性質，但卻無法等同之的關係。Arnett 等人認為：與其說學生是學校的消費者，不如說是合作伙伴來的妥切（Arnett, Wittmann, & Wilson, 2003; Bay & Daniel, 2001; Schee & Brian, 2008）。不管是學校的消費者，還是學校的合作伙伴，與其建立正向且持久的互動關係，是學校經營管理者無可逃避的責任，目前亦有研究證明：消費者滿意、承諾和信任，可以提升其對於高等教育機構的忠誠程度（Bowden, 2011），因此如何運用關係行銷策略提升利害關係人與學校間的互動關係，成為目前學校領導者在面對經營管理難題時，可以思考的另一個重要行銷策略與概念。

Berry 與 Parasuraman（1991）於《行銷服務》（*Marketing service: Competing through quality*）一書中提及：關係行銷可以分成三個層次，第一層次為財務型的關係行銷導向，係利用財務誘因保留舊有消費者，亦是以價格做為與消費者維繫關係的要素，因此在市場差異化上著墨不多，客製化亦非此階段的重要議題。邁入關係行銷策略的第二層次，則是著重藉由創新和維繫組織與消費者間的社會聯結程度為目標，其除了以第一層次之財務型誘因為基礎，更加入了社交型的結合，重視顧客差異化程度比前一層次來的高。進入關係行銷的第三層次，則是屬於結構型的關係行銷策略，此一階段使用科技產品（如消費者資料庫軟體）創新以提升與消費者之間的聯結程度，與顧客間發展出長期而穩定的關係，同時亦提高競爭者進入的門檻標準。對於高等教育機構而言，Berry 等人（1991）所提出的關係行銷策略三個層次，可以取其策略運作方式，應用在學校經營管理議題上，進行高等教育機構關係行銷策略的建構。

首先，高等教育機構可以善用財務資源，作為保留舊生與吸收新生的策略。依 Berry 所提出的關係行銷第一層次「利用財務誘因保留舊有消費者」，此一策略在高等教育機構中甚為常見，如提供在校生獎助學金、設立四年就讀的優惠政策等。在招攬新生部分，在少子女化與國際化衝擊之下，不僅是私立學校感受到招生壓力，公立學校亦面臨招生不易的難題，各校紛紛祭出各類型獎學金與優惠政策，以吸引新生就讀。2015 年大學博覽會與會的各大學各祭奇招，期能吸收優質學生就讀：中信金融管理學院祭出三百九十萬元獎學金及就業保證，大葉大學祭出最高獎助學金二百萬元與赴姐妹校交換學生的機票補助，南華大學設有最高可領取獎助學金三七一萬元的獎助，亞洲大學則祭出高達三百六十萬元的優惠措施。不只私立學校利用高額獎學金作為誘因，以吸引學生前往就讀，國立大學亦設有相同措施，如位於花東區的東華大學，雖因「國立」大學性質享有政府財政挹注的優勢，但因地處花東地區交通較為不便，成為影響招生成效的阻礙，為了克服地理區域上的劣勢，該校於 2015 年提出：針對設籍宜花東並就讀當地高中的優秀學生，提供學雜費減免和獎學金的獎勵方案，以吸收在地優秀青年學子根留花東；而交通大學電機系校友會更推出指考第一志願一百卅萬獎金的方式，獎勵新生就讀，讓招生獎學金的運作模式，向下擴及至基層的系所層級。綜上所述，高等教育機構的確可以善用財務資源，與學生建立實質的互動關係，藉以達成保留舊生與吸收新生就讀的目標。然而，價格策略是行銷策略中，最易被模仿的策略，加上第一層次的關係行銷策略只是最基本的行銷基礎，僅能發揮初步的功效，所以始有關係行銷第二層次行銷策略存在的必要性。

其次，則是進入第二層次的關係行銷策略階段：藉由創新和維繫組織與消費者間的社會聯結程度為目標。研究指出（Brown & Reingen, 1987）：當訊息來源者與接受者之間關係親密度越高，所產生的聯結強度

（tie strength）則越強；而產生強連結的群體中，對於訊息接收者所產生的決策影響性則越高。黃振誼、王玉珍（2012）研究指出：在社交連結過程中，專業服務、個人魅力、老顧客轉介、區隔化行銷、社團活動等，皆是可以運用的關係行銷策略，藉由各種策略的運用，應能發揮行銷的成效。應用至高等教育場域之中，此一層次重視創新和維繫學校與相關利害關係人的關係品質，在行銷策略的運用上，重視透過社會與人際關係的連結，與學校利害關係人建立長久且穩定的關係，針對不同利害關係者提供客製化的服務或產品，以滿足不同對象的不同需求。以目前高等教育機構運作狀況而言，由於市場競爭機制已在此場域發酵，在全球化趨勢之下，高等教育競爭場域中客製化的服務，已成為學校端和利害關係人建立良好互動關係的成功關鍵因素之一；例如：在課程規劃上，傳統由上層主導的課程規畫模式已經動搖，不只重視學校本位課程的推展，近年來已有下放至學生層級的實例，國立臺中教育大學推出《專題式通識選修課程》制度，學生可以選擇自己有興趣的主題，邀請適合的授課教師，共同討論課程進度與內容，合力促成此一新課程的開設。總而言之，此層次關係行銷策略的選擇與運用，係以組織與消費者間社會聯結程度提升為目的，期能達到建構強聯結的關係為行銷目標。

最後，在前述二層級財務型與社交型關係行銷策略推展之後，第三層次更是結合財務型與社交型兩行銷策略的優點，融合結構性類型，重視持久差異化與競爭潛力的涵養，更依賴科技產品的創新，以提升與消費者之間的聯結強度，達到強化與消費者長期關係為目標。第三層次為關係行銷中最高層次，顧客與組織之間的關係達到最密切的階段；在此階段，重視提供消費者穩定而全面性的服務（或產品），消費者對於組織亦能產生高度信任感，為組織創新與長期性競爭取得最佳優勢。對於高等教育機構而言，如何善用科技產品，以創新和提升其與顧客之間的聯結程度，達到強

聯結的目標，為此層次之關係行銷重點。邇來，教育部強力推動校務研究（institutional research），即是善用消費者資料庫概念的發揮，利用大數據所提供的各種資料，學校端可以提出更適性的教育模式、課程安排、經營方針，亦能與社會大眾、校友、產業界有更密切的互動，達到穩定關係的建立。因此，教育部為協助大學提升校務專業管理能力，善用教育資源，特提出校務專業管理能力計畫，辦理初期聚焦於「建立大學生學習成效評估及提升機制」主題，擬訂執行計畫及配套措施，並發展全國共同性之學習成效評量工具協作平台，促進學校與學生之間產生更為緊密聯結。

除了上述關係行銷三層次的策略運用外，Berry（2002）回頭檢視1983 至 2000 年關係行銷在服務業（services）的發展狀況，提出五個發展關係行銷的策略：核心服務策略（Core Service Strategy）、關係客製化（Relationship Customization）、服務擴大化（Service Augmentation）、關係價格化（Relationship Pricing）、內部行銷（Internal Marketing）。研究者以此五項關係行銷策略為主軸，轉化至目前臺灣高等教育領域之中，提出高等教育機構的關係行銷策略運用。茲分述說明如下：

一、核心服務策略：五項策略中，核心服務策略扮演著最重要的角色；所謂的核心服務即是在進行關係行銷的設計與推動時，要以顧客關係營造為主軸，如銀行業為富人推出的個人化財務服務（individual financial services），可以為顧客處理各種與個人財富有關的活動，如：金流狀況、稅務資料、投資分析、保險事務等，客製化的服務提供，可以提升消費者對組織的忠誠度，就算後來有其他銀行業要跟進，卻已失先機。對於高等教育機構而言，核心服務策略的概念正足以激發學校端思索著：如何推出滿足利害關係人需求的制度或策略，重視消費者的需求與關係的營造，提供客製化的服務或產品，讓學校在起跑點上贏過其他同業競爭者。

二、關係客製化：此部分重視產品的製作與服務的提供，應該符合顧客的需求，誠如學校課程與教學的設計，要適合學生的程度，並符合學生學習上的需求，才算是合適的教學與課程；邇來高等教育政策與改革走向，已將學生視為學習的主角，並將學生學習成效表現狀況，列為高等教育系所評鑑的重要面向，即可窺見其一二。學校除了提供客製化的產品與服務外，在關係的營造上，亦應兼顧關係的客製化，藉以穩固利害關係人對學校的忠誠程度。

三、服務擴大化：係指組織能在原有的服務享受之外，提供額外（extras）服務，以與其他競爭者產生明顯的市場區隔效應。Berry 列舉三個飯店的例子，說明商業性服務所提供的額外性服務，成功為組織提升獲利，鞏固與舊有顧客之間關係的實例。對於高等教育機構而言，服務擴大化已成為目前學校發展的方向，許多學校開始推動各種新生入學政策或服務，以與其他學校產生區隔，提升學生選擇該校就讀的意願，也讓新生可以更快速融入學校這個大家庭。

四、關係價格化：「好的顧客值得好的價錢」（a better price for better customers）─如何利用好的價格，鼓勵顧客與組織建立良好的關係互動，此一概念早已運用在行銷場域，如航空公司推動會員飛行里程數的累積，讓消費者願意與航空公司建立長期穩定使用的關係，即是一例。其實關係價格化可以使用不同方式，運用在各行各業之中，目前高等教育機構因為教育鬆綁方針的確立，治校模式較以往更具彈性，對於經費的使用，有更大的權力與彈性空間，對於學校端推動關係價格化的落實，將有所助益。

五、內部行銷：五項策略中，內部行銷為最後一個策略；該策略聚焦的對象不同於前述以對外的消費者為主，內部行銷認為在組織內部亦有「消費者」的存在，因為對組織而言，員工（employee）是組織內

部的消費者，而組織所提供的工作（job）則是一種產品形式，當員工滿意於組織所提供的工作內容、環境與福利等，自然願意為組織而努力。為了降低員工的流動率，留住優質的員工，穩定組織運用並促進發展，營造良好的組織氣氛、提供優質工作環境、設立對等公平的獎懲制度等，都是內部行銷可行的策略。在高等教育機構中，學校最大的資源就是校內的教職員，滿足教職員的需求，與其建立良好的關係，不管是對學校、學生、教職員，或是國家與社會大眾而言，皆能達到雙贏的目標。

綜上所述，對於高等教育機構而言，在推動關係行銷時，可以運用的策略包括：善用學校財務自由使用權，與利害關係人建立關係互動；落實客製化理念，建立歧異性的穩固關係；善用科技產品，進行消費者關係分析。此外，核心服務策略的提供、服務內容的擴大、內部行銷的推展、關係價格化的落實等，皆是在推動學校關係行銷過程中，可以考慮應用的重要概念或策略。

肆、高等教育機構關係行銷相關研究

自從 Berry（1983）在美國行銷學會主辦的「服務行銷研討會」（Services Marketing Conference）上，以「關係行銷」為題發表論文後，關係行銷議題開始受到理論與實務界的重視。對於關係的重視，改變了組織與消費者之間的互動模式，跳脫傳統一次性交易的銷售思惟，不再只是看重售出產品後所得利潤而已，轉而也重視與消費者間關係的營造，以創造穩定關係的消費模式；除了積極開發新顧客外，如何留住舊有顧客，維持永續互惠的關係，成為組織的重要經營策略。誠如 Pareto 法則指出：

組織中 80%的利潤來自於 20%的忠誠顧客，其影響利潤程度更可能高於 80%（Temporal, 2010）。因此，好的關係行銷策略，維續與創造優質的關係模式，可以提升顧客對於組織的忠誠程度，為組織創造更高的收益（如：Chakiso, 2015; Too, Souchon, & Thirkell, 2011）。

　　隨著商業領域研究對關係行銷議題的重視，研究成果已有所累積，高等教育領域亦有關係行銷相關研究成果的提出。分析高等教育領域的研究狀況，關係行銷的研究主要還是以學生為研究對象，探討學生與學校之間關係的互動狀況，議題涵括影響招生成效、對學校滿意程度、繼續就讀意願等。如：Trocchia、Finney 與 Finney（2013）以大學為研究場域，以學生為研究對象，進行有效關係行銷策略的研究，研究者試圖探究商業性友誼（commercial friendships）、優惠待遇（preferential treatment）、實質性報酬（tangible rewards）等三大策略，是否可以有效提高學生對學校的滿意程度，以建立良好的互動關係，研究結果證明：上述三項正向的關係策略，的確有助於提升學生對學校的滿意程度。

　　高等教育機構關係行銷的相關研究中，有很大的比重聚焦在招生議題上。高教招生壓力並非臺灣所獨有，現今已是各國高等教育機構普遍要面對的問題，對大部分高等教育機構而言，沉重的招生負擔是無法避免的經營壓力。Schee 與 Brian（2008）特別以一所小型的私立學院進行關係行銷研究，研究設計：招生辦公室人員將接受關係行銷策略的訓練，訓練內容包括人際關係互動、角色扮演與個別化銷售技巧等活動，經過二年數據資料的蒐集與分析，發現：藉由關係行銷策略的訓練，的確有助於提升該校招生與學生繼續就讀的比率。此外，Beneke（2011）、 Kittle 與 Ciba（2001）亦是在研究關係行銷對招生的影響狀況；Vauterin、Linnanen 與 Marttila（2011）則是將關係行銷議題，應用在國際學生（international students）的招收與保留上，研究主軸還是環繞在招生相關議題上。高等教育機構持續

的創造出關係行銷的焦點，透過對特定消費者提供完整的資訊，它是可能有效改善學生留校率，並維持其品牌的形象（何佳瑞譯，2013）。綜上所述，對於高等教育機構而言，吸引潛在學生或是維持目前就讀學生持續就讀意願過程中，關係行銷策略的運用，是重要且有效的策略。

除了探究學生與學校間關係營造的研究外，Frasquet、Calderón 與 Cervera（2012）更將關係之建構，延伸到大學與企業之間，因為對於大學而言，企業團體是重要的利害關係人，Frasquet 等人即以問卷調查方式，利用結構方程模式進行兩者關係模式的建構，研究發現：良好的關係營造，的確有助於大學與企業之間的互動。在現今重視畢業生就業狀況的時代，高等教育機構不再只負責教學，而不顧學生畢業後的出路，現在的學校不只要負責學生在校的學習活動，更要顧及學生畢業後的就業狀況。以國內高等教育評鑑指標為例，在系所評鑑指標中（高等教育評鑑中心，2016），項目三「學生、學習與支持系統」之下，即將「3.4 畢業生表現與互動及其資料建置與運用情形」列為重要評鑑系所表現指標之一，將畢業生表現狀況：就業或升學狀況、生涯或職涯發展、專業表現與創新、社會貢獻與服務等方面，列為系所評鑑內容。此一評鑑指標與內容，正凸顯出學校與產業界之間，是否能產生良好的聯結關係，以利學校畢業生就業，對社會有所貢獻。

關係行銷運用在高等教育場域之中，除了探究潛在學生與學校之間關係的營造、就讀學生與學校間的關係互動、及學校與產業間的關係聯結強度等相關研究外，國內方面，林俊彥、張惠雯（2010）認為在生源減少的高等教育領域中，各校招生勢必出現排擠與拉扯效應，在此過程中，關係行銷的應用應有利於我國高等技職校院未來發展，並藉以提供未來高教實際運作時之參考。何瑞枝（2012）亦抱持相同立場，認為近年來國內大專院校面臨高度競爭挑戰，高等教育應全面改以關係為基礎的行銷操作，與

學校相關利害關係人建立並維繫長久良好關係，因而提出多面向關係行銷策略在學校經營管理的應用，以供學校行政工作參考。陳玉娟（2015）以關係行銷之承諾與信任作為中介變項，進行行銷策略對忠誠度的影響狀況，經由結構方程模式的建構驗證後，發現承諾與信任兩因素扮演重要的中介變項，若就讀高等教育的學生對學校有較佳的承諾與信任，連帶對學校的忠誠度跟著提高，因此關係行銷在行銷策略對忠誠度關係中，扮演重要的中介角色，可以協助行銷策略發揮更大的效果，提升學生對學校的忠誠程度。

　　整體而言，關係行銷主要的研究成果，是以商業領域為主，如以休閒農場之體驗推廣農業食物網絡關係行銷的理念（張宏政，2013）、網路商店的關係行銷議題（池文海、楊宗儒、卓憲平，2007）、運動健身俱樂部的運用狀況（林美玲，2000）、醫療照護類（Ahearne, Bhattacharya, & Gruen, 2005; Bemis, 2011）等。而在高等教育領域的研究成果，還是以學生為主要研究對象，尤其是在招生壓力下，以學生為研究對象的招生議題研究倍受重視（如：Beneke, 2011; Kittle & Ciba, 2001; Vander Schee, 2008, 2010; Vauterin, Linnanen, & Marttila, 2011），其他的研究主題雖未明列出「關係行銷」等字眼，但多與信任、滿意與承諾等因素有所關聯，相關研究隨著高等教育市場化趨勢的明顯，而有所增加。

伍、結論

　　一個良好的關係，不只有助於學校端吸收新生，亦有利於提升就讀學生對學校的忠誠程度。關係行銷的運用，即是強調提升消費者對於組織的信任、承諾與滿意，藉由建立良好的關係互動，發揮行銷的最高效能。誠如前述「高等教育機構所面對與提供服務的對象，是學生、家長、社區人

士與社會大眾，在互動過程中，對於人與人、人與組織之間關係營造的需求自然較其他產業高。」關係行銷對於學校經營管理成效的提升，自有其舉足輕重的地位。

對於高等教育機構經營管理者而言，關係行銷的運用可以獲得家長、學生或是校內成員的承諾、信任與滿意感的提升，有助於提升治學成效。誠如前述，在策略的使用上，高等教育機構可以善用財務資源，作為保留舊生與吸收新生的手段，其次藉由創新和維繫組織與消費者間的社會聯結程度為目標，最後可結合財務型與社交型兩行銷策略的優點，融合結構性類型，重視持久差異化與競爭潛力的涵養，更依賴科技產品的創新，以提升與消費者之間的聯結強度，達到強化消費者長期的關係為目標。而核心服務策略、關係客製化、服務擴大化、關係價格化、內部行銷等，亦是高等教育機構在推展關係行銷時可用的策略。總而言之，善用學校財務自由使用權，與利害關係人建立關係互動；落實客製化理念，建立歧異性的穩固關係；善用科技產品，進行消費者關係分析。此外，核心服務策略的提供、服務內容的擴大、內部行銷的推展、關係價格化的落實等，皆是在進行關係行銷過程中，高等教育機構端可以考慮應用的重要概念或策略。

而在研究成果部分，高等教育機構類的研究主題，較少以「關係行銷」為研究題目。雖無運用關係行銷之名，但是多有涉及關係行銷的核心思維：信任、承諾與滿意因素，實保有關係行銷的精神，重視學生與學校關係的營造，及招生議題的研究。整體而言，此類研究範疇仍偏屬營利性組織，但隨著企業管理相關理論與教育行政之間界線模糊，教育領域研究已有許多轉化營利性組織理論的研究成果出版，擷取其長處，轉化既有管理理論，適應不同於企業組織的教育生態環境之研究，已成為跨領域研究趨勢中，值得投注心力的研究範疇。

第六章
媒體行銷議題

　　本章為第二篇《高等教育機構行銷議題篇》的第四個章節，主題環繞在媒體行銷（media marketing）議題上，首先說明高等教育機構為何需要媒體行銷之「緒論」，其次則是高等教育機構媒體行銷的內涵，與高等教育機構媒體行銷策略之說明，最後則進行相關研究與本章結論。

壹、緒論

　　在重視教育行銷的年代裏，媒體已成為重要行銷工具之一；對於高等教育機構而言，可以利用媒體作為意見與訊息溝通的橋樑，使社會大眾與相關機構能夠瞭解並支持教育機構的產品、服務、經營理念或政策，達到行銷學校的目的。然而，媒體對於高等教育機構經營管理而言，並非全然是正面無害的，正所謂「水能載舟、亦能覆舟」，若運用得宜，媒體對於學校品牌形象的建構自有助益，若處理不當，則可能會發生負面效應，影響學校形象與經營成效。

　　誠如《美國新聞與世界報導》（U.S. News & World Report）與《麥克林》（McLean's）雜誌，定期進行最佳大學的評比排行榜，並公告評比結果（楊玲，2007）；此一排名制度，對於排名前端之高等教育機構而言，有助於學校知名度的提升，對於學校品牌形象的塑造，不啻有加分作用，然而其中所生之爭議，如評比指標不公、教育商品化、機構發展齊一化等爭論四起，開始有高校校長串聯拒絕提供相關資料並反對此類排名活動。然而，在現今時代潮流下，媒體所能發揮的影響力已不容小覷，日益增大的影響力讓社會大眾生活周遭不得不正視媒體的存在，而高等教育機構的經營與管理自然無法擺脫媒體影響。既然無法逃脫媒體對學校的影響，或是有效降低媒體所產生的影響力，則學校端宜轉換思維模式，積極處理學校與媒體的關係，善用媒體效能彰顯學校行銷的成果。

　　教育與媒體組織結合的例子，時有所聞；東森以「YOYO 幼兒園，寶貝全世界」口號，建立「東森 YOYO 幼兒園」品牌，涉足幼兒園產業領域，結合集團媒體的資源，運用旗下各種媒體通路，包括有線系統、電視購物、網路、廣播、報紙，以及強大的製作平台，進行媒體招生廣告（姜如珮、簡美宜，2008）。除了文教產業在品牌與媒體行銷之間建立溝

通的平台，在其他運動賽事上，亦重視媒體行銷的運用；如聽障奧運的歷史發展證明：單純的運動賽事也隨著歷史發展，逐漸和運動的推展及媒體行銷產生密切關聯（孫嘉穗，2010）。因此，媒體可說是品牌建立的重要管道之一，若能好好發揮媒體行銷的功效，對於組織、產品或服務的品牌形象與銷售，將發揮正面效應。

從本書第一章高等教育發展與挑戰裏，所提及的臺灣高等教育發展歷史與問題挑戰，指出：國內高等教育發展從早期學生來源充足，政府提供較充足資源的挹注，加上媒體公司數量不多，在有限的媒體版面中，高等教育議題難以成為媒體報導的寵兒，因此當時高等教育機構不需要重視媒體行銷的運用，亦無損於學校的經營運作；然而，時勢變遷，現今媒體數量眾多，傳播管道多元，加上網路的蓬勃發展，造就快速且立即性的媒體影響力，致使高等教育機構經營管理者在思考各種行銷學校的管道過程中，為了能建立學校品牌形象，以利招生與募款推動，開始重視並運用媒體行銷。媒體行銷可運用的媒體形式眾多，在眾多媒體形式中，隸屬傳統媒體的報紙可算是最典型的行銷工具，分析其報導內容及與學校互動過程，可以發現報紙對於學校行銷運作的確可以產生加分效果，亦有利於學校品牌形象的塑造，提升學校經營管理成效；而在網際網路的助益之下，傳統媒體亦已躍升為新式媒體之列，各種資料呈現方式已突破空間與時間的隔閡，書面報紙已邁入數位化之列，所能發揮的影響力更為全面、立即而深入；誠如 Buckingham（2004）在《媒體教育》（Media education）一書中提到：在科技發達之下，媒體的形式更為多元化，讓人們無法自外於媒體而存在。因此，在網路盛行的今天，科技的發達讓媒體形式更加多元，也讓高等教育機構有更多的機會與管道展現與形塑自我特色，提高辦學成效。

綜上所述，對於教育體系而言，媒體的存在與影響力已經無法漠

視。然而，大眾媒體的影響力與面貌處於不斷改變之中，對於學校的影響力有正面，亦會產生負面效果（秦夢群，2004），端視學校如何運用與應對，發揮媒體行銷的功效。現今高等教育機構正處於高強度的市場競爭年代，如何善用媒體推動學校行銷，已是高等教育機構經營管理者需要正視的管理議題。在此，研究者將先說明高等教育機構媒體行銷的內涵，其次則是針對高等教育機構媒體行銷策略進行論述，與高等教育機構媒體行銷相關研究的剖析，以瞭解目前高等教育領域媒體行銷的研究狀況後，最後提出本章節之結論。

貳、高等教育機構媒體行銷的內涵

在此，將先說明媒體行銷的意義，以此作為後續高等教育機構媒體行銷意義的基礎，最後則進行高等教育機構在推展媒體行銷的管道類型說明。茲分項說明如下：

一、媒體行銷的意義

時代的變遷讓消費者對於產品（或服務）的需求產生改變，讓銷售端不得不開始思考如何滿足消費者的需求，從傳統重視產品銷售技巧的運用與組織獲利成果，到重視服務品質的行銷策略運用與顧客關係營造的行銷模式，提升了組織對行銷策略運用的需求。在行銷過程中，組織藉由為顧客創造價值與建立堅固顧客關係的過程，以獲得顧客有價值的回報（方世榮、張士峰，2009）。為了行銷組織、產品或服務，達到組織預設目標，各種行銷媒介物依組織需求而被使用著；除了面對面的直接口語或肢體溝通之外，其他的溝通或傳播需要有媒介物的存在，此媒介物即是媒體（王智弘，2007）；媒體即是指當訊息從來源運行到接收者時，所經過的

管道皆稱之（王國讚、黃昶立譯，2000；Dominick, 1999）。在此訊息傳遞過程中，選擇合適的媒體，自有助於溝通成效的提升。

根據美國行銷協會（American Marketing Association, 2015a）將廣告媒體（advertising media）定義為：使用各種大眾媒體進行廣告宣傳，包括利用報告、雜誌、廣播、電視、戶外廣告、專業廣告等媒體形式，將各種產品、服務、組織或概念傳遞給潛在顧客或目標市場稱之。從美國行銷協會對於廣告媒體中，媒體形式的定義，可以發現媒體的範圍極廣，依使用場域不同而有不同的界定與存在形式。伴隨著網際網路世代的來臨，Hoffman 與 Novak（1996）將行銷通路媒體分成：傳統媒體與網路媒體兩大類；李青松、陳聖林與車成緯（2010）亦以上述分類方式，進行媒體行銷之結構方程模式建構研究，將媒體行銷分成傳統媒體，如：電視、平面、報紙、雜誌等，與 Google、Yahoo、政府網站、社群網站等網路媒體兩大類。總而言之，媒體的界定極為廣泛，只要能作為訊息傳遞的載具，舉凡網路、報紙、廣播與電視等，皆是媒體形象的展現。若要進一步區分，則可依網路使用之有無，分成傳統媒體與網路媒體兩大類。其次，針對行銷的定義，誠如本書第二章節提到：「行銷是一個活動、制度的建立，或是創新、溝通、傳遞與交換物品的過程，而此物品對於消費者、顧客、伙伴和社會大眾而言，是具有價值的產物。」（American Marketing Association, 2015b）。

綜合上述對於媒體與行銷的說明，媒體是一種傳遞訊息的媒介物，而行銷則是宣傳組織或推銷其產品的一種活動與過程。在此過程中，若使用各種形式的媒體，如：電視、報紙、廣播或網站等形式的媒體，作為意見與訊息溝通的平台，進行組織或產品的推銷活動，即是媒體行銷。對組織而言，期待利用媒體的力量，塑造組織的品牌形象、宣傳組織的經營理念、或是推銷組織的產品，發揮行銷的效能。

二、高等教育機構媒體行銷的意義

教育行銷係將行銷的概念轉化到教育場域之中，以教育產業為範疇，藉由各種活動、策略、溝通與交換的過程，使社會大眾與相關機構能夠瞭解並支持教育組織的產品、服務、經營理念或政策，提高其對組織的滿意與認同度，進而提升教育組織的競爭力稱之。本書所指涉之高等教育媒體行銷意義，係結合媒體與教育行銷兩者的意涵後，提出：以高等教育產業為範疇，藉由各式媒體作為意見與訊息溝通的橋樑，使社會大眾與相關機構能夠瞭解並支持該教育機構的產品、服務、經營理念或政策的一種策略性行為。簡而言之，就是依高等教育機構的需求，選擇合宜的媒體，以行銷學校的活動稱之。

三、高等教育機構媒體行銷的管道

在媒體普及化的現今社會裏，媒體影響力已深入每個人生活之中，高等教育機構無法不與媒體產生互動，學校端如何與媒體於互動過程中進行「議題設定」，藉由媒體之力塑造學校品牌提升形象，是學校領導者要努力的方向；就算是學校發生負面事件，只要學校處理妥當，與媒體互動達到雙贏，領導者亦可化危機為轉機，替學校形象加分。目前，高等教育機構可以運用的媒體行銷管道，除傳統媒體中常見的報章雜誌平面媒體，及之後電子數位化盛行下的電視廣告媒體等，較為大家所熟知管道，即是網路媒體。網路時代的來臨，各種相關軟硬體設備支援下，宣告著網路媒體時代的來臨，促使學校所能使用的媒體行銷管道更加多元快速，媒體所帶給學校的影響力也更為提升。

目前媒體行銷的管道多樣化，各種產業為了進行市場區隔，為組織創造更大獲利，莫不卯足勁在媒體行銷管道與策略上，達到創意化、多元

化、快速化與全面化的新世代媒體行銷目標。高等教育機構身處在變化快速且重視行銷成效的時代，自然無法自外於媒體行銷策略運用的範疇之外，目前許多學校已陸續設置媒體公關中心，統籌與媒體的互動業務，雖然主軸還是以新聞媒體互動為主要業務內容，但已開始涉及其他媒體形式的運用，顯示高等教育機構對此行銷模式的重視。目前高等教育機構端較常運用的媒體行銷管道，可以區分為三大類，分別為：傳統媒體、電子媒體與網路媒體。茲分述如下：

1. 傳統媒體

　　傳統媒體之所以稱為「傳統」，主要是以出現時間遠近作為判斷標準，較為早期出現的媒體則冠上「傳統」媒體之稱，以書面形式展現在世人眼前，如大家所熟知的紙本報紙與雜誌；這些傳統媒體在經過時間的淬練，為滿足社會大眾的需求，及求得永續經營的契機，早已脫胎換骨，有了新的風貌與呈現形式。早期高等教育機構經由大學聯考分數的排序與分發，各校自有滿額的學生就讀，對於行銷的需求不高，亦無需致力於學校品牌形象的塑造。因此，從早期的報紙與雜誌中，較少看到高等教育機構積極且自主性的宣傳活動，學校端亦較不需花費經費進行品牌形象的塑造活動。然而，當高等教育機構邁入市場化競爭機制之中，對於媒體的運用與需求度提升，學校中開始設有負責與媒體互動的專門單位（人員），並且對此類單位（人員）有了期待，認為學校負責媒體互動的專門單位（人員）應與媒體培養良好的互動，主動出擊而非被動等待；對於不實的報導，應主動聯絡瞭解；清楚學校的狀況，公平對待各家媒體；撰寫簡潔新聞稿，主動連絡媒體等，積極為學校品牌形象加分，藉以彰顯學校辦學成效。

　　拜印刷技術之賜，紙本報紙成為傳統媒體中最典型代表。據統計，目前市面上報紙閱讀率前四名分別為：蘋果日報、自由時報、聯合報、中國

時報（潤利艾克曼調研部，2015）；此四報不只是目前閱報率前四名，亦是目前市面上最易取得的報紙之一。然而，隨著新媒體的流行，傳統媒體的閱讀率已低於許多類型的新媒體；在電視、電台、雜誌、報紙及網路五大媒體總接觸率方面，七天使用（閱讀、收視、收聽）率的調查結果發現：報紙的閱讀率（60.64%）比電視收視率（86.51%）與網路（72.48%）低，排名第三。雖然傳統媒體的接觸率已有下降趨勢，但是其影響力還是存在，對於高等教育機構行銷策略的運用，傳統媒體仍是學校重要的媒體工具之一。因此，如何與各種傳統媒體保持良好且密切的互動，是影響學校媒體行銷成功的重要因素，消極且被動的等待模式已不符合時代潮流，除了由媒體記者主動撰寫學校相關新聞外，學校端亦應主動出擊，提供學校訊息給各種媒體，積極為學校進行宣傳，以彰顯學校的名聲。

2. 電子媒體

本文中所指稱之電子媒體，係指以電子方式傳送訊息之傳播媒體，如常見的電視與廣播。電子媒體克服了傳統媒體受限於製版印刷的弊病，展現超越時空限制的優勢，成為繼傳統媒體後的新寵。據調查（潤利艾克曼調研部，2015）：電視、電台、雜誌、報紙及網路五大媒體總接觸率方面，七天使用（閱讀、收視、收聽）率的調查結果發現，電視收視率以86.51%高居第一，比傳統紙本印刷的報紙閱讀率（60.64%）和網路（72.48%）都來的高。傳統上由於電視與廣播的數量受到限制，連帶影響各種議題曝光的機會；在電視頻道開放後，新聞台的增加，讓高等教育相關新聞曝光機會隨之提升，學校端亦會與電子類媒體記者保持良好的互動關係，適時提供新聞議題，以增加學校的新聞性與曝光度。

3. 網路媒體

1967 年，美國哥倫比亞廣播電視網技術研究所所長 Goldmark，於一份關於 EVR（Electronic Video Recoding）商品的計畫中，第一次提出「新媒體」（New Media）一詞（蔣宏、徐劍，2006）。若從字面上來看，新媒體的「新」，是相對於傳統媒體的「舊」，是一個相互比較後的結果，是一個時間階段差異的概念；從創新與延續的角度來看，其實新媒體也是一種傳統媒體的延續體，也是一種創新的媒體呈現形式，亦即是一種新的媒體技術展現。二十世紀中後期，電腦與網際網路技術的發展，加速了傳統媒體邁向新媒體之路；新媒體可以說是電腦信息處理技術基礎上，所出現的媒體形態，是一種以互動傳播為特點的新形態媒體，亦可稱之為網路媒體。與傳統媒體相比，以數字技術為基礎的新媒體，擁有一些傳統媒體無可比擬的優勢特徵（蔣宏、徐劍，2006）：信號的高速度和高清晰度；高共享度和高互動性；訊息的深度廣度與發展度；訊息的多媒體化；訊息的個性化取徑。隨著新媒體蓬勃的發展，許多傳統媒體亦在舊有的基礎上，發展出新媒體策略，如：聯合報在 2014 年 1 月成立新媒體部，又於 2015 年 1 月成立數位製作人中心，這個部門隸屬於聯合報內極度核心的編輯部，顯見在傳統媒體佔有一席之地的聯合報對於新媒體發展的重視。

隨著網際網路的盛行，為滿足消費者的需求，新媒體種類日益增加，功能也日益強大。在高等教育機構範疇中，較常運用的有網頁、Facebook、App、Line 等形式。其中，網頁的設置為每個學校與系所單位最常使用的溝通媒體，並以之作為學校宣傳的重要管道與工具。各校網頁的設置，跳脫原本以學校為中心的設置模式，加入從消費者角度思考設置理念，依網頁使用者需求不同，設計使用者可以從學生、教職員、校友、考生、訪客等管道進入學校網頁，分門別類的資料提供方式，以利其

快速獲得所需資料。在強調創新媒體行銷使用的同時，網頁已成了高等教育機構的基本配備，在求新求變的行銷氛圍下，其他類型的媒體亦被學校所使用，如：Facebook、App、Line 等，以做為輔助網頁設置使用之外的行銷的管道。

參、高等教育機構媒體行銷策略

在歷經近四十年的戒嚴，箝制臺灣新聞自由與言論自由的報禁，終於在 1988 年 1 月 1 日解除，新報開始開放登記，報紙張數與印刷數量不再受到限制，一時間，報社數量如雨後春筍般快速增加；根據民國 90 年（2000）出版年鑑統計：當時報紙共有 445 家，市場競爭壓力大，追求利潤以尋求生存空間變成第一要務（教育部，2002）。組織營運要永續，維持並提升獲利成為組織經營的基本目標，然而在媒體市場高度競爭機制下，報紙媒體的營運困難度提升，以致於報紙媒體數量從高峰時期急速下降；雖然報紙數量持續減少，但是人們可以取得媒體新聞的管道更為多元，不再侷限於書面紙本的方式，網路的快速與多元正加速、加深媒體對社會的影響。至此，媒體行銷對於教育組織而言，更具有挑戰性。媒體行銷除了影響到高等教育機構端的品牌形象，更會影響其媒體組織的業務營運狀況；高等教育機構需要媒體報導好的消息行銷學校，媒體組織亦需要有新聞性的高等教育訊息以滿足消費者知的需求，一來一往之下，形成兩者間微妙的互動關係。

我們在日常生活中實際上受大眾傳播媒體的影響非常深遠，只是我們習以為常不自知而已（林東泰，2008）；然而此種深遠性影響卻不都是正面性，許多負面影響的確造成組織經營運作上困難。媒體在進行新聞資訊傳遞過程，其具有五項重要本質（教育部，2002）：1.媒體的資訊並不全

然真實地反映世界；2.媒體訊息都經過複雜的篩選、包裝、選擇與組合；3.訊息的呈現，可能受到媒體記者與編輯者、媒體部門與組織負責人，甚或政府、政黨或財團的影響；4.媒體的傳播科技特質，塑造了媒體獨特的表現形式或內涵；5.閱聽人（接收資訊的觀眾或是讀者）是媒體工業運作下所產生的市場商品，作為廣告商欲觸及的目標對象。在上述本質之下，高等教育機構端在推動媒體行銷過程中，新聞議題的包裝、聯絡窗口的建置、媒體與目標市場關係的確認，是學校端在推動媒體行銷與規劃策略時，應思考的重點。

議題設定不只是一種社會行為，也是一種社會學習的過程，透過大眾傳播媒介強調某一特定議題，不只讓社會大眾瞭解此議題的內涵，更可直接影響社會大眾對此議題重要性的認知（林東泰，2008；翁秀琪，2011）。議題設定是媒體行銷過程中的重要概念，也是一種行銷策略的運用，例如：中華民國荒野保護協會利用媒體宣傳，進行環境議題的政策修法；罕見疾病基金會在罕病議題的設定上，透過媒體管道，積極遊說政府在醫療津貼上的補助（莊文忠，2003）。雖然高等教育機構媒體行銷不似一般非營利團體，迫切需要使用議題設定策略，透過行銷的管道，向政府或社會進行議題的說服，進而影響公共政策內容。然而高等教育機構仍可透過媒體行銷過程，藉由議題設定的行銷方式，傳遞學校訊息或達成原設定目標；因此，高等教育機構應思考如何善用議題設定策略，與媒體培養良好的互動關係，形塑有效的行銷策略。在議題管理過程中，要辨識與分析議題的內容，以選擇策略與行動計畫，進而評估成效（Jones & Chase, 1979）。在此之前，對過往報紙媒體內容進行分析，以瞭解高等教育過往歷史議題的內容與運作模式，對於學校端未來推動媒體行銷與策略制定將發揮效果。

再者，媒體是運用雙向溝通方式，鼓勵民眾提高參與學校的興趣，以

增進或刺激民眾與學校的相互瞭解，進而有效地合作並建立和諧互動關係（林進丁，2002）。高等教育機構與媒體的互動，除了從學校端出發，思考與媒體互動的正面優勢外，從危機管理的角度，教育機構亦應思考媒體可能產生的負面效果，如：校園霸凌之發生，若與媒體互動過程中處理不當，極可能演變成負面行銷，傷害學校的形象。秦夢群（2004）曾指出媒體感興趣的學校新聞主要為：有教育創新的新聞訊息、有關重大人士經費的事件（如學校斥資興建大型工程）、不尋常的消息、有爭議的消息（如學生被不當處罰）、具有危機的訊息（如性騷擾案）。對於媒體而言，負面新聞更具有新聞性，更能吸引廣大的閱聽者，以提升組織的獲利狀況。對於學校端而言，在面對媒體報導與訊息傳播之際，如何發揮媒體的正面效果，降低其可能產生的負面影響，是學校要思索的問題，學校經營管理者亦需針對與媒體互動的過程中，設定實務性策略，以發揮媒體的正向功能。誠如王馥蓓（2014）認為目前臺灣媒體有五大現象：媒體生態圈造成危機如滾雪球般越來越大；全球無國界，壞事傳千里；網際網路已逐漸成為製造危機新聞的溫床；臺灣媒體經營面臨挑戰，已對新聞品質造成影響；臺灣媒體報導已對政府決策方向產生重大影響。面對上述媒體發展現象，組織所應抱持的態度策略是：積極管理媒體關係、隨時注意新媒體發展、掌握危機黃金 24 小時、留意國內外危機新聞、考慮國情的差異性。

對高等教育機構而言，行銷已受到機構的重視，不管領導者是否願意，學校還是需要投注心力在行銷策略的運用上（Hall, 2007）。在現今高度媒體化的社會中，高等教育機構無法不與媒體產生互動，亦無法擺脫媒體資訊傳播後所產生的影響，因此如何與媒體互動，進行有效議題設定以提升品牌形象，是學校端要努力的方向。就算學校發生負面事件，如何與媒體互動達到雙贏，替學校形象加分，亦是媒體行銷策略的重點。從媒

體行銷策略角度出發，學校負責媒體互動的專門單位（人員）應與媒體培養良好的互動，主動出擊而非被動等待；對於優良表現事件，應予以包裝行銷；對於不實的報導，應主動聯絡瞭解；清楚學校的狀況，公平對待各家媒體；主動撰寫簡潔新聞稿，主動連絡媒體等，藉由各種媒體行銷策略的運用，為學校品牌形象加分。

經由前述媒體行銷定義、策略與研究狀況的分析後，研究者提出目前高等教育媒體行銷可重視的策略與方向：

1. 善用多元的媒體形式進行行銷；
2. 效法營利性組織媒體行銷策略；
3. 與媒體建立良好的關係與窗口；
4. 適時媒體曝光度是必要的經營；
5. 建立學校的媒體危機管理機制。

茲將上述五項媒體行銷建議，分述如下：

一、善用多元的媒體形式進行行銷

誠如前述，媒體的種類因網際網路的興起與發展蓬勃，正朝向多元化方向發展，高等教育機構經營管理者除了運用傳統媒體外，網路媒體的使用亦應成為機構行銷的利器。學校端除了運用紙本的報章雜誌作為宣傳工具外，具有影響範圍廣、效果大、速度快特徵的網路媒體，亦是學校進行媒體行銷的重要利器，網頁、Facebook 與 App 等，甚至是 Line 的運用，皆可為學校行銷所採用的管道與工具。目前有些學校為了提升學生考照通過率，設計 App 考古題以供學校學生練習使用，一來有助於提升學生考照通過率，二來可以藉由提供此一服務，提升學生對學校的認同，達到內部行銷的目標；有些學校則是建立 Facebook 社團，適時且快速提供利害

關係人有關學校的各種訊息，藉以凝聚學生、校友、家長或社會大眾對學校的共識。因此，善用各種媒體工具與管道行銷學校，是高等教育機構在面臨高度競爭教育市場時，有效提升學校競爭力的可行作為。

二、效法營利性組織媒體行銷策略

高等教育機構是否應如營利性組織般運作的爭議，正如學生是否為「消費者」的爭論一樣，仍未達成共識。雖然，我們支持高等教育機構為教育性組織，身為教育性組織理應有其責任與堅持，不應該像營利性組織一樣，以獲利為最終目標；然而，一切的責任與堅持，仍需立基於學校不乏生源的大前提，如果招不到學生，學校就沒有存在的意義，因此適時適地運用行銷策略，以提升學校招生成效是必要的；而營利性組織對於行銷策略運用，其使用時間與經驗比非營利性組織來的長久，而且成效亦較卓著，對於營利性組織中，使用媒體行銷時所面臨的困難、策略與經驗，有值得高等教育機構學習效法的地方。高等教育機構不應將營利性組織所推動的行銷策略視為洪水猛獸，相反地，如何擷長補短，如何從營利性組織運用過程中，移植到非營利性組織的高等教育場域，則是高等教育機構經營管理者需思考的議題。

三、與媒體建立良好的關係與窗口

誠如前述，高等教育的市場化與普及化，讓學校端面臨極大的競爭挑戰。在競爭的高教市場中，善用媒體行銷可以為學校形象加分，加深學生、家長與社會大眾對學校的好印象，進而提升學校經營管理成效；再者，善用媒體並與之建立良好互動，對於學校危機事件處理亦能將傷害減到最低。然而，傳統高等教育機構內的組織架構：秘書室、人事室、總務處、教務處、研究發展相關處室等，已有其原先存在的工作內容，其所聘

任的人才亦非以行銷專業見長，造成其人員與組織工作無法適應目前媒體生態，影響到學校行銷活動的推展，因此建立具有專業性與專屬性的媒體窗口，與各類型媒體建立良善互動關係，是媒體行銷成功的第一步。近年來，隨著政府對高等教育機構管制日益彈性化，許多教育治理權已回歸學校端；在校內組織運作更為彈性的趨勢下，已有許多學校因應新興媒體時代的來臨，成立相對應單位或設置專人處理媒體行銷業務，相信此舉對於學校行銷成效的提升定有所助益。

四、適時媒體曝光度是必要的經營

　　「為什麼有些學校常會上媒體？」「這樣的獲獎我們學校也有啊！為什麼媒體把這則新聞登的這麼大？」、「為什麼他們學校訊息流傳如此快速？」、「為什麼每次看到新聞，……」，一連串疑問「為什麼」的背後，其答案往往是：學校積極於媒體的經營與行銷。在傳統媒體當道之際，除了媒體端主動採訪和刊登相關新聞訊息外，學校端需要積極出擊，主動提供學校有新聞性的資訊給媒體，以提高學校的曝光率。隨著網際網路的發明與興起，新媒體形式成為媒體的主要呈現形式與管道，在此過程中，「經營」更成為媒體行銷成功的主要原因之一，被動的媒體互動模式，容易被媒體所忽略，因而適時的媒體曝光是需要經營的。誠如前述，議題設定就是高等教育機構可以修調與仿效的方法，藉以傳遞訊息達成目標的方式。

五、建立學校的媒體危機管理機制

　　媒體對於高等教育機構而言，就像是水與舟的關係般，水能載舟亦能覆舟，媒體可以提升學校正向品牌形象，相反地，媒體亦能讓學校聲譽掃地──「成也媒體，敗也媒體」。誠如前述，媒體對學校新聞事件中，具爭

議、危機、不尋常事件特別感興趣，因為媒體需要有消息報導與炒作，而負面的新聞消息更具有炒作的潛力與空間，且能滿足消費者獵奇心態，因此當學校發生危機事件時，媒體常常是不請自來且對該事件大肆報導；在此過程中，學校人員應將危機管理機制範疇擴大，加入媒體危機管理處理流程，減低負面媒體報導對學校聲譽的殺傷力，是學校端處於新媒體時代中，亟需建立的 SOP 流程。未來高等教育機構所要面臨的危機，已不在侷限於校內的教職員生事件處理，其更需要面對這些事件發展後的媒體危機處理模式，以降低任一危機事件對學校的殺傷力。

肆、高等教育機構媒體行銷相關研究

　　經查詢國家圖書館與各類型電子資料庫後，發現國內有關此一領域之研究，主要還是以商業性組織為主，而媒體行銷範疇的設定，主要偏重社群媒體行銷策略。進一步分析科技部近十年來專題研究計畫取向，以「媒體行銷」為題者計有 3 件，其中 2 件之媒體界定為社群媒體，另 1 件則是從媒體行銷角度切入，探究華人行銷隱喻之研究。若以傳統媒體「報紙」為題進行搜尋，則有 29 件計畫，如：陳建宏（2010）以「報紙科技新聞對技職院校成人學生之教育傳播效果實驗研究：以全球暖化與綠色消費之認知聯結為例」為題，採用內容分析法分析報紙中有關全球暖化相關主題；王右君（2010）以聯合報「家庭副刊」、蘋果日報「人間事」和「人間異語」為分析對象，研究 2008 年 7 月至 2010 年 7 月間，自聯合報數位資料庫收集刊登於該版上的所有文章進行分析。上述研究成果說明媒體行銷已從純營利性質組織，發展至其他非營利領域之中，因此對高等教育機構而言，媒體行銷應有其發展空間。

　　目前有關媒體行銷議題研究，以營利性組織為主要試驗場域，而在教

育產業方面，主要還是聚焦在其他教育層級的行銷策略運用，高等教育機構媒體行銷議題研究成果則較為缺乏。綜合分析近十年來國內外與本研究相關之研究成果後，提出幾項研究發展之現況與趨勢。茲分項說明如下：

一、邇來媒體行銷議題以社群媒體為主軸，較缺乏傳統媒體行銷

媒體行銷的相關研究成果，主要還是集中在營利性組織範疇的運用上，由於受到網路科技的影響，讓社群媒體受到重視，連帶讓社群媒體行銷研究受到重視。Khang、Ki 與 Ye（2012）分析 1997 至 2010 年間，17 本學術期刊中有關社群媒體研究論文出版狀況，除了網際網路類的媒體外，亦將新聞媒體列入分析的媒體類型之中，研究發現：14 年間，這些期刊中有關社群媒體的研究主題中，以公共關係（public relations）類別研究居冠，其次則是行銷議題的論文，而在行銷類的期刊中，有 84.4%支持「社群媒體是行銷工具」（social media as a marketing tool）的立論。從這 14 年的研究出版結果來看，媒體行銷的確受到重視，其中又以社群媒體行銷類型為主要範疇。

媒體行銷運用範疇廣泛，不管是營利性或非營利性組織皆需要推動媒體行銷，然在研究數量的展現上，主要還是以營利性組織與社群媒體為主要發展領域。如李青松、陳聖林、車成緯（2010）有鑑於青年為國內旅遊主力，且該族群使用媒體的頻率較高，所以將研究焦點置於國內觀光科系之大學生對馬祖之媒體行銷、旅遊意象、活動吸引力與旅遊意願，建議相關單位應強化媒體行銷，擴大宣傳通路，以提升消費者旅遊動機；Kim 與 Ko（2011）試圖探究在時尚奢侈品牌消費過程中，社群媒體行銷在關係營造上的功用，是否能夠提升價值、關係、品牌與消費者權益、購買意願等，結構方程模式驗證結果顯示：社群媒體行銷的確可以提升價值、關係和品牌權益。此外，如蔡宗任（2010）、Akar 與 Topçu（2011）、Chan

與 Guillet（2011）、Erdoğmu 與 Çiçek（2012）等人的研究，皆是隸屬於營利性組織社群媒體行銷的研究範疇中。

伴隨著網際網路的盛行，加上許多外在因素影響，社群媒體行銷已開始運用在教育場域中。國內方面，田正榮（2006）立意抽樣六所具競爭優勢之學校網站進行質性研究，並且編製問卷進行實證資料的蒐集分析後，提出三大研究發現：網路與遠距教學是最重要的網站功能、網路廣告的創新最能提升客戶價值滿足、及應依據不同社群成員設計園地的主張。觀乎國內近年來網頁設置的風格與內容，確有符應此研究結果，凸顯此類行銷策略在實務界落實的狀況。國外方面，Alkhas（2011）以高等教育為場域，利用訪談與內容分析法，研究社會傳播網絡（social media network）行銷策略，進而運用在學校與目標市場之間，其研究成果指出：目前流行的社會傳播網絡，的確有助於高等教育機構行銷成效的展現。

整體而言，媒體行銷研究發跡於商業界，並獲得重視，有不斷的研究成果產出；在教育產業之中，隨著網際網路的盛行，開始有實務上的運用與學術上的成果產出。然而，就研究產量與實務性運用而言，教育產業上的運用成果與研究仍屬弱勢，相關研究亦主要侷限在社群媒體行銷議題上，對於傳統媒體行銷較少有觸及。此一趨勢可以說是網際網路下所造成的結果，但從行銷策略運用角度來說，傳統媒體行銷策略仍有其發揮空間。

二、媒體行銷相關研究日多，較缺乏高等教育場域中實踐的結果

分析國內外有關媒體行銷的研究成果發現，主要運用場域還是以營利性商業領域為主，高等教育場域的研究成果相對較為缺乏。在國內部分，分析科技部 100 至 104 年度所補助的專題研究計畫，以「媒體」為題者計有三百多筆，進一步縮小範圍搜尋「人文及社會科學類」領域後，減

少為 149 筆，其中屬於教育學門者僅有 5 筆。此 5 筆計畫所稱之媒體，與本書所界定之「媒體」行銷並不相同，其中 4 筆研究主軸為多媒體在學生學習成效與溝通過程上的運用，5 篇中僅呂傑華（2015）《觀看第五面牆—網絡社會時代媒體素養課程理論之建構與實踐》，與本書所指稱之媒體有部分關係，然嚴格而言關係不強。綜觀各學門通過的研究計畫，其五年來以《媒體行銷》為題者，計有林聖偉（2014）《旅行業成功採用與導入社群媒體行銷策略之研究》與江義平（2014）《社群媒體行銷效果探究》，在媒體行銷對象的界定上，已跳脫傳統媒體定義與束縛，融入網際網路興盛後的新式媒體概念與工具。

　　國內部分，2010 年至今，有關媒體行銷的研究主軸，還是以新媒體的運用為主。如：陳尊鈺、蔡美輝（2012）進行的非營利組織社群媒體行銷運用之研究，以新媒體 Facebook 為研究範疇，利用訪談、觀察與文件分析進行資料蒐集，發現目前國內非營利組織對於社群媒體行銷之重要性覺知不足，未落實行銷策略管理，而遭遇的困境主要歸究於行銷知能不足，雖然運用新媒體行銷遭遇重重困難，但是在運用 Facebook 粉絲專頁進行社群媒體行銷部分，績效是受肯定的。對於高等教育機構而言，其屬於非營利組織的性質，上述研究結果應可運用在高等教育產業之中，促進高等教育的發展。此外，黃蕙娟（2011）針對運動賽會事件進行行銷研究，發現該賽會藉由成功結合廣告、媒體公關與促銷形成整合行銷體系，除了運用一般新聞管道外，亦結合各種媒體宣傳手法，成功達到事件行銷的目標。

　　國外部分，以高等教育為研究場域之相關研究成果較國內豐碩，在研究趨勢上，亦受到網際網路勃蓬發達的影響，在研究主軸上跳脫傳統媒體的侷限，發展出多元的媒體形式，其中又以社群媒體類型為主要研究對象。如：Constantinides 與 Stagno（2011）探究影響荷蘭學生選擇高等教

育機構時，社群媒體所發揮的影響力程度，讓高等教育機構可以洞察目前行銷趨勢，以提出有效的行銷策略。整體而言，目前有關高等教育機構的媒體行銷研究，已跳脫人們所認知的傳統紙本報紙或廣告形式，多元化類型並用已是目前各校所展現出的實況，其中與網路進行密切結合，善用各種新社群媒體進行行銷策略的運用，已有不錯的成效。

三、高等教育行銷議題研究增多，然研究主軸非以媒體行銷議題為重

有關高等教育領域的研究，長久以來多以課程設計、教師教學或是學生學習研究議題為主，然而隨著高等教育經營管理議題受重視，如何有效行銷學校開始受到學術領域的重視，相關行銷議題研究成果發表量日趨增加。黃義良與丁學勤（2013）針對 EBSCO 資料庫中，1981 至 2012 年所刊登的 90 篇學校行銷議題論文進行分析發現，以大學院校為研究領域者佔最大宗；上述以高等教育為研究對象的篇幅中，共計有 65 篇（62.5%）；2000 年以前佔 18 篇，2001 至 2006 年佔 13 篇，到了 2007 至 2012 年，則大幅成長為 34 篇，呈現成長趨勢，反映出高等教育行銷議題增多的事實。而針對國內有關學校行銷的研究發表狀況，魏惠娟（2006）分析 1984-2004 年間，學校行銷研究狀況亦發現，在各學校層級的研究成果中，亦是以高等教育階段的行銷研究居多，佔了 53%，高於小學（22%）、中學（15%）與高中職（11%）等教育階段，與 EBSCO 資料庫的狀況一致，皆是以高等教育階段研究為大宗，而且以近期行銷成果發表出版的速度最快。

目前有關高等教育行銷的研究成果，國內外皆有增加的趨勢。陳玉娟（2014）進行《高等教育機構行銷策略指標建構與實證調查之研究》，經過三回合德懷術問卷調查後，確定高等教育行銷策略七大構面為通路、推

廣、價格、產品、成員、市場定位及實體等策略；另亦有關於特色專業大學，如教育大學招生行銷策略探究的研究成果發表（陳玉娟，2013），探究在綜合型大學的夾擊之下，學生人數較少的特定專業類大學在招生行銷上所面臨的挑戰與對策。國外方面，高等教育行銷議題比國內有更多的發表舞台，如：Alkhas（2011）利用訪談與內容分析法，探究社會傳播網絡行銷策略，對於高等教育機構行銷成效的影響狀況。

目前國內學校行銷相關研究，常會面臨研究面向太過廣泛，無法形塑有效行銷策略的困境，因此未來學校行銷的研究可以以行銷的架構為基礎，做更為深入的探討，以累積重要資訊，作為未來學校行銷規劃的基礎（魏惠娟，2006）。總之，在高等教育行銷相關研究日益增加的同時，過於廣泛與失焦成為教育行銷研究要面對的難題，如何從單一媒體行銷策略角度切入，進行更深入研究，將比廣泛無主軸式的行銷研究，更具有實務性與學術性價值。近年來，在高等教育行銷議題研究增多過程中，研究主軸非以媒體行銷議題為重點，因此若能針對媒體行銷進行探究，瞭解學校對媒體行銷的內容、議題設定與學生對於媒體行銷的認知狀況，對於高等教育行銷策略之學術與實務必有其貢獻。

伍、結論

隨著媒體形式的多元與傳播方式的創新，報紙與雜誌等平面媒體已被歸為「傳統」媒體之列，代之而起的是電子媒體，與挾著網際網路發明之利而興盛的網路媒體，以無所不在的影響力，左右社會大眾視聽，影響群眾對於各種議題事件的看法。對於高等教育機構而言，如何運用不同形式的媒體進行學校行銷，實為高等教育市場化後所要面臨的新挑戰。未來「以高等教育產業為範疇，藉由傳統媒體或網路媒體作為意見與訊息溝通

的橋樑，使社會大眾與相關機構能夠瞭解並支持該教育機構的產品、服務、經營理念或政策的一種策略性行為」，成為高等教育經營管理者所要面對的現在與未來。

俗話說的好：水能載舟、亦能覆舟，對於高等教育機構而言，媒體猶如水般，對於高等教育機構的經營運用，能夠發揮正面的功效，若運用失當，亦會產生極大的負面殺傷力。因此，如何善用媒體行銷，推動適宜的高等教育機構行銷策略，是目前學校端應思考的議題。研究者於本文中提出目前高等教育媒體行銷可重視的策略與方向計有五大項，分別為：善用多元的媒體形式進行行銷，不管是平面的報紙與雜誌，或是電子化的電視與廣播，或是目前最興盛的社群媒體，都是可茲運用的媒體工具，是推動行銷的利器；其次，則是效法營利性組織媒體行銷策略，擷取其優點，提升學校行銷的成效；而與媒體建立良好關係與互動窗口，更是有助於學校端宣傳正向消息的重要策略；在此行銷推動過程中，適時媒體曝光度是必要的經營，以利學校知名度的提升；最後，則是應建立學校的媒體危機管理機制，除了正面消息的宣傳外，亦能在發展危機同時，發揮化危機為轉機的功能，讓學校在媒體行銷過程中獲利。

最後，在相關研究成果的展現上，分析國內外相關文獻後，發現媒體行銷已從純營利性質組織，發展至其他領域之中，對於高等教育機構而言，媒體行銷亦有其發展的空間與必要性。綜合分析近十年來國內外與本研究相關之研究成果後，歸結出幾項趨勢：首先，目前媒體行銷議題係以社群媒體為主軸，較缺乏傳統媒體行銷；其次，則是媒體行銷相關研究日多，然而仍較缺乏高等教育場域中實踐的結果；最後，研究者亦發現：目前在高等教育行銷議題研究呈現增多趨勢中，若能針對媒體行銷進行探究，瞭解學校對媒體行銷的內容、議題設定與學生對於媒體行銷的認知，自有助於此類型研究成果的豐碩程度，進而增加實務性貢獻。

第七章
內部行銷議題

本章為第二篇《高等教育機構行銷議題篇》最後一個章節，主題環繞在內部行銷（internal marketing）議題上，首先說明高等教育機構為何在對外行銷之餘，需要重視內部行銷之「緒論」，其次則是高等教育機構內部行銷的內涵，與高等教育機構內部行銷策略之說明，最後則進行相關研究分析與本章結論之撰寫。

壹、緒論

本章內部行銷議題係承接著前四章：品牌行銷、網路行銷、關係行銷與媒體行銷議題之後，為《高等教育機構行銷議題篇》最後一章，其所適用之對象和範疇與前述四章有著明確的區分，行銷主要對象已從組織外部人員的行銷，轉而重視組織內成員的行銷策略運用，亦即將學校內部教職員生視為行銷的重要對象。雖然在對象上已有顯著不同，但是在策略的運用上，實則與外部行銷具有許多相同之處，對組織的重要程度與所能發揮的成效，與對外行銷策略的運用相同，亦同樣受到組織層級的重視。

近幾年來，世界各地在高等教育政策、治理、架構與情況方面，已產生重大變革，此一環境的改變提升了高等教育競爭程度（Tareef & Balas, 2012）。為了提升高等教育機構的競爭力，除了善用外部行銷策略，塑造學校優質的品牌形象外，對於組織內部成員的士氣、向心力與忠誠度的提升，內部行銷扮演重要角色，是提升高等教育機構競爭力的重要策略。內部行銷是外部行銷成功的關鍵與前提，適用於所有產業，藉著由內而外、由下而上的行銷管理哲學運用，算是一種組織全體成員共同行動的管理活動（劉秀曦，2002）。學校可以運用內部行銷，發揮以服務意識、顧客意識、品質意識、團隊意識來塑造組織的服務文化外，並能吸引人才、武裝人才、激勵人才、留住人才，以培育具有服務熱忱、服務能力與服務權力的優秀服務人員，以重視、關切與激勵成員、配合整體工作環境和制度創造成員的滿意功能發揮（黃俊傑，2007）。因此，從高等教育機構面來看，內部行銷的運用有助於機構內部成員素質提升，並能提高成員對組織的滿度程度，影響到成員忠誠度的表現狀況。

內部行銷的概念已在許多研究文獻中被使用與討論，但其概念內容仍未普遍被瞭解，或未被視為是一個概念（construct）（Ferdous, Herington,

& Merrilees, 2013）。其實，內部行銷的主要精神與實際運用，在早期相關領導與管理議題上即被提及使用，只是我們並不使用「內部行銷」詞彙稱之；隨著行銷概念受到重視，高等教育機構除了對外部行銷策略的重視與實際運用外，對於內部行銷的使用亦開始投注心力，對內行銷部分已積極融入消費者角色的概念，不只培養教職員具有消費者意識，同時亦將教職員視為學校內部顧客，將服務的概念引入高等教育機構之中。目前教育學術研究領域中，內部行銷的研究對象主要還是以國民中小學場域為主，而且多集中在學位論文的研究上，正式出版的期刊專書所佔比例甚低；此種研究現況，其實正符應目前國內碩博士生人數眾多，且教育類研究所進修者許多是國民中小學的基層教育人員，當其進行學位論文撰寫時，多會選擇其工作場域進行研究，因此造成此類研究成果多集中在義務教育階段的結果；如張瓊云（2015）、陳永禎（2014）、陳建名（2014）、陳靜宜（2014）等人之學位論文研究，皆是內部行銷相關性研究，研究結果顯示：內部行銷對於教師認同、組織承諾、工作滿意度與認同、學校效能等，皆有正向影響關係存在。

　　整體而言，內部行銷的研究結果主要集中在營利性組織領域，隨著教育產業引入營利性組織的相關理論與實務，加上內部行銷與組織產出成效之間的關係已得到研究結果所證實，內部行銷相關性的教育類研究亦隨之增加與出版，國外部分如：Huang 與 Sharyn（2015）、Hancock 與 Nuttman（2014）、Schüller 與 Chalupský（2011）等人，即是進行高等教育領域內部行銷相關之研究；國內則有曹耀鈞與黃俊英（2004）、林俊彥與張惠雯（2010）等人的研究，亦是將內部行銷的觀念引入高等教育範疇之中，並肯定內部行銷對於學校所能發揮的正向效果。對於高等教育機構而言，內部行銷的運用有助於學校運作，能提升學校在推動外部行銷時的成果，其重要程度隨著組織對內部成員重視程度的提高而更受重視。因

此，本章將以內部行銷為探討主軸，從高等教育機構內部行銷的內涵談起，其中論述內部行銷的意涵、其與外部行銷的關係、高等教育機構內部行銷的意義三方面；其次則是探究高等教育機構內部行銷策略與相關之研究成果，最後提出本章結論。

貳、高等教育機構內部行銷的內涵

在此，首先從商業界所指稱之內部行銷切入，說明內部行銷的意涵；其次，則是分辨外部行銷與內部行銷之間的異同點，最後則是立基於前述對於內部行銷的界定基礎上，轉而運用到高等教育領域之中，界定本書指稱之高等教育機構內部行銷的意義。

一、內部行銷的意涵

不同於其他行銷模式所聚焦的對象，內部行銷將焦點移置組織內成員關係的營造，將成員視為組織內部的顧客般對待。Berry（1981）將組織內部員工的工作（employees' jobs）視為是一種產品（products），組織領導者應像滿足組織外部消費者般，提供組織內成員滿意的產品：一個適宜工作。正如外部行銷所主張：組織需要提供優質的產品，以滿足外在消費者的需求，進而提升組織獲利。提升組織成員滿意度方式，除了提供合宜工作外，還有其他不同的方式，如：Piercy 與 Morgan（1991）將外部行銷組合（marketing mix）4P 技術，轉而運用在內部行銷場域之中，運用在內部員工市場之中，凸顯了內部行銷策略的多元性。因此，工作的滿足只是內部行銷的一環。其意涵應予以擴大，「凡有計畫的使用相關行銷策略，藉由執行與融入消費者取向的組織策略，以激勵組織員工，皆為內部行銷的範疇」（Ahmed & Rafiq, 2002）。

內部行銷發展歷史，可以區分成三階段（Ahmed & Rafiq, 2002）：首先，是重視「成員的激勵與滿意」（employee motivation and satisfaction）階段，此一階段認為成員滿意度與服務品質的提升，與消費者滿意程度間保持正向關係，當成員被激勵、需求被滿足、滿意度提升的同時，這些成員相對地在提供組織外部消費者服務時，其服務品質自然也跟著提升。Berry 與 Parasuraman（1991）即指出內部行銷是藉由工作這個產品滿足員工的需求，以吸引、發展、激勵和保留他們，在此階段，主要核心思維：成員類似消費者（employees as customers）。到了第二階段「消費者取向」（customer orientation），該時期主軸在培養具有消費者意識的成員，因為藉由組織成員內部市場的維繫與內部行銷策略的運用，有助於激勵員工產生並提升消費者意識，以涵養市場導向與銷售的熱情；誠如 Grönroos（1985）主張：內部行銷是一種有效行為策略，用以發展消費者意識，以提升顧客服務與關係行銷的成效。時至第三階段，已跳脫僅是在提升內部成員消費者意識階段；到了第三階段則將內部行銷視為是一種實踐技巧與途徑，用以減低部門間的摩擦，降低變革抗拒程度的重要策略工具；此一階段甚至主張外部行銷所應用的策略，皆能移轉到內部行銷範疇中使用，著實模糊了內外部行銷之間的界線。

隨著時間階段不同，對於內部行銷有不同的解讀與定義，初期專家學者對於內部行銷的主張還是以組織外消費者為考慮核心，認為激勵組織內成員的目的即是在提升組織外的服務品質；之後，開始以消費者意識的培養，視為內部行銷的重點；最後階段，則跳脫傳統以組織獲利為目標，組織成員為工具的手段說，而將內部行銷定義為一種多元策略的運用，內部成員需求的滿足與激勵，不只能讓組織外消費者獲得更好的服務品質，對組織而言，更是解決內部紛爭與對立的利器。總而言之，內部行銷的定義肇始於將成員視為消費者階段，進而將成員應培養消費者意識導向的服務

態度視為重要目標，最後則是將內部行銷視為是人力資源管理的重要一環，充分擴大了內部行銷所涉及的範疇，並提升了其運用的可能性。

綜上所述，研究者將內部行銷定義為：善用各種行銷策略，藉以激勵組織內成員，使其願意執行與實踐組織政策方針，讓組織得以達成其既定之目標。在此過程中，將成員視為組織內部消費者的主軸思維，左右此行銷策略的運用，唯有組織肯定成員的重要性，以對待外部消費者的態度，來看待內部成員，自有助於成員對組織忠誠度的提升，達到互蒙其利的互惠目標。

二、內部行銷與外部行銷的關係

在探勘內部行銷意涵的資料過程中，研究者發現有些專家學者提出：內部行銷是把外部行銷的策略轉換使用環境，從組織外部改成組織內部的行銷策略運用過程，如：Piercy 與 Morgan（1991）在論述內部行銷過程中，將外部行銷組合常用的 4P 技術，轉而運用到內部組織之中，即為一例。Piercy 與 Morgan（1991）在《內部行銷》一文中指出：內外部行銷之間的關係密切，傳統外部行銷的 4P 策略：產品、價格、溝通與銷售的行銷組合，是可以轉而運用到組織內部，成為內部行銷組合。相同的行銷策略，可因為使用對象不同：組織內或組織外關鍵目標族群，而區分成內部行銷或外部行銷方案，一起在組織任務、目標、策略謀畫與行銷思維運用下，努力完成組織最大獲利的目標。茲將內部行銷與外部行銷的關係，以圖 7-1 呈現之。

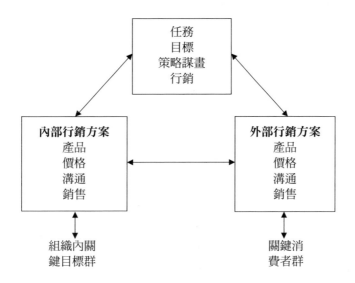

圖 7-1　內部與外部行銷方案關係圖
資料來源：Piercy, N., & Morgan, N.（1991）. Internal marketing: The missing half of the marketing program. *Long Range Planning, 24*（2）, 82-93.

　　目前，最為人熟知的為 Ahmed 與 Rafiq（2002）在《內部行銷》（Internal marketing）一文中所提出的模式，其以組織、員工與消費者為三個重要對象，區分出處理組織與外部消費者關係的「外部行銷」（external marketing）、組織與員工之間的「內部行銷」、組織與消費者間關係營造的「關係行銷」（relationship marketing）、員工與消費者之間的「互動行銷」（interactive Marketing）等四個行銷模式。各行銷之間互動關聯性高，以內部行銷為例，係在處理組織與內部員工之間的關係互動，行銷策略包括激勵、消費者取向、協調與整合（詳如圖 7-2）。Ahmed 與 Rafiq 兩人對於內部行銷模式的概念，係立基於一個前提：內部行銷是管理者想要激勵員工並達到組織內部門和諧時，重要的行銷取

徑，所採用的一種變革管理架構（change management framework）
（Ferdous, Herington, & Merrilees, 2013）。對於組織運作而言，組織、員
工與消費者三者缺一不可，三者互動之下產生了密切的行銷思維：內部行
銷、關係行銷、外部行銷與互動行銷就應運而生。

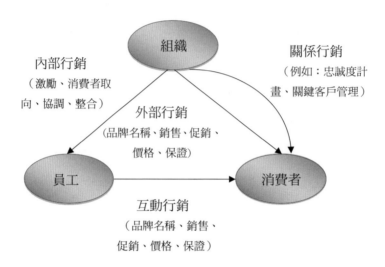

圖 7-2 內部行銷、外部行銷、互動行銷與關係行銷關係圖
資料來源： Ahmed, P. K., & Rafiq, M.（2002）. *Internal marketing*. Woburn, MA: Butterworth-Heinemann.

　　上述 Piercy、Morgan（1991）與 Ahmed、Rafig（2002）等人對於內
部行銷與外部行銷的區分方式，前者認為內外部行銷係在組織共同目標之
下，運用相同的行銷策略，來達到內外部行銷的目標；後者，則是從對象
不同產生不同的關係互動角度出發，區別了不同的行銷種類，如：內部行
銷、互動行銷、外部行銷等模式。之後，Ferdous、Herington 與 Merrilees
（2013）則從循環的角度切入，從內部市場的定位、發展和執行內部市場
方案、內部產出一直到外部市場定位、發展和執行外部市場方案、外部產

出，一直到組織的成功，之後再重新邁入內部市場定位，成為一個循環體系的概念；這個循環體系可以二分為：內部行銷與外部行銷兩大範疇；內部行銷從內部市場定位、執行方案到內部產出成果，接續著則是外部市場地位、執行方案，進而產生外部成果，最終期能達到組織成功的目標：組織的成長、提升競爭優勢與股東價值、組織的持續性等。整體而言，整個內外部行銷的關係是一種緊密封閉式迴圈，反映出內外部行銷處於循環往復地的迴圈中，在此迴圈中最終聚焦在消費者取向的需求上（詳如圖7-3）。

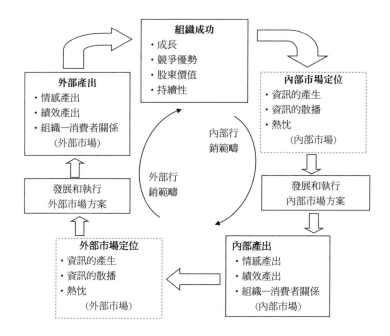

圖 7-3 內外部行銷整合模型
資料來源：Ferdous, A. S., Herington, C., & Merrilees, B.（2013）. Developing an integrative model of internal and external marketing. *Journal of Strategic Marketing, 21*（7）, 637-649.

隨著組織內外部界線的模糊，內部行銷已不再像傳統行銷模式般，可以劃分得如此清楚，但始終不變的是：內部行銷是以組織內部成員為主軸的一種行銷策略運用。剖析組織運作過程可以發現：內部行銷和外部行銷兩者關係的確密切，甚至是互為影響的生命共同體，藉由優質內部行銷的執行，不只有助於成員達到提升其消費者意識的目標，更有助於提升成員對於組織的忠誠度，願意為組織盡最大的努力，以達到組織目標為榮。

三、高等教育機構內部行銷的意義

　　對高等教育產業輸出國而言，高等教育可算是增加國家收入的重要產業；藉由國際學生就學活動所產生的各種經濟消費行為，可以對就學國財富收入有所貢獻。如今，許多高等教育資源充沛的國家，已將高等教育輸出當作重要的教育產業，美國有將近五十五萬外國留學生，外匯每年增加110億美元，英國每年有70億美元的創收，澳洲每年有約50億美元的營收（楊朝祥，2007）；2004年，英國高等教育創造的經濟收入達169億英鎊，高於四年前的128億，僅高等教育對外出口淨利潤一項就達36億英鎊，遠遠高於同期煤、電、天然氣的出口總額（馬春，2006）。因此，許多國家將高等教育機構的經營，轉為一種營利性產業的經營模式，將營利性組織所重視的：提升組織文化氣氛、加強成員向心力、明定組織定位的行銷策略，實際運用在高等教育機構之中；其中，內部行銷即是高等教育機構可以使用的策略之一，林俊彥、張惠雯（2010）以高等教育體系中的技職校院為研究範疇，指出在教學單位方面，可以利用內部行銷過程，將組織的具體目標、願景和學校的辦學理念、組織文化、課程、活動等，傳達給各教職員工，如此將有利於學校辦學成效的提升。

　　對於教育機構而言，謝維齊（2005）則主張從實踐角度出發，指出應用在學校的內部行銷內涵計有：學校內部的行銷對象重點仍是在學校成

員；對學校成員行銷的重要性等同於學校的外部行銷；內部行銷是外部行銷的關鍵；學校人力資源管理是學校內部行銷重要一環；學校願景的建立、決策的形成都無法缺少學校教職員工的聲音；學校領導者對教職員工的增能賦權和學校團隊潛能的激發具重要性。黃俊傑（2006）則將學校內部行銷界定為：學校將成員視為內部顧客，透過教育訓練、激勵及溝通等各種策略，將學校的「內部產品」，如學校願景、經營理念、組織文化等，傳遞給內部成員，培養成員具備專業素養及服務意願，增進成員間的組織承諾，使其願意為學校使命共同努力。楊瑞霞、丁學勤（2014）指出，學校內部行銷意涵為：「學校運用行銷的哲學理念和策略，將教職員工視為內部顧客，共構學校願景，以進行學校的人力資源管理活動，增進教師的組織承諾，提高工作滿足感，以達成學校組織目標。」

綜合前述對於教育機構內部行銷的定義中，可以歸結出高等教育機構內部行銷的意涵，係指：將學校內部教職員視為組織經營管理過程中，組織內部重要的準消費者，將各種行銷策略運用於組織之內，藉以提升教職員的團隊意識，增強其對學校的忠誠程度，使其願意執行與實踐學校的各項政策，最終期能達到組織目標與願景。

參、高等教育機構內部行銷策略

Gummesson（2000）於《內部行銷：管理方向》（*Internal marketing: Directions for management*）一書中，指出在執行內部行銷時，有三項指導方針可供遵循：首先是將內部行銷原理視為行銷的發展願景與引導方向，其次是以建立內部人員雙贏且持久性關係為規臬，最後則是確認內部行銷的執行是具系統性且適用不同場域等三項方針，Gummesson 所提出的三項方針，從確認內部行銷的地位，到因地制宜的實務性應用，提供了

大範圍的指導性原則，適用於各產業領域之中。而林俊彥、張惠雯（2010）在《我國高等技職校院行銷管理模式之建構》一文中將內部行銷聚焦教育領域之中，指出內部行銷的做法包括：首先，凝聚危機共識，讓學校教職員工、各行政與教學單位都瞭解學校面臨無法避免的少子女化趨勢與外部競爭；其次，重視和肯定組織成員在組織中的存在價值與重要性，強化成員的滿足感和認同感；此外，建立一致的價值與信念、建立內部行銷功能團隊，皆能使學校教職員工體認組織使命，進而願意為組織承諾，以有效提升學校的整體競爭力。

如何運用內部行銷，以提升教育機構表現成效，是目前教育產業要思考的一個問題。對於高等教育機構而言，教師為重要的組織成員之一，然而目前的高等教育生態，卻讓許多教師產生不如歸去的無奈感。對於以研究為首，教學與服務亦不能忽略的高等教育生態，一位教師若要研究、服務、教學面面俱到，常讓教師感歎一天只有 24 小時，為了在有限時間內，產生研究績效，符合日益提高標準的評鑑制度，讓許多教師不得不在教學、研究與服務三面向中進行取捨。除了教師以外，職員亦是校內龐大的工作人群。在高等教育產業化趨勢下，教育被當作一種產業，並且以產業經營的方式經營教育機構，以籌措更多教育資源、提高教育機構經營的效率，獲致經濟的創收，增加社會的生產力（楊朝祥，2007）。在此變革之中，校內職員面臨的工作類型與範疇，不再如同舊日般單純，工作上面臨新的挑戰，工作相關利害關係人種類日益複雜多元，無形中增加了職員的工作壓力。因此，在無止境的壓力循環下，如何藉由內部行銷策略的運用，滿足教職員的工作需求，提升其工作動機，凝聚團隊意識，實為高等教育經營管理者重要議題。

綜合前述對於內部行銷相關文獻探討的結果，與研究者本身在高等教育服務的實務性經驗，提出下列高等教育內部行銷策略的建議：

一、營造合適的工作環境，提供適合的工作類型

誠如前述：「內部行銷是藉由工作這個產品滿足員工的需求，以吸引、發展、激勵和保留他們」（Berry & Parasuraman, 1991）。營造合適的工作環境與提供適合的工作類型，就是教育行政激勵理論的實際運用。謝文全（2016）在《教育行政學》一書中提及：提供良好的工作環境，配合成員的志趣分配工作，是激勵士氣的方法。從美國心理學者Maslow（1954）需求層次理論需求（Need Hierarchy Model）來看，工作環境與內容的合宜，的確可以滿足校內教職員較低層的需求，而這些低層需求的滿足，正是尊榮感與自我實現需求實現的基礎。

若從內部行銷理論的觀點來看，其與激勵理論有許多相同點，兩者之間的界線模糊，甚至多有重疊之處。研究者認為：高等教育機構在推動內部行銷之際，應與激勵理論有充份的對話，善用激勵理論中好的策略，畢竟激勵理論源起時間較早，所累積的厚實理論基礎與研究成果，的確是學校在推動內部行銷過程中，可以參酌的理論與實務基礎。

二、以教職員為校內準消費者之心態處理其議題

楊瑞霞、丁學勤（2014）在針對小學教師內部行銷相關研究中指出：學校將教師視為內部顧客，讓教師擁有好的工作，以此精神為基礎，進行管理支持、激勵獎酬、內部溝通和教育訓練等行銷活動。研究雖然證明將教師視為內部顧客，對於組織的經營發展有所助益，然而在此過程中，仍有許多專家學者持不同意見，擔心將教職員視為消費者，可能忽略了學校身為教育者的使命與責任。然而，高等教育產業化已是無法抵擋的趨勢，許多營利性概念進入高等教育機構經營管理議題之中，此時學校要做的不是一味的反抗，而是要設法在營利性與教育性之間取得真正的平

衡點。

對於高等教育機構而言，教職員為學校最大的資產，如何活化這些資產，為經營管理者應正視的議題。從內部行銷的精神來看，學校經營管理者應視教職員為校內的準消費者，然而礙於學校教育性質的特殊性，與對教育使命的承擔，實無法全面移植組織內成員即消費者的概念，否則會造成學校運作上的困難，因此研究者以類似消費者的「準消費者」視之。然而，這並不意味內部行銷的概念在教育產業不適用，相反的，學校端可以秉持校內教職員為準消費者的心態來看待與處理校內事務，重視教職員的意見表達，提升與教職員之間的互動品質，並建立互惠關係，自有助於提升成員對學校的滿意度，進而增加其向心力與忠誠程度。

三、以校內的教職員為對象，移植外部行銷策略

誠如前述：「Piercy 與 Morgan（1991）在界定內部行銷與外部行銷關係時，將外部行銷組合的 4P 策略：產品、價格、溝通與銷售，轉變使用對象，運用在內部行銷場域之中，以內部員工為對象，推動行銷策略的運用。因此，內部行銷在策略的運用上，實則與外部行銷具有許多相同之處，對組織的重要程度與所能發揮的成效，與對外行銷策略的運用相同，亦同樣受到組織層級的重視。」對於高等教育機構而言，行銷策略的運用不再只侷限於外部利害關係人，校內人員亦是行銷策略施行的重要範疇。

各種外部行銷策略的運用，自有研究記載以來，已有悠久的發展歷史，發展至今已累積厚實的研究成果。因此，學校端在推動內部行銷過程中，對於各種外部行銷策略的運用，亦應有所涉獵，進而擇優適用之。以行銷組合為例，從原本 4P，一直發展至今，因應社會潮流的改變與組織的需求，有了 6P、7P、4C 策略的提出。以產品為例，內部行銷中最重要

的精神之一，即是提供內部成員滿意且合適的工作，此即產品策略精神的轉化與落實；再者，在溝通策略的運用上，學校經營管理者亦應本同對外部消費者的溝通態度，保持通暢無阻的內部溝通管道，正視內部成員的聲音與意見。

肆、高等教育機構內部行銷相關研究

有關內部行銷的相關研究，在國內外商業界研究中，佔有一席之地。隨著教育產業競爭程度日益提升，營利性組織所使用的行銷策略及其成效引發關注，陸續開始在教育領域中運用並受到重視，相關性研究亦持續出版中（如：Ting, 2011）。國內方面，內部行銷的研究成果仍以商業性組織為主，如：呂瓊瑜、黃孟立、李欽明（2015）、許中駿、許順旺、張文俞、倪維亞（2013）、許順旺、張妲燕、吳紀美、曹建南（2013）、駱俊賢與劉長敏（2014）等人，以國內餐旅飯店業為對象，進行內部行銷相關研究，並據以支持內部行銷對於組織運作的重要性；或是將內部行銷運用在醫療院所（如：黃雯菁、黃庭鍾，2009）、國軍（如：林隆儀、鍾明燿，2009）、便利商店（如：陳國雄、黃建榮，2010）等眾多的研究成果，凸顯內部行銷的確適用在各種行業類別的事實。

近十年來，國內教育產業陸續有內部行銷相關研究出版，研究成果從學前教育到高等教育皆有之。在進入少子女化時代，學校競爭壓力越來越大，應用行銷的概念爭取學生來源已漸漸在中小學成為趨勢（張裕弘，2009）。前學教育階段，如：陳玉娟（2014）進行的《幼兒園內部行銷評估指標建構之研究》；在國民小學階段，如：沈進成、楊琬琪、郭振生（2006）、陳俊安、黃翠玲、莊千儀、周詒徵（2009）、楊瑞霞與丁學勤

（2014）等人的研究；在國民中學階段，張奕華與李春芳（2010）所進行的《國民中學學校內部行銷認知、運作與執行困境之研究》；從上述研究結果觀之，皆肯定內部行銷在教育組織運用的可行性。

除了學前與國民教育階段研究成果外，高等教育領域亦是內部行銷研究的重要場域。林俊彥與張惠雯（2010）即以高等教育為研究場域，進行《我國高等技職校院行銷管理模式之建構》，以高等技職校院為對象，利用文獻分析法，以 Kotler 與 Keller 的全面行銷理論之「內部行銷」、「整合行銷」、「關係行銷」、「社會責任行銷」四個關鍵因素作為思考中心，建立有利於我國高等技職校院未來發展之行銷管理模式。而曹耀鈞與黃俊英（2004）的《臺灣技職院校應積極採取的行銷作為－以正修科技大學為例》，亦是從技職教育行銷的本質與所處環境作宏觀討論，建議強化對教職員的內部行銷。上述有關高等教育機構內部行銷之相關研究，主要聚焦於技職教育範疇。

若從學位論文的研究主題觀之，已有以「內部行銷」為主題之研究論文產出。以近三年為例，吳仁捷（2015）以義守大學為研究個案，進行大學行政服務品質內部行銷滿意度模式之研究；而劉又溱（2014）則是以臺北醫學大學為對象，推動內部行銷對工作滿意、組織承諾與組織公民行為之影響的研究。此外，吳盈泰（2015）則定位在學系層級，以休閒、觀光、餐旅學系為例，進行大學內部行銷之關聯分析。從上述的研究對象與研究方法觀之，以實證性問卷調查為主軸，藉由問卷調查方式蒐集研究所需資料。以劉文溱（2014）的研究為例，其發現：內部行銷會正向影響教職員工之工作滿意，且會正向影響組織承諾，透過工作滿意及組織承諾影響組織公民行為。

在國外有關內部行銷研究成果部分，各領域皆有之。若從 ProQuest 系統中查詢，可以明顯發現在醫療照護產業中（如：Hallums, 1994; Masri,

Oetjen, & Rotarius, 2011），有關內部行銷研究的成果所佔比率最高；由於醫療產業所面對的是生命，內部員工之工作士氣、態度與專業性對於消費者的影響程度，比起一般商業性組織來的深遠，藉由內部行銷提升組織內員工士氣，培養積極正向服務精神，將有助於提供病人更優質的服務與對生命的尊重，更能凸顯內部行銷之功效。在教育相關產業研究方面，雖然成果不如商業性組織來的豐碩，然已有不同研究成果的提出。

　　經查詢相關電子資料庫發現，有關內部行銷在教育產業的運用狀況，研究成果所佔比重的確較低。若以各階段教育體制作為劃分標準，則以高等教育階層的內部行銷研究成果較為豐碩。例如：Mahmood（2013）以巴基斯坦三個目標大學為研究對象，探究此三大學內部行銷與職員滿意度間的關聯性，研究結果證明：內部行銷與大學教職員工作滿意度之間，的確存在著正向關係。此外，在紐西蘭，私立語言學校隨著國際學生想要赴紐學生與旅遊的需求日增，對於學校端而言，教育管理實務扮演重要的角色，而內部行銷對於此類型學校而言，正是可以提升教育行銷實務的策略，因此 Stachowski（2008）選擇私立語言學校作為研究領域進行個案研究，所獲致的結果亦支持內部行銷對於此類型學校的重要性。Tareef 與 Balas（2012）則是探究在高等教育機構行銷議題上，使用內部行銷的策略與創新模式的使用。而 Schüller 與 Chalupský（2011）則以捷克共和國的國立大學為研究場域，使用質性研究探討如何使用內部行銷溝通技巧，經訪談高等教育機構中的行銷部門職員，發現目前有幾個部分需要改善，包括：模糊的組織架構、未善用非物質性激勵、組織自主權不足等問題，而未來的研究取徑可以考量如何用非物質性激勵策略，提升內部行銷溝通的成效。

　　整體而言，目前國內外有關內部行銷研究之成果，主要以營利性商業組織為主，其中又以醫療相關產業之研究成果最為豐碩；然而，隨著非營

利組織也面臨組織生存的挑戰，加上有些國家的高等教育歸屬營利性組織，因此對於內部行銷的推展並不陌生。國內方面，高等教育機構內部行銷研究已有相關性研究產出，但主要非以內部行銷為題，而是以其相關概念主張進行研究，畢竟對教育而言，要使用商業組織的用語，仍是有所排斥。若是以內部行銷為主題之高等教育研究成果，主要還是集中在實證性量化研究成果的展現，未來對於質性研究成果的提出，應有其發展的空間。

伍、結論

長久以來，外部消費者一直是組織所重視的對象，不管是行銷策略的運用、組織獲利的來源，皆是以外部消費者為對象。然而，隨著管理理論的發展，與經營實務的推展，內部消費者的概念漸被接受，對於組織內成員的重視程度亦隨之提升。「善用各種行銷策略，藉以激勵組織內成員，使其願意執行與實踐組織政策方針，讓組織得以達成其既定之目標」，為內部行銷之意涵。運用到高等教育領域，則是希望「將學校內部教職員視為組織經營管理過程中，組織內部重要的消費者，將各種行銷策略運用於組織之內，藉以提升教職員的團隊意識，增強其對學校的忠誠程度，使其願意執行與實踐學校的各項政策，最終期能達到組織目標與願景」。

有關高等教育機構內部行銷策略的運用，研究者指出三項建議：首先，是營造合適的工作環境，提供適合的工作類型，善用激勵理論策略，以發揮激勵的效果；其次，則是以教職員為校內準消費者之心態處理其議題，然而在此過程之中，學校端應設法在營利性與教育性之間取得真正的平衡點；最後，則是以校內教職員為對象，善用外部行銷策略，從最

初的行銷組合 4P 策略開展，擴展到 5P、6P 的使用，以組織特性選擇適合的策略，以利組織運作成效的提升。

最後，在研究成果的展現上，內部行銷的研究成果已擴及教育界，從前述相關研究內容之探究中，可以得知教師內部行銷與組織承諾關係之間，的確存在著影響關係。雖然行銷策略在高等教育機構的運用，一直存在著爭議，反對者擔憂此類行銷策略的運用會漠視教育的本質，汲汲營營於獲利，忽視高等教育機構所應具備的教育性。然而，在高等教育市場競爭程度日益提升的現今，有關內部行銷的研究議題已漸漸出現，雖然許多研究不以「內部行銷」作為研究題目，但研究主軸仍不脫離內部行銷的精神，重視學校內成員的感受，提升成員對學校組織的忠誠程度。總而言之，高等教育領域已有內部行銷相關研究成果的出版，可以說是轉化並實際運用營利性組織理論的最好例證。

第三篇
高等教育機構實務研究篇

第三篇為《高等教育機構實務研究篇》，內容為行銷相關議題之實證性研究成果。此篇共包括第八章到第十一章，共計四章，從師資培育學系品牌形象行銷指標建構與應用談起，之後並探究師資培育中心網路行銷運作狀況、大學媒體行銷對學生忠誠度的影響，最後則是以境外學生為對象，從推拉因素理論切入，探究影響此類型學生選擇學校的影響因素，以作為學校在推動招生行銷過程中之參考。

第八章
師培學系品牌形象行銷指標建構與應用研究

　　本研究目的在建構師資培育學系品牌形象行銷指標之內涵，進而利用重要─表現分析（Importance-performance analysis, 以下簡稱 IPA）探討目前此類型學系品牌形象的運作狀況。研究者以目前就讀臺灣師資培育學系之大學部學生為研究對象，進行問卷調查以蒐集研究所需資料，之後利用驗證性因素分析與重要─表現分析，進行問卷數據處理。研究發現，未來師資培育學系可從經驗、功能、象徵等因素進行品牌形象的建構，著重學系、教師與學生三大構面，並重視師資培育學系設備、環境、課程與品德教育的建構，以維持師資培育學系的競爭力。

壹、緒論

早在 2003 年時，Brookes（2003）即指出：教育已被視為準商業性服務產業（quasi-commercial service industry）；在商業性產業生態中，市場化始終扮演重要影響因子。在市場化發展趨勢下，商業界所重視的「品牌」概念，亦在高等教育產業中受到重視（Louro & Cunha, 2001; Helmsley-Brown & Oplatka, 2006; Maringe & Gibbs, 2009; Tripathi & Mukerji, 2013）。對高等教育機構而言，優質的品牌具有市場區隔功能（Maringe & Gibbs, 2009），可以凸顯高等教育機構自我的特色，誠如 Notre Dame 大學在運動方面表現突出，成功塑造出屬於自己的品牌形象；臺灣設有一些專門性大學，以吸引對特定領域有興趣的學生，如：中央警察大學、教育類大學、體育類大學等。因此，藉由特定品牌形象的建立，有益於學校的市場定位外，更有助於吸引有志就讀的學生，保持其完成學業的動力。

對於師資培育學系而言，正向品牌建構有助於吸引對教育有熱忱的學生就讀外，更有助於學生完成師資培育課程的修習，提高其對教師志業的認同。師資培育制度多元化後，衍生出因缺乏工作權的政策保障，加上準教師人數過多，教職供需失衡，降低學生就讀意願，致使師資培育學系招生壓力大增。對於師資培育學系而言，如何在缺乏政策性保障光環下，藉由師資培育學系自我品牌的形塑，吸引優秀青年學子持續就讀，對於此類學系而言，是重要且必須正視議題。未來大學面臨挑戰之中，市場定位（market positioning）與品牌識別（brand identity）為未來重要的行銷挑戰（McCaffery, 2010）。然而目前在高等教育產業中所重視的品牌概念多源自非教育領域，相較之下，針對成功大學品牌的研究成果相對缺乏（Helmsley-Brown & Oplatka, 2006; Tripathi & Mukerji, 2013），而運用在

師資培育學系之相關品牌研究更是欠缺，此一研究缺口凸顯此類型研究有進行探究的必要性與空間。

　　目前臺灣中小學師資培育管道，分成師範／教育大學、設有師資培育相關學系大學、設置師資培育中心之大學三大類師資生培育管道。在師資培育政策開放後，各大學紛紛設置相關學系與中心，提供學生修習教育學程的機會，一時之間修習教育學程學生人數大增。然而，少子女化現象卻讓國民教育階段教師招聘作業，產生急凍現象，形成粥少僧多的高度競爭就業市場；邇來，教育部雖已逐年降低各高等教育機構可培育師資生名額，仍無法快速且有效達到師資培育政策開放後，已培育完成之準教師學生順利就業的目標，造成流浪教師充斥的社會現象。教職一位難求的市場現實，加上教育部每年核定師資生名額逐年下降，雙重打擊之下，學生修習教育學程的動機不高，致使師資生招募已不如以往順利。以 101、102 學年度為例（教育部，2014），國民教育階段分別核定 6,819、6,640 名，然實際就讀人數為 6,418、6,483，未達百分之百的修習率。上述現象，凸顯出師資培育學系在沒有政策保障下，如何提升學系競爭力，吸引更多優質學生就讀議題的重要性。從學生角度來看待品牌形象的建構，對於目前處於高度競爭市場的師資培育學系而言，實為重要工作內容與努力方向。

　　當組織想要評量或制定執行策略時，「重要─表現程度分析」（Importance-performance analysis, 以下簡稱 IPA）是一個簡易但有用的方法（Lai & To, 2010）。目前該方法已在教育以外其他領域使用，用以發現組織策略運作狀況，發揮組織改革與精進之策略指導效果。在高等教育領域部分，該方法亦有相關研究成果出版，如：Gao（2012）利用 IPA 進行國際研究生滿意度相關研究，在資源有限前提下，讓經營管理者能有效的投注資源於最需要改善區域；Angell、Heffernan 與 Megicks（2008）使

用 IPA 進行高等教育服務品質的研究,藉之為組織界定服務的優先性,並在有限資源下,調整資源投注方式,以提升組織的服務品質。對於師資培育學系而言,在教育經費有限,而招生壓力卻與日俱增的同時,結合品牌形象與重要一表現程度分析方法之使用,將有助於瞭解目前師資培育學系的運作狀況,更有助於將經費與資源投注到最需改革之地,對於該學系的營運有正面助益。

在前述研究背景驅使下,研究者從學生角度切入,以臺灣師資培育學系為研究場域,探究產業界所重視的品牌形象理論與實務,如何在此類學系中運作,進而瞭解與建構目前師資培育學系品牌形象行銷運作狀況,最後藉由研究結果提出對師資培育學系運作之建議。

貳、文獻探討

於此將先說明本研究所指涉之品牌意義,其次則為品牌形象與相關研究結果剖析。茲分述說明如下:

一、品牌的意義

品牌一詞源自於古北歐文字「brandr」,意指「加以烙印」,被人用於標記與識別其畜養的動物(徐世同譯,2008)。到中世紀,歐洲手工藝家使用這種方式標記自己的手工藝品,方便顧客區別產地和生產者,並藉此作為保證,此為品牌的由來(林建睿、林慧君,2011:3-2)。之後,品牌概念隨著各時代行銷策略著重的焦點與策略方針不同,而有不同詮釋與主軸。品牌的第一紀元就是「商標」(trademark),代表的是品質、保證及安全意象,像可口可樂商標的崛起;第二品牌紀元則是「渴望」(aspiration)時代,此一概念來自於人們對理想形象的渴望,促成品牌形

象的產生；第三品牌紀元則是強調內心世界的品牌，至此其與文化的界線開始模糊（王儷潔、林利真，2005）。整體而言，品牌的發展圖象從具體到抽象，定義從狹義到廣義，影響層面與產業亦已遍及各行各業，被視為是一種重要且可被衡量的資產。

　　目前針對品牌的定義，大致不出美國行銷協會（American Marketing Association, 2013）所認可的品牌意涵：一種名稱（name）、專門術語（term）、設計（design）、標誌（symbol），或是可以和其他產品有所區隔的特徵。因此，品牌可以被視為是無形的資產，亦可以是具體的實物（胡政源，2010；Aaker, 1996; Mooradian, Matzler, & Ring, 2012）；是生產者提供給消費者，一組具一致性，及特定產品特性、利益或服務的承諾（朱延智，2010）。誠如行銷大師 Kolter 與 Armstrong（2008）對品牌的定義：一個標記、名稱、符號、設計或聯合使用，以便讓消費者可以辨識廠商的服務或產品，並與其他競爭者有所區別稱之。至此，品牌所涉及的範疇已跳脫具象的產品或標誌，不只是一個具象的代表，更是抽象心理狀況的呈現；品牌的概念已深植商業界，一個好的且受肯定的品牌具有提升組織外部績效與凝聚內部向心力的功能，其所代表的不只是金錢上的價值，更具有無形的精神價值。因為品牌的重要性遠大於產品，相同產品雖都能滿足消費者的需求，但品牌卻能讓產品擁有高度的差異化（徐世同譯，2008）。發展至今，品牌已成為可以買賣與出租的物件，甚至是一種概念與想法的表徵，並且是受到法律保障的重要資產。

　　近來，品牌概念在高等教育機構行銷活動中受到重視（Helmsley-Brown & Oplatka, 2006; Tripathi & Mukerji, 2013）。在高等教育領域中，品牌意味著一種真實圖像的建構、圖像的管理、或是圖像的改造（Anctil, 2008）；大學品牌可視為是高等教育機構滿足顧客需求的程度，亦是機構效能的一種表現（Temple, 2006）。高等教育機構品牌亦如前述商業領域

一樣，可以是具象的表徵，亦可以是抽象的概念；正如聽聞某個學校校名時，人們腦中所呈現的學校樣貌，即是一種品牌的表徵。雖然對於高等教育機構的「消費者」是誰？仍有所爭議（Lomas, 2007; Obermiller, Fleenorm, & Raven, 2005; Svensson & Wood, 2007），然而不可否認的是：在市場化機制下，學生已成為學校的重要顧客來源。對高等教育機構而言，其品牌的概念亦可立基於商業界的基礎上，視之為一種名稱、專門術語、設計、標誌，或是可以和其他學校有所區隔的特徵，是一種融合具體與情感因素下的產物；對學生而言，正向的品牌認知能滿足其需求的程度，亦能反映出其對學校的認同狀況。

二、品牌形象的內涵

　　品牌形象即建構在品牌的意義上，意指品牌所給予消費者的形象認知。品牌形象對於營利性組織而言，影響其產品與服務的購買狀況，而就教育體系而言，優質學系品牌形象亦是提升學生認同的重要策略。誠如 Mooradian、Matzler 與 Ring（2012）主張：「品牌形象表現在消費者知道此一品牌，並且覺得它是吸引人的程度之上」；換言之，當消費者具有正向的品牌形象，對於該產品與服務的愛好程度就會隨之提升。品牌形象是市場行銷中重要一環，也被視為一種資訊的提示，消費者藉由品牌形象推論產品品質，繼而激發消費者的購買行為（林南宏、王文正、邱聖媛、鍾怡君，2007）。對於高等教育機構而言，品牌形象的建構，亦應列為學校經營管理一環（Tripathi & Mukerji, 2013）。

　　品牌形象係為消費者對於組織品牌的主客觀知覺總合，對品牌有形及無形聯想的一種知覺，包含理性的與情感上的意義，反映在消費者記憶與品牌節點相連結的品牌聯想之中（徐世同譯，2008；Balmer & Greyser, 2003; Dobni & Zinkhan, 1990; Kapferer,1992）。早在 1986 年，Park、

Joworski 與 MachInnis（1986）在其《策略品牌概念：形象管理》（Strategic brand concept: Image management）一文中指出：多數的品牌形象係由功能性（functional）、經驗性（experiential）與象徵性（symbolic）三者所組成，要發展一個好的品牌形象，至少要有二個以上的概念並存其中；對組織而言，在建構品牌形象過程中，需考量消費者基本需求：1.象徵性需求：產品的提供應能滿足消費者自我價值提升、角色定位、團體互動與自我認同的需求；2.經驗性需求：意指產品的提供，可以滿足體驗過後的知覺與刺激；3.功能性需求：係指產品能夠解決顧客與消費有關的問題，包括現有的問題、預防性問題與衝突的解決等。而Chapleo（2013）以高等教育機構為對象，研究成功的大學品牌議題，提出成功的大學品牌應包括：該機構是否具備高的國際地位、好的聲望、高的學校認同度、易於接近、市場區隔度高、學校地點好、專業發展取向、已是一所穩定的大學等面向，以上述指標判斷大學是否具備成功的品牌形象。

　　品牌的重要程度已受肯定（Aaker, 2000; Martin, 1989），其更是信任、保證與承諾的綜合體（Sevier, 2001）。就師資培育學系而言，其所擔負的教育使命，使其更應建立良好的品牌形象，以利吸引有志於教育服務的青年學子外，更應在培育過程中，滿足學生功能性、經驗性與象徵性需求，提升就讀學生對於師資培育學系品牌形象的認同與信心，建立具有良好聲望、專業發展、市場區隔度高、易於接受的品牌形象，如此對於臺灣下一代的教育環境，才能有所助益。因此，研究者以目前適用的經驗、功能、象徵性等品牌形象構成因素為主軸，並考量高等教育機構的性質，以師資培育學系中相關構面進行題項之編撰。

三、品牌形象相關研究

　　良好的品牌形象，有助於產品銷售並提升組織獲利。優質品牌形象能傳遞品牌價值並提供顧客保證，以便與競爭者有所區別（朱延智，2010）。目前品牌形象研究已遍及各領域，如餐飲業（如：吳宗祐、吳華萍、連健翔、李宜旻，2013；陳燕輝，2013；Lee & Liao, 2009）、觀光業（如：趙仁方、郭采彥，2013；Sun, 2010）、文教產業（如：黃義良，2011、2013；Pinar, Trapp, Girard, & Boyt, 2011）、健康產業（如：石東立，2009；Chahal & Bala, 2012）等。研究證明，優質品牌形象的建立，對於組織的發展與獲利有正面助益；事實證明就算是哈佛、史丹佛、耶魯大學等名校，還是不斷利用各種招生行銷策略，進行品牌形象包裝與目標市場定位，積極吸引優秀學生前來就讀（陳玉娟，2013）。

　　品牌形象議題已受到高等教育機構的重視，相關品牌研究成果紛紛提出，顯見此一研究議題存在的重要程度與發展性。在學生來源減少與教育市場高度競爭雙重因素影響下，學校如何在眾多競爭者中建立品牌推動行銷，是學校教育有效吸引學生的重要利器（蔡金田，2009），其中塑造學校品牌形象已是目前高等教育機構最常使用的招生推廣策略之一（陳玉娟，2013）。蔡金田（2009）以高等教育為研究場域，藉由文獻分析歸納出學校品牌形象建立的內涵、原則與顧客導向等三個發展要素，及學校品牌行銷管理方面八個驅動因素：品牌環境因素、品牌策略分析、品牌文化塑造、品牌設計規劃、品牌權益維護、品牌形象設計、品牌檢視、品牌精進，肯定品牌建構對學校經營管理的重要性。

　　葉連祺（2007）則試圖建構一個由大學教學品質提升措施、大學品牌管理和大學品牌效應組成的理論模式架構，經由實證調查發現：提升大學教學品質措施成效，確實有助於增進大學品牌形象效應。國外部分，亦有

研究以高等教育品牌形象為研究主軸，進行實證性研究；Chapleo（2009, 2013）以英國大學為研究對象，分析如何建構成功的品牌形象，以與其他大學產生市場區隔效應，研究指出：大學已意識到應建立與其他大學區隔的品牌形象，但是卻只有少數學校能達到目標。

整體而言，品牌形象建構已受到各產業重視，高等教育相關研究成果亦呈現增加趨勢。在高等教育場域之中，品牌形象已成為重要的熱門議題，而許多大學亦已花費財政資源進行品牌形象化工作（Chapleo, 2009）。從上述的研究範疇來看，目前的研究多集中在學校層級，缺乏以學系為單位的研究成果；其實在少子女化的招生環境中，學系要自己努力才是王道，因為各學系間的差異極大，無法以學校統一的品牌形象與招生方式統籌之。學系特色實應被凸顯的前提下，未來此一領域的研究觸角也應深入學系層級，畢竟學系才是與學生最密切的單位與層級，而這也是目前相關研究成果所缺乏的範疇，故本研究即以師資培育學系為範疇進行研究。

四、重要─表現程度分析

重要─表現程度分析方法從問卷題項的編製開始，即設定從問卷填答者處獲得其對各題項重要表現與實際感受程度認知狀況，以兩者總平均數作為原點進行四個象限位置圖的繪製，能在資源有限或資源使用排序過程中，確定各策略資源的投注狀況；此方法亦已運用在高等教育場域中，以作為改善組織品質或決策制定時的參考依據，O'Neill 與 Palmer（2004）即用 IPA 作為改善高等教育服務品質的手段，Aigbedo 與 Parameswaran（2004）亦利用 IPA 作為改善高等教育機構學生餐廳服務品質的方法。此一方法不只在商業界受到重視，在高等教育場域之中，亦有研究者利用此方法進行研究，證明其在高等教育領域運用的可行性。

Martilla 與 James（1997）所主張的 IPA，利用 X 軸與 Y 軸所形成的四個象限座標圖，提供組織行銷策略的制定與發展（如圖 8-1 所示）。X軸代表消費者對組織實際表現狀況的認知程度（表現程度），Y 軸則是消費者認為此一策略的重要程度認知（重要程度），XY 軸相交形成了四個象限，分別代表不同的意義。茲分項說明如下（ Martilla & James, 1977; Wu, Tang, & Shyu, 2010; Yavas & Shemwell, 2001）：

1. 第一象限／繼續保持（Keep up the good work）：落在此象限的題項代表其重要程度與表現程度皆高於各策略平均數，換言之其重要程度高，而實際表現狀況亦佳。落在此象限的策略或題項，只需繼續保持即可。

2. 第二象限／加強改善（Concentrate here）：此一區域表示其重要程度受到認同，但是其實際表現狀況卻不佳，因此落在此象限代表重要性高、實際表現不佳的結果。此一結果顯示消費者雖然重視此構面，但是組織給予消費者的實際感受卻不佳。從組織應設法滿足消費者需求以提升獲利的立場，此為組織最需花費資源投注的區域。

3. 第三象限／低優先等級（Low priority）：此一象限代表其重要程度低，而實際表現程度亦不佳，因此命名為低優先等級區域。當組織資源有限，無法投注到所有面向或策略時，可將此一象限優先序位排至後面，以利組織有限資源的分配運用。

4. 第四象限／過度重視（Possible overkill）：過度重視區意味著組織花費許多資源在此象限，因此消費者對組織的實際表現認同度高，但是對消費者而言，其重要程度卻相對較低，產生組織過度重視的現象。

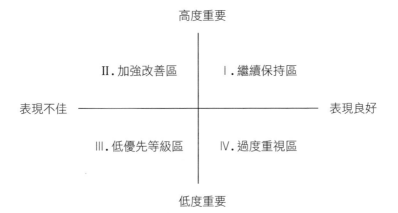

高度重要

　Ⅱ.加強改善區　　　　Ⅰ.繼續保持區

表現不佳 ───────────── 表現良好

　Ⅲ.低優先等級區　　　Ⅳ.過度重視區

低度重要

圖 8-1　重要─表現程度分析圖
資料來源：Martilla, J. A., & James, J. C.（1977）. Importance-performance analysis. *Journal of Marketing, 41*, 77-79

參、研究方法

　　本研究為量化研究，研究者採用問卷調查方式蒐集所需資料，而後進行統計分析討論。茲將研究工具、研究對象與資料處理三部分，依序說明如下：

一、研究工具

　　本研究利用問卷調查方式蒐集研究所需資料，利用統計分析以達成本研究之目的。本研究所使用之問卷，係參酌丁學勤、葉怡志（2011）、Park 等（1986）、Keller（1993）與 Kim（2001）等人對品牌形象組成因素的見解，以功能性、經驗性與象徵性等三大類別作為師資培育學系品牌形象建構之主軸。三大因素各題項之編製，考量國內外師資培育學系背景狀況歧異性外，研究者亦參考目前國內相關研究成果（如：丁學勤、葉怡

志，2011；葉連祺，2006），在品牌形象各因素之下，再區分成學系、教師與學生三構面，每構面各有 4 題，共計 36 題項（3 因素*3 構面*4 題項），其架構圖詳如圖 8-2 所示。茲將各因素定義與題項說明如下：

（一）功能因素：係指外在需求的滿足，解決學生學習時所產生的需求或問題，如：設備、環境資源、教學、課程等方面的形象。三構面包括學系、教師與學生等三構面共計 12 題。題目設計包括學系面向的題目，如：本系行政服務品質良好、本系提供充足的教學設備等 4 題項；教師面向計有：本系教師關心學生的學習狀況、本系教師會審慎處理學生問題等 4 題項；學生面向包括：本系學生充滿學習熱忱、本系學生與系辦互動佳等 4 題項。

（二）象徵因素：係屬社會層面的形象知覺，重視學生內在需求的滿足；意即師資培育學系的圖像會讓填答學生聯想到特定團體、身份或自我形象，如：社會地位、社會聲望、教學特色、人員特質等。在此因素項下，亦區分成學系、教師與學生三大構面；學系面向包括：本系課程有助於學生未來的就業、本系是師資培育機構中的標竿等 4 題；在教師面向包括 4 題項，如：本系教師教學技巧良好、本系教師足以當學生學習的楷模等；學生面向則包括：本系學生自我要求高、本系學生具有成為良師的人格特質等 4 題項，共計有 12 題。

（三）經驗因素：係指心理層面的形象知覺，著重學生心理的滿足，趣味性與多樣化的感知，並能創造美好的回憶經驗。在此因素之下，亦分成學系、教師與學生三大構面。首先，學系面向包括：本系課程安排兼具理論與實務、本系課程安排滿足學生多元學習需求等 4 題項；其次，教師面向包括：本系教師具授課熱情、本系教師授課內容豐富生動等 4 題項；最後，學生面向部分亦包括 4

題項，如：本系學生品行良好、本系學生具有教育專業。總計在經驗因素之下，共計有 12 題項。

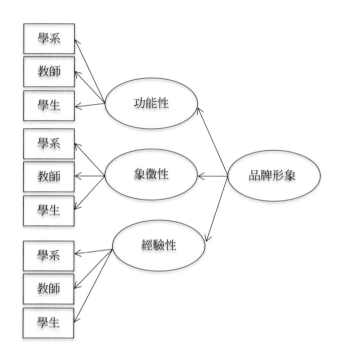

圖 8-2　品牌形象之二階驗證性因素分析架構圖

　　問卷調查工具的填答方式，每一題項依填答者反應目前就讀學系的實際感受，與對各題項之重要程度認知進行填寫。在實際感受上，依填答者對於就讀學系的實際感受進行填寫，分別給予 1 至 7 分不等，代表「非常不符合」至「非常符合」不同程度的感受反應；在重要程度認知部分，則依填答者對於問卷各題項重要程度認知，給予 1 至 7 分不等，代表「非常不重要」至「非常重要」不同重要程度之認知狀況。

二、研究對象

依據本研究之目的，研究者將研究場域設定在臺灣師資培育學系；有關師資培育學系的定義，本研究係以教育部所公布的官方資料為依據。依教育部公告：「師資培育學系係指經教育部核定具有師資培育實質功能，核有師資生名額，並確由該單位培育師資之學系稱之」。依教育部所公告《師資培育之大學一覽表》中，將師資培育相關學校分成三大類：1.師範／教育大學；2.設有師資培育相關學系大學；3.設置師資培育中心之大學。第一類屬「師範／教育大學」類別者，計有國立臺灣師範大學等8 所學校，共計有 92 學系為師資培育學系；第二類「設有師資培育相關學系大學」類別者，計有國立嘉義大學等 9 所合計 28 學系進行師資培育工作；第三類「設置師資培育中心之大學」數目最多，計有國立 19 所、私立 16 所，以學程方式培育師資。研究者係以前述第一與第二類別：師範／教育大學與設有師資培育相關學系之大學中，共計 120 個師資培育學系為研究對象。此 120 個學系為教育部核定有師資生名額，可以培育各師資類科之大學部學系。綜上言之，本研究所指涉之研究對象，係以師資培育大學中具師資培育名額與事實之學系為研究對象，包括師範／教育大學中的師資培育學系，與設有師資培育相關學系之大學部學系為範疇。

在問卷發放上，每個學系發放 8 份問卷，共計發出 960 份（120 學系*8 份=960）。在發放過程中，統一寄至各學系辦公室請其代為發放與回收；在郵寄的問卷中，附上問卷發放說明函，請其在發放過程中，盡量顧及不同年級（一個年級 2 份計，4*2=8 份）問卷填答者之分配方式，並請承辦人員於一個月內回收後，以所附回郵信封寄回。本問卷共計回收 613份，回收率約 64%，扣除問卷填答未完成之無效問卷 9 份，有效問卷 604份，有效率達 60%。

在有效問卷 604 位填答者中，男性填答者計有 228 人（37.7%），女性填答者為 376 位（63.3%），符合師培學系女性就讀人數偏多的現場狀況。其次，在年級部分，大一佔 20.2%、大二為 18.0%、大三為 31.3%、大四及以上者佔 30.5。在就讀學院部分，以就讀教育學院者佔大宗，佔 48.0%，其次為理學院（25.5%）與人文學院（10.9%）。整體而言，此次有效填答人數之基本資料分配模式，與現今臺灣的師資培育學系學生就讀狀況相符，故本次的有效樣本具有代表性。

三、研究資料處理

本研究根據文獻探討結果，將師資培育學系品牌形象區分成功能、象徵與經驗三大因素，每個因素再區分成學系、教師與學生三構面，進行問卷調查題項之編製，進而進行問卷施測。針對問卷調查結果，研究者利用 SPSS 22.0 統計軟體進行資料統計分析；其次，利用 Amos 22.0 軟體，進行結構方程模式（structural equation modeling，SEM）之驗證性因素分析（confirmatory factor analysis，CFA），藉以確認本研究模型之適配情況。最後，則利用重要—表現程度分析方法，進行就讀臺灣師資培育學系學生，對於目前就讀學系品牌形象之重要性與實際感受認知之差異狀況。

肆、研究結果與分析

在此，研究者首先進行信效度分析，以確認實證調查工具之有效性。其次，則利用驗證性因素分析進行模式考驗，最後則是說明重要—表現程度分析之結果，以完成本研究之目的。

一、信效度分析

　　本次問卷調查活動共回收有效問卷 604 份，回收率達六成以上；在問卷內容方面，師資培育相關學系品牌形象量表區分成三大因素：經驗性（12 題）、功能性（12 題）與象徵性（12 題）。首先進行信度分析，上述三因素向度之 Cronbach's α 係數值分別為 0.910、0.929、0.928，總量表 0.971，屬於高信度層級；而且不管刪除哪一題後所得的係數值，皆會降低，故保留所有題目不予刪除。其次，在建構信度（construct reliability，CR）部分，功能性、象徵性與經驗性三大因素分別為 0.849、0.899、0.869，均符合標準，顯示各因素項下可以分成學系、教師與學生三構面。

　　在效度分析方面，研究者於問卷編製之初，即進行內容效度分析，特邀請 8 位此領域之專家學者提供意見，以利研究者進行問卷內容修調，之後才進行問卷全面施測活動。再者，針對問卷調查結果之效度狀況，研究者採用聚斂效度（convergent validity）進行效度驗證。聚斂效度係指：當測量同一構念的多重指標彼此之間關聯性高，即代表聚斂效度高，潛在變項的聚斂效度以平均變異抽取量（average variance extracted，AVE）最具代表性。Fornell 與 Larcker（1981）、李茂能（2009）指出，AVE 之檢定門檻應大於 0.50；本研究在功能性、象徵性、經驗性三大因素，所得之 AVE 值分別為 0.654、0.750、0.691，皆大於 0.50，顯示本研究具有適當的聚斂效度。

二、模式考驗

　　本研究參考參考丁學勤、葉怡志（2011）、葉連祺（2006）、Park 等（1986）、Keller（1993）與 Kim（2001）等人對品牌形象組成因素的

見解，以功能性、經驗性與象徵性等三大因素，作為師資培育學系品牌形象建構之主軸，三大因素下再區分成學系、教師與學生三構面，總計 36 題項。首先，針對本研究模型是否違犯估計進行檢證；一般常發生的違犯估計有三種現象（陳寬裕、王正華，2013；黃芳銘，2002；Hair et al., 1998）：1.有負的誤差變異存在；2.標準化係數超過或太接近 1（大於 0.95）；3.出現太大的標準誤。首先，針對誤差變異數部分，本研究統計數據並沒有出現負的數值；其次，在標準化係數部分，本研究所得係數值最大為 0.93，並沒有超過 0.95，故未違犯估計；最後，針對標準誤部分，在結構方程模型中，通常不會界定標準誤的大小，但可以由其他數值進行綜合判斷；本研究所得之標準誤數值未有太大者，因此未違犯估計。綜上所述，本模式並未違犯估計，適合進行 SEM 分析。

　　從整體適配度檢定之絕對適配指標觀之，本模式所得之卡方自由度比（χ^2 / df）為 4.00、適配度指標（goodness of fit index，GFI）為 0.81、調整後適配度指標（adjusted goodness of fit index，AGFI）為 0.78、漸進殘差均方和平方根（root mean square error of approximation，RMSEA）為 0.07。從上述相關絕對適配指標數值觀之，GFI 與 AGFI 數值雖未達判斷標準，但差距不大，因此適配判斷仍可接受。其次，針對增值適配指標部分，在非規範適配指標（non-normoed fit index，NNFI）、增值適配指標（incremental fit index，IFI）、以及比較適配指標（comparative fit index，CFI）等數值部分，均大於（或等於）0.90，證明此模式適配度可以被接受。最後，針對簡約適配指標部分，簡約調整後適配指標（parsimony-adjusted NFI，PNFI）與簡約適配度指標（parsimony goodness-of-fit index，PGFI）兩數值，皆大於判斷標準 0.50，表示理論模式（詳如圖 8-2）是可以被接受的。綜上所述，本模式應能被接受（相關數據詳如表 8-1 所示）。

上述統計數據顯示，在探究師資培育學系品牌形象指標過程中，企業界所使用的理論與分類方式，仍可以轉化後適合用於教育領域。Park、Joworski 與 MachInnis（1986）所提出的品牌形象三大因素：功能性、經驗性與象徵性三者，其分類方式可以在師資培育學系運作過程中，予以應用。在此三大因素之下，對於教育單位而言，學生、教師與學系扮演重要角色，亦需予以考量。

表 8-1

品牌形象驗證性因素分析適配度指標與判斷

衡量指標		判斷標準	本研究模式	適配判斷
基本適配度評估	因素負荷量	介於 0.50~0.95	介於 0.63~0.94	是
	誤差變異	無負值	皆為正值	是
	參數估計值	達到 0.50 顯著水準 （t-value>1.96）	達顯著水準	是
整體模式 適配度	x^2	愈小愈好	2313.93	是
	$x^2／df$	＜5	4.00	是
	絕對適配指標 GFI	＞0.90	0.81	尚可
	SRMR	＞0.05	0.05	是
	RMSEA	＞0.08	0.07	是
	AGFI	＞0.80	0.78	尚可
	增值適配指標 NNFI	＞0.90	0.90	是
	IFI	＞0.90	0.90	是
	CFI	＞0.90	0.90	是
	簡約適配指標 PNFI	＞0.50	0.80	是
	PGFI	＞0.50	0.70	是

三、重要─表現程度分析

進行完驗證性因素分析，確認因素組成狀況後，研究者隨即進行重要─表現程度分析，藉以瞭解目前師資培育學系品牌形象之狀況。首先，研究者將 9 個構面：功能性因素分成學系、教師、學生三功能構面；象徵性因素分成學系、教師與學生等象徵構面；經驗性因素分成學系、教師與學生等經驗構面，其重要程度與表現程度的平均數表列如表8-2 所示。各構面的重要程度平均數，均高於學生有關學系、教師和學生等分構面的實際感受（表現程度平均數），進一步進行平均數差異的 t 考驗發現，所有構面平均數差異皆達顯著，顯示填答者對於目前所就讀之師資培育學系品牌形象認知方面，在重要程度與實際表現程度上有所落差，而且對各品牌形象內涵的重要性認知均高於實際感受的得分。

表 8-2

重要表現程度平均數差異狀況

主題	因素	構面	重要程度平均數（I）	表現程度平均數（P）	平均數差異（I-P）	t 值
師資培育學系品牌形象	功能性	學系	6.37	5.35	1.02	22.71***
		教師	6.23	5.38	0.86	19.42***
		學生	6.22	5.38	0.84	19.65***
	象徵性	學系	6.29	5.35	0.94	22.03***
		教師	6.31	5.46	0.86	19.84***
		學生	6.00	5.01	1.00	22.06***
	經驗性	學系	6.30	5.28	1.03	21.91***
		教師	6.36	5.60	0.76	18.03***
		學生	6.19	5.56	0.62	15.56***

***$p < .001$

在確認品牌形象之因素與構面，並瞭解各構面平均數之間的差異狀況後，則進行重要—表現程度分析圖的繪製。經統計分析後，以表現與重要程度得分之平均數 5.37 與 6.25 作為該圖原點，畫出繼續保持（Ⅰ）、加強改善（Ⅱ）、低優先等級（Ⅲ）、過度重視（Ⅳ）等四象限（詳如圖 8-3）。本研究九個構面分別落在四個象限之情形說明如下：

（一）第一象限／繼續保持（Ⅰ）：此一象限代表填答者認為這個構面表現狀況好，且其重要性亦受肯定，簡言之，填答者對重要程度與表現狀況認同度皆高，學系只要繼續保持即可。依問卷調查分析結果得知，9 個構面中計有：象徵性因素中的教師構面、經驗性因素中的教師構面座落在第一象限，顯示此兩構面繼續保持即可。此一結果顯示出，目前就讀師資培育學系的學生，對於教師此面向的肯定度是高的。

（二）第二象限／加強改善（Ⅱ）：此一象限代表重要程度高而表現程度低，顯示落在此象限的構面雖然重要性受到學生肯定，但是實際表現狀況卻無法得到同步的認可。依問卷調查分析結果，九構面中計有：功能性、象徵性與經驗性因素中，有關「學系」構面者，皆落在此象限，顯示目前師資培育學系在品牌形象塑造與維護過程中，「學系」面向仍需要特別重視。

（三）第三象限／低優先等級（Ⅲ）：此一象限在本研究中所代表意義為「學生低度重視、而學系實際表現亦為低度績效」，換言之，若 9 個構面中有落於此象限者，優先順序較低，學系可以暫時不予以改善，而將有限的資源投注於其他象限之中。經分析後，本研究僅有象徵性因素中，「學生」的選項落於此象限，此一結果意味著學系對於象徵性因素之學生構面表現績效未得填答學生之認同，然而學生對於此構面亦是不重視的狀況。

（四）第四象限／過度重視（Ⅳ）：此一象限所代表的意義為：學生低
　　　度重視，但學系方面卻是表現出高度績效，學生認同學系的實際
　　　表現；從消費者市場角度出發，如何滿足消費者的需求，才是組
　　　織永續經營的策略。因此，若學生對某些策略的重視程度不高，
　　　就算學系在此方面做得再好，亦無法得到學生的認同。回歸到本
　　　研究之調查結果，落於過度重視象限者計有：功能性因素之教師
　　　與學生構面，與經驗性因素之學生構面。此一結果顯示就讀師資
　　　培育學系之學生認為：其就讀學系在上述構面表現優於整體平均
　　　表現，但是學生對於此類構面重要性認知程度，則低於整體平均
　　　數，顯示學系對於上述構面有過度重視傾向。

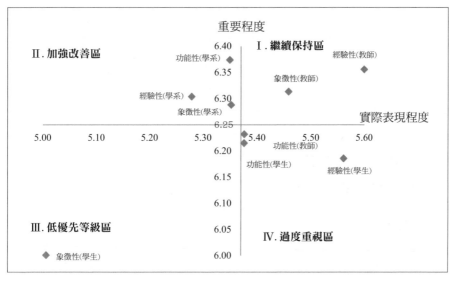

圖 8-3　重要－表現程度分析圖

　　綜合上述分析結果，對於目前師資培育學系的教師品質表現，是受到

學生認同的,因為落在繼續保持區的構面,皆與教師有關。目前師資培育學系資源不及以往,甚至呈現逐年下降的趨勢,故在有限的資源運用下,最先投注的區域莫過於第二象限加強改善區域;在資源有限前提下,此區域為最需要投注資源者,亦為目前師資培育學系最需優先處理的區域。目前落在第二象限者為品牌形象三大因素:功能、經驗與象徵性因素中之「學系」構面。進一步深入分析「學系」之功能性、象徵性與經驗性因素中,各有4題項共計16題;為瞭解此16題項相對分佈狀況,將這16題所得之重要與表現分數換算成座標,放入重要—表現程度分析圖中,在第二象限「加強改善」區中,計有4題項,分別為:功能性因素中「本系提供充足的教學設備」、「本系提供適合學生學習的環境」;象徵性因素中「本系重視學生的品德教育」;與經驗性因素中「本系課程內容創新有趣」等四題項。顯示在16題項中,上述4題項為目前就讀師資培育學系學生認為重要,但目前實際表現狀況卻不佳,凸顯兩者之間的落差。

伍、結論與建議

本研究經由文獻探討與問卷調查結果分析,完成本研究之目的。茲將本研究結論與建議說明如下:

一、結論

研究者使用問卷調查工具蒐集資料,進以完成研究目的:探究師資培育學系品牌形象理論與實務;探討師資培育學系品牌形象運作之狀況;最後藉由研究結果與發現,提出對未來師資培育學系運作之建議。研究結果發現,商業界所運用的品牌形象概念與分類,亦可以運用在師資培育學

系;因此,師資培育學系品牌形象可以分成功能性、象徵性與經驗性三大因素,功能性在滿足與解決學生學習時的外在需求、象徵性則是在滿足學生內在性需求;經驗性則重視學生心理層面的滿足。為了因應師資培育學系的性質,特別以學系、教師與學生三大構面進行品牌形象因素內容之建構;最後,經驗證性因素分析顯示:本研究所建構之師資培育學系品牌形象已達統計上的適配程度。綜上所述,本研究指出從學生角度切入,來看待師資培育學系的品牌形象,可以區分成功能性、象徵性、經驗性三大因素,而各因素亦可區分成學系、教師與學生三構面。

其次,進行重要—表現程度分析發現,9 構面中落在第一象限╱繼續保持區者,計有:象徵性因素中的教師構面、經驗性因素中的教師構面,顯示此兩構面繼續保持即可,亦凸顯出目前就讀師資培育學系學生,對於系上教師品質保持肯定的態度。落在第二象限╱加強改善區者,計有:功能性、象徵性與經驗性因素中,有關「學系」構面者,皆落在此象限,此一結果顯示目前師資培育學系在品牌形象塑造與維護過程中,「學系」面向需要特別重視,需要花費較多的資源於學系構面之上。落在第三象限╱低優先等級區者,僅有象徵性因素中的學生構面,由此得知學生對於此品牌形象構面的重視程度不高,因此學系在分配資源過程中,若資源有限,不需花費太多資源在此面向之上。最後,是第四象限╱過度重視區域,落在此象限計有功能性因素之教師與學生構面,與經驗性因素之學生構面,此結果顯示就讀師資培育學系學生認為:其就讀學系在上述構面表現優於整體平均,但是學生對於此類構面重要性認知程度並不高,且低於整體平均數,顯示學系對於上述構面有過度重視之傾向。

最後,針對上述 9 構面分析結果顯示,三大因素中的「學系」構面均落在第二象限:加強改善區,此一結果凸顯在品牌形象建構過程中,如何提升「學系」的表現狀況,在學生認知中佔有一席之地。研究者進一步分

析後，發現有關學系的 16 題項中，共有 4 題項：功能性因素中「本系提供充足的教學設備」、「本系提供適合學生學習的環境」；象徵性因素中「本系重視學生的品德教育」；與經驗性因素中「本系課程內容創新有趣」，皆落在第二象限加強改善象限。此一結果顯示，當學系在投注資源過程中，教學設備、學習環境、品德教育與課程創新，為當前發展之重要工作方向。

二、建議

經由上述研究發現，研究者提出建議如下：

1. 師資培育學系品牌形象可從功能性、象徵性、經驗性建構著手

文獻分析顯示，在營利性商業產業中，品牌形象的建構可從象徵性、經驗性與功能性等面向著手。本研究結果顯示，此一分類模式亦可移植到師資培育學系之中，藉由解決學生學習時所產生的問題，滿足其外在需求，達到功能性品牌形象的建構。其次，藉由滿足學生內在需求，建立正向社會的形象知覺，包括社會地位、聲望與人員特質等。最後，則是重視學生心理層面的形象知覺，創造出美好的回憶經驗。本研究藉由問卷調查蒐集填答者意見，經由驗證性因素分析建構師資培育學系品牌形象，經各適配度指標判斷後，在營利性商業領域的功能性、象徵性與經驗性三大因素分類之模式是成立的。對於目前處於高度競爭招生市場的師資培育學系而言，可以思考如何發揮功能性、象徵性與經驗性等面向，以提升學系的競爭實力，招收到更優質的學生促進教育發展。

2. 品牌形象的建構宜全面，重視學系、教師與學生面向

本研究結果指出，營利性組織所重視的功能性、象徵性與經驗性得以在師資培育學系中適用。然而，考量營利性組織與非營性組織的差異，在

三大因素之下，融合高等教育機構的特點，加入學系、教師與學生等構面。經由驗證性因素分析證明：對於師資培育學系品牌形象建構而言，可以從學系、教師與學生構面著手，包括從功能性因素的學系、教師與學生構面；象徵性因素的學系、教師與學生構面；經驗性因素的學系、教師與學生構面。在學系構面，包括服務品質的提升、教學設備的充足、學生品德的重視、課程內容的創新多元等；在教師構面，包括教師教學品質的提升、教師授課具熱情、教師重視學生品德表現等；在學生構面，則包括學生是否具有團隊合作精神、學生對自我要求狀況、學生個人的品行狀況等，從中建構出學系的品牌形象。

3. 重視師資培育學系設備、環境、課程與品德教育的建構

經由驗證性因素分析，顯示師資培育學系品牌形象可由功能性、象徵性與經驗性因素建立，各因素之下又可區分成學系、教師與學生三構面。經由重要─表現分析後，發現「學系」構面中，最需加強改善者為：功能性因素中「提供充足的教學設備」、「提供適合學生學習的環境」；象徵性因素中「重視學生的品德教育」；與經驗性因素中「課程內容創新有趣」等，顯示出目前就讀臺灣師資培育學系學生認為上述面向重要，但目前實際表現狀況卻不佳的現況，形成兩者之間的落差。綜上所述，未來臺灣師資培育學系在形塑品牌形象過程中，應先將資源投注到學系軟硬體設施。硬體設備包括教學設備與環境的營造，在軟體設施部分，首重課程內容的創新有趣，及對學生品德教育的重視。

4. 未來研究可從不同角度切入師資培育學系品牌形象的建構

本研究係從學生角度切入，藉由問卷調查蒐集所需資料，利用驗證性因素分析建構師資培育學系品牌形象之模型，並經由重要─表現分析進行目前師資培育學系運作過程中，學生對於學系品牌形象的實際認知與重要

程度之間的差異，找出目前學系最需投注資源處。經由本研究的完成，研究者建議未來研究可以從不同面向切入，蒐集社會大眾、家長、高等教育從業人員等不同類別者意見，進行品牌形象的建構與調查，並可與目前從學生角度切入所得之結果，進行比較性分析，以瞭解不同類別對象對於師資培育學系品牌形象認知的差別，作為未來各類型學系招生行銷策略規劃之依據。若能因此招到更優質的學生就讀，相信對於未來國家各教育階段教師的養成，將有相當貢獻。

第九章
師資培育中心網路行銷運作狀況研究

　　師資培育制度從傳統封閉培育，到開放各大學師資培育中心，或是師資培育學系進行培育師資工作，至今已有二十多年歷史。然而隨著基層教師職缺日減、教職難覓，致使流浪教師大增的社會現實下，許多原本有心修習教育學程的學生不得不打退堂鼓，因而連帶影響到師資培育中心招收優質師資生，甚至已發生招生名額未滿的窘境。在優質師資生招募不易與師資培育中心資源有限前提下，善用具經濟效益的網路行銷，不失為師資培育中心提升工作成效的策略。因此，本研究將以師資培育中心為對象，除問卷調查外，並進行訪談，以獲取研究所需資料，探討師資培育中心在網路行銷的現況與努力，為了避免研究失焦，本研究將著重在師資培育中心與學生的招生和互動議題上。

壹、緒論

回顧我國師資培育政策，自民國 68 年 11 月公布《師範教育法》，提供高級中等以下學校及幼兒園師資培育之法源依據，師範院校成為師資培育的主要管道（教育部，2014），由政府計畫性控管培育人數，達到實習分發一致的一元化師培政策。隨著民主開放社會風氣的盛行，民國 83 年將前法修正為《師資培育法》，讓臺灣的師資培育制度進入「多元、開放、自由、自費」的政策里程碑（吳清山，2003）；自此，師資培育不再是師範院校所獨有的責任與使命，各校紛紛設置師資培育中心，提供學生修習教育學程的課程服務。自《師資培育法》公佈至今，每學年度教育部所核定的各師資培育管道招生名額，產生極大變化，從民國 84 年開始核定 9,719 位師資生，之後逐年增加，至民國 93 年達到巔峰，該年共計核定 21,805 位師資生，之後就逐年減少，102 學年度的 8,330 位是二十年人數最少的一年（教育部，2014），至此各師資類科招生已出現實際修課人數不足核定數的狀況，顯示招收師資生難度與挑戰越來越大。在社會少子女化、教師離退率和師資生供過於求等因素衝擊下，讓師資培育相關機構面臨極大挑戰，為吸引優質學生就讀，教育行銷的迫切性更為彰顯（林新發，2006；林新發、王秀玲、鄧珮秀，2007）。

師資培育制度攸關國家教育品質之提升，影響國家競爭力甚巨，如何吸引優質人才持續就讀，成為目前師資培育機構的重大挑戰。學生是高等教育的產物，亦是教育的消費者（Anctil, 2008），亦有研究視學生為消費者外，同時扮演影響教育產出品質輸入端的角色（Winston, 1999），姑且不論上述說法是否得到普遍性認同，但優質學生的加入，是維持師資培育制度不墜的重要條件。因此，於有限經費與人力之下，善用合宜行銷策略，考驗著師資培育中心（單位）的智慧。而在眾多行銷策略中，網路行

銷只需最低成本、最短時間，即能透過各種管道提供商品及服務，達到顧客需求以獲致最大滿足（帥嘉珍、何豐成，2009）。誠如王志平（2008）在其專著中提及：「對企業來說，網路行銷最具誘惑力的優點之一，是降低企業的交易成本」。在商業領域中，網際網路可以改變企業與客戶間的互動關係，使產品與服務更符合客戶需求，且可縮短新產品與服務推出的時間、降低廣告成本，提供企業多項的行銷功能（劉文良，2004）。在網路經濟時代下，交易成本理論、網路外部性與需求端的規模經濟三項原則，突顯網路行銷有其存在的必要性。近幾十年來，網際網路與 E-mail 等溝通管道，已成為聚焦某些族群的利基式行銷策略（Anctil, 2008）。總之，從經濟性與影響程度來看，網路行銷應可取代既有費時費力的行銷模式，契合學校與學生的需求。

網路行銷並非推翻傳統行銷的觀念，其最基本之特點仍聚焦於行銷概念、行銷策略之網路化或數位化之思考，是一種與傳統行銷相加乘之概念（劉文良，2004）。網路行銷所具備的持續行銷、提供資訊、即時更新、節省成本及顧客服務等特質（容繼業，1997），足以讓網路行銷獲得組織的青睞。目前有關網路行銷的研究，已隨著網際網路的盛行與 3C 周邊產品的齊備，而備受重視；Nadia 等人（2013）分析 2005-2012 年刊登在行銷類期刊的文章，發現近七成的網路行銷研究是在近八年中出版的。目前網路行銷雖已受到各行各業的重視，其研究成果亦隨之豐碩，然主要還是以營利性的商業性組織為主（如：何秉燦、蔡欣佑，2013；周秀蓉、趙永祥，2006；張永煬、蔡建順、張錦崑，2011；Dilts, Hauser, & Hausknecht, 2006; Su, Lee, Fan, & Hung, 2011; Xia, Ahmed, Stone, Wei, & Eng, 2008），且研究焦點多置於消費者行為、網路策略和網路溝通議題之上（Nadia et al., 2013），較缺乏教育產業中的研究成果出版。

學生是否為消費者角色雖有爭論（Lomas, 2007; Obermiller, Fleenorm,

& Raven, 2005; Svensson & Wood, 2007），但是著重行銷創新功能的改變，已成為學校面對教育環境競爭下發展優勢首重之要（田正榮，2006）。隨著網路行銷議題的興起，開始有以高等教育為研究場域，探究網路行銷運用狀況與可行性的研究。國內方面，田正榮（2006）以大學網站為對象，進行大學網站功能規劃與分析之研究，以瞭解網路行銷競爭優勢的網頁應具備的圖像；林偉人（2007）以《英美名校網路行銷分析》為題，以內容分析研究發現，英美名校均建置網站，但是未包含所有行銷指標。進一步，查詢科技部近十年來補助的研究計畫中，已有以網路行銷為題的研究計畫成果提出，但是皆非屬教育學門的研究，亦未以高等教育機構為對象，更遑論以師資培育中心為對象所進行的研究。其實在其他領域的研究已證明：網路行銷與組織績效之間有正向關係（帥嘉珍、何豐成，2009），對於師資培育中心而言，網路行銷對於提升學生對系所的認同與忠誠度，亦應有正面助益。然而此一領域的研究成果仍屬缺乏，有其進行探究的空間與必要性。

綜合前述論點，在優質師資生招募不易與師資培育中心有限資源現實中，善用具經濟效益的網路行銷，不失為一創新具效益的行銷策略。因此，本研究將以師資培育中心為研究對象，瞭解其於網路行銷上的現況與努力，為了避免研究失焦，本研究將著重在師資培育中心與學生的招生和互動之上。以問卷調查與訪談蒐集研究所需資料，完成下列研究目的：瞭解師資培育中心使用網路行銷的狀況、探討師資培育中心網路行銷的優勢、探究師資培育中心網路行銷的困難，與瞭解師資培育中心網路行銷的未來等四個目的，據以提出學術上與實務上的結論與建議。

貳、文獻探討

以下首先說明網路行銷的意涵及其策略，其次則是師資培育中心行銷的現況，最後是針對相關研究進行評析。茲分項說明如下：

一、網路行銷的意涵

隨著時代的變遷，行銷議題有了不同的界定，從傳統重視產品銷售技巧與成果，到重視服務品質的行銷策略運用與顧客關係營造的關係行銷。在行銷過程中，組織藉由為顧客創造價值與建立堅固顧客關係的過程，以獲得顧客有價值的回報（方世榮、張士峰，2009）。之後，由於網際網路的興起，改變了產業行銷樣貌，加速新行銷模式的運用。電腦與網際網路的發展，促使組織的生存環境發生根本性變化；網際網路不僅是一個資訊傳遞的工具，也是一個資訊集中的場所，且不受時空限制（王旭昇，2005）。至此，網路行銷挾著成本低、影響幅員大的優勢，不只在商業界受到重視，在教育產業中亦得到青睞。

網路行銷是知識經濟和網路技術相結合的產物，並利用網際網路進行的行銷活動（王志平，2008：27）。利用電腦網路進行商品議價、推廣、配銷及服務等活動，期能比競爭者更瞭解及滿足顧客的需求，以達成組織目標（余朝權、林聰武、王政忠，1998）。其透過網際網路，以網路用戶為對象或標的，利用各種方式去從事行銷的行為，像是消費者可以在網路上取得企業所提供的資訊、服務或直接購買產品，而企業也可以藉由網路進行產品展示、品牌推廣、促銷活動、公關活動等行銷行為（林建睿、林慧君，2011：4-2）。簡言之，只要行銷活動的某個任務透過網路達成就可算是網路行銷（余朝權、林聰武、王政忠，1998）。因此，網路行銷不僅是利用網路進行銷售，或僅是利用網路發佈廣告，而是市場行銷

的一種新形式，將原本以「企業為中心」的傳統行銷轉變為「以客戶為中心」（王旭昇，2005）。目前常見的網路行銷手法，包括顯示廣告行銷、電子信件行銷、互動式行銷、部落格行銷等（朱延智，2010）。總而言之，網路行銷係指組織利用網路進行原本的行銷活動，包括利用網站、Facebook、E-mail，或是其他網際網路發明後所衍生的附屬工具，進行組織的行銷活動，皆稱之為網路行銷。

二、網路行銷的策略

網路行銷模式得到許多產業的青睞，不只在商業界受到重視，在文教相關產業中，亦是受到重視的策略。以國立中正文化中心（兩廳院）為例，在 2004 年轉為行政法人之後，政府經濟援助逐漸減少，為了創造更大收益，努力經營舊有會員，開發新的客源，提高社會大眾對表演藝術的興趣，已成為兩廳院的重要工作；為此，其善用資料庫行銷策略，提供顧客個人化行銷服務，透過會員經營，以提升會員忠誠度與回購率（王志平，2008）。其發展過程，符應盧希鵬（2007）所提：經由經驗創新、經驗學習、經驗鎖定三階段，從網站提供客製化服務開始，建立信任與喜好性忠誠，進而培養使用者習慣與其習慣性忠誠。

網路行銷範疇廣泛，舉凡與網際網路運用有關的 E-mail 行銷、資料庫行銷、病毒式行銷、關鍵字廣告、Facebook 聯結的營造等，皆是網路行銷可以運用的策略與方法。本研究將焦點置於網路行銷眾多工具中的網頁部分，偏屬於網路行銷中的網站行銷；在問卷編製過程中，亦會涉及其他網路行銷的工具，以瞭解學生對其他網路行銷方法的認知狀況。由於網站是網路行銷過程中，最基礎亦是最常見的接觸管道；對於高等教育機構而言，網頁（web site）是與學生溝通的重要工具，因此，學校應建立一個線上的虛擬自我（online virtual self），易於操作與接近，並提供立即

且正確的資訊來源，避免共同的錯誤與不良的設計，以創造正向且持久的正面印象（Anctil, 2008）。總之，在眾多的網路行銷工具運用過程中，如何建構優質網頁，推動網站行銷，是網路行銷者需思考的重要議題。

三、師資培育中心行銷的現況

在少子女化浪潮影響下，生源不足加上外在競爭環境日益激烈，讓原本社會公義形象濃厚的高等教育機構，開始將營利組織所重視的行銷策略運用在學校體系中，期能藉由品牌形象的建立，提高學校辦學成效；在此過程中，如何順利進行市場區隔，塑造師資培育系所正面的品牌形象，即為此類系所網路行銷之重點。對高等教育機構而言，成功的市場區隔雖然困難，但仍是可以達成的目標（Johnson & Sallee, 1994）。在品牌塑造過程中，師資培育中心的行銷策略應重視市場區隔概念的落實，塑造不同於一般系所的教育品牌形象，以利吸引有志於教育的優秀青年學子就讀，並維持或提升就讀學生對該中心的認同感。

目前國內雖已有相關行銷研究成果的提出，但還是聚焦在大學機構本身，以師資培育之大學或中心（系所）為研究對象的研究成果缺乏。如黃寶慧等（2012）以陸軍官校為對象，進行軍事院校招生的行銷內容與管道之研究；蘇容梅（2012）以大學關係行銷對學生行為意向之影響進行研究，探究學校品牌知名度的調節效果；何珍、焦錦濮、陳詳衡（2008）則以技職院校教育行銷招生策略為研究主題，進行行銷策略的探究；此外，何卓飛、莊清寶（2007）、曹耀鈞、黃俊英（2004）、莊英慎、林水順（2003）、劉廷揚、蘇政宏（2002）等皆以學校為單位，進行行銷策略的研究。目前，與師資培育中心（系所）較有相關的研究為：何宣甫、邱彥禎（2010）以嘉義地區教育類碩士在職專班的形象定位角度切入，從中尋找差異化的行銷契機；蔡清田、侯雅雯、鄭勝耀（2009）以麥當勞化觀

點，探究我國師資培育教育行銷的危機與轉機。嚴格說來，上述的研究所探討的行銷議題，雖與師資培育有所相關，但非聚焦於本研究所指稱之師資培育中心。

跳脫學術研究成果，回歸系所現場實務工作，目前師資培育中心或系所最常採用的方法，不外乎是辦理高中生營隊、學長姐回母校招生、寄送宣傳海報、參與大學博覽會等策略，而網站的應用亦已受到重視，國內某師資培育大學定期推動校內各中心與系所網頁評比制度，提供表現優異之系所獎勵，督促系所網頁更新及提升其對網頁的重視程度，期望可以發揮網路行銷的功效。整體而言，國內行銷策略的研究，還是以學校整體階段為對象，有關師資培育中心的行銷類別研究，乃是較為缺乏的領域。

四、相關研究評析

經查詢國家圖書館與各類型電子資料庫後，發現國內有關此一領域之研究，主要還是以商業性組織為主。與本研究高等教育師資培育機構較相關的研究，則是以中小學、圖書館與非營利組織為對象的研究為大宗，以高等教育機構為研究主軸的成果，則缺乏以師資培育機構為對象的研究成果。分析科技部近十年來專題研究計畫取向，以「網路行銷」為題者計有14 件（已扣除多年期計畫），焦點多置於營利性組織之上，包括觀光、文創、網拍等議題。與本研究較相關者為「臺南進穎休閒鹿場文化創意品牌形象、創新網路行銷與消費者行為分析之研究」（2011-2012），該計畫從傳統重視營利性品牌形象的範疇，跳脫至近年來熱門的文創議題之上，重視品牌形象、創新網路行銷與消費者行為之間的關聯性。此一研究趨勢說明網路行銷已從營利性質組織，發展至其他領域之中，意味著對於師資培育機構而言，網路行銷應有發展的空間。

目前有關品牌與網路行銷議題研究，以營利性組織為主要試驗場

域，而在教育產業方面，還是聚焦在學校層級的行銷策略運用，師資培育品牌與網路行銷議題研究成果則較為缺乏。綜合分析近十年來國內外與本研究相關之研究成果後，提出幾項研究發展之現況與趨勢。茲分項說明如下：

1. 網路行銷議題以營利性組織為主軸，教育場域有發揮的空間

Nadia 等人（2013）以內容分析法，分析近八年來網路行銷論文的發表狀況，提出網路分析（internet analytics）是未來重要研究議題。國內部分，網路行銷的研究重點與取向，不只可以從科技部近十年來所補助的研究計畫內容中，窺見端倪；從已發表出版的期刊論文中，亦發現網路行銷議題的確受到重視，但主要還是以營利性組織研究成果為大宗；如：Thrassou 與 Vrontis（2008）研究中小企業專業服務領域中，網路行銷的表現狀況，提出在高度競爭環境中，應發揮網路行銷的功用，以提升競爭強度；Becherer 與 Halstead（2004）探究線上拍賣與網路行銷策略之運用等研究成果，皆是以營利性組織為對象，所進行的相關性研究。

伴隨著網際網路的盛行，以及許多外在因素影響下，網路行銷已開始運用在教育場域中。國內方面，田正榮（2006）立意抽樣六所具競爭優勢之學校網站進行研究，編製問卷進行實證資料的蒐集分析後，提出三大研究發現：網路與遠距教學是最重要的網站功能、網路廣告的創新最能提升客戶價值滿足、依據不同社群成員設計園地。國外方面，Alkhas（2011）以高等教育為場域，利用訪談與內容分析法，研究社會傳播網絡（social media network）行銷策略，進而運用在學校與目標市場之間；研究成果指出：目前流行的社會傳播網絡，如：Facebook、Twitter、Flickr、YouTube、MySpace 等產品，皆有助於高等教育機構行銷成效的展現。

整體而言，網路行銷研究發跡於商業界，並得到商業界的重視；在教育產業之中，隨著網際網路的盛行，網路行銷開始有實務上的運用與學術

上的成果產出。然而，就研究產量與實務性運用而言，教育產業上的運用成果與研究仍屬弱勢。目前教育相關產業的研究成果，還是以學校層級為主，中心與系所部分仍然欠缺，其中師資培育中心部分，更是缺乏此類型研究成果的提出。因此，對於師資培育中心而言，網路行銷的運用與研究，有其發展的空間與必要性。

2. 師資培育相關議題研究雖多，然而研究主軸並非以行銷議題為重

目前國內外有關師資培育之相關議題研究日益增加，然而主要還是以課程體制為大宗。國內部分，楊智穎（2013）以目前各師資培育機構所重視的臨床教學議題為主軸，探究師資培育大學與小學合作推動臨床教學之個案研究；王金國（2012）則將近年來重視的案例教學法，運用在師資培育課程之中，以行動研究進行教育人員專業倫理的探究；張民杰（2012）則是重視師資培育特色教學法的建構，而黃嘉莉（2012）則從教學實習評量角度切入，探究此一典範的轉移與內涵；陳慧芬、陳芬娟（2012）選擇個案學校，探究師資培育大學遴薦優質教育實習機構的執行狀況；此外，還有包括教師教學能力之培育課程建構（王子華、張純純，2012；吳亭頤、謝闊如，2013；李雅婷；2013；楊智穎，2012；楊馥如，2012），然而有關行銷議題之研究成果較為缺乏。

國外部分，則與國內師資培育發展及研究有密切的關係。近年來，國內所重視的能力本位師資培育制度，Pantic 與 Wubbels（2012）即曾利用訪談 30 位師資培育教師與學生，探究教師評量、教師能力本位課程、教育系統、師資培育課程等內涵，以符應能力本位的師資培育理念。而早在1998 年，比利時的法蘭德斯省即已下令實行能力本位的教師教育方案，Struyven 與 De Meyst（2010）即以實證性問卷調查，以瞭解師資培育機構在能力本位師資培育目標的達成狀況，經過十年的推動，能力本位的師資培育已具績效。此外，師資培育課程與制度的研究，亦是此領域的重

點；美國師資培育課程每年培育出數千位新的師資，但是有近半剛畢業的準教師能力受到質疑，因而 Rust（2010）針對師資培育教育進行研究，試圖從實習問題與持續性挑戰之中，建構一個新的教師教育模式。近年觀察，有關師資培育的研究，各國主軸落在課程與制度之上（如：Munthe, Malmo, & Rogne, 2011; Pantic, 2012; Rots & Aelterman, 2009; Sigurdardóttir, 2010; Yildirim, 2013），行銷議題仍非研究主流。

3. 網路行銷關係研究日多，然缺乏教育場域中實踐的結果

近十年來（92 年度-101 年度），通過科技部補助的專題計畫中，扣除多年期計畫重複計數後，99 年度之前，每年以「網路行銷」為題，進行不同領域的研究計畫數量極少，僅 93 年度 2 件最多，部分年度甚至缺乏以網路行銷為題之研究計畫。100 年度之後，計畫件數呈現成長趨勢，其中聖約翰科技大學行銷與流通管理系彭慶懷（100）研究計畫：《臺南進穎休閒鹿場文化創意品牌形象、創新網路行銷與消費者行為分析之研究》，與本研究相關，其從品牌角度切入，探究創新網路行銷對消費者行為影響的狀況；但該研究對象為營利性組織文創品牌，與本研究所著重的主軸其實並不相同。

目前國內有關網路行銷相關研究日益增加，但多運用在營利性組織。許嘉芸、陳昭元、林建宏、陳笣亨、楊政儒（2012）利用實際的網路設置，透過形象的設計、網路傳播和網路行銷的概念，傳達出品牌的特色與理念，進行網路行銷之運用。樊祖燁、樊岱杰、林佳萱（2013）以臺灣自有品牌之中小企業公司為研究場域，進行個案研究，研究發現中小企業雖然行銷資源有限，但可運用合適之行銷策略，運用網路整合行銷策略，在社群網站上將自有品牌產品推廣至全世界。而藍浩益（2003）以統一鮮乳酪為對象，探究品牌轉型從網路開始的可能性；此外，像是 Angus 與 Oppenheim（2004）進行資訊產品與服務的品牌意向研究、Ordanini 與

Rubera（2007）進行品牌與網路行銷之可能性研究。雖然上述研究範疇非以高等教育機構為對象，但是其網路行銷的實際運用與理論基礎，可以作為高等教育師資培育機構在推動網路行銷過程中的參考。整體而言，從國內資料庫進行查詢的結果，目前有關網路行銷的研究日多，凸顯該議題的重要性，但是在教育領域仍較少此類研究成果的提出；因此，網路行銷應有其發展與研究的空間，並有其實務運用上的意義。

參、研究方法

在此，將先進行本研究對象之說明，其次則是闡述本研究所使用的研究方式與工具，最後是研究資料的處理與研究倫理的描述。

一、研究對象

依據本研究之目的，研究者將研究場域設定在國內培育國民教育階段之師資單位：師資培育中心。依教育部所公告《103 學年度師資培育之大學一覽表》中，將師資培育相關學校分成三大類：1. 師範／教育大學；2. 設有師資培育相關學系大學；3. 設置師資培育中心之大學。第一類屬「師範／教育大學」類別者，計有國立臺灣師範大學等 8 所學校，第二類「設有師資培育相關學系大學」類別者，計有國立嘉義大學等 9 所，第三類「設置師資培育中心之大學」數目最多，計有國立 19 所、私立 16 所，以學程方式培育中小學師資。在第一、二類中，校內除有師資培育相關學系外，亦有成立師資培育中心之相關單位，教育部除分配師資生名額予相關學系外，亦給予各校師資培育中心其他師資生之核定數，如：教育部除核定 316 名師資生給國立高雄師範大學相關學系外，另核定 144 名師資生名額給該校師資培育中心。

本研究對象設定在各大學所成立之師資培育中心，然因各校承辦業務單位之名稱不盡相同，如國立臺灣師範大學與國立臺中教育大學將師資培育中心工作，委由師資培育與就業輔導處處理，而國立高雄師範大學則由師資培育中心處理。本研究參照《中華民國師資培育統計年報》劃分方式，將資料生來源簡單劃分為：師資培育相關學系、師資培育中心兩大類，研究者即以後者《師資培育中心》為對象，進行師資培育中心與學生之間網路行銷狀況研究。

　　首先，在問卷發放對象方面，研究者係以教育部 103 學年度所核定的教育學程師資培生名單中，計有教育類大學（如：國立臺灣師範大學、國立臺北教育大學等 7 所）與非教育類大學（共 43 所）合計 50 所為對象，每一所大學皆發放問卷一份至該校師資培育相關單位（如：師資培育中心、師資培育暨就業輔導處……等），請該單位之承辦人員或組長代為填答問卷。本研究共計發放 50 份問卷，回收 36 份，回收率達 72%。36 份回收問卷中，以綜合型大學居多，佔 83.3%，與目前國內培育師資生學校數比例相仿。而在師資生錄取率部分，超過五成以上，錄取率介於 34%-66% 之間，屬於中程度錄取率，另有 8.3% 的學校師資生錄取率低於 33%。總計有 66.6% 的學校，其師資生錄取率屬於中、低層級；經詢問是否有「招生壓力」一題，有 52.8% 的學校認為還是有招收師資生的壓力，顯示就算師資生報名與就讀人數沒有問題，但是師資培育中心仍有危機意識，深切感受到招生壓力的來臨（詳如表 9-1）。

表 9-1

問卷填答學校背景狀況

項目		次數	百分比
師資生錄取率	低（33%以下）	3	8.3
	中（34%-66%）	21	58.3
	高（超過 66%）	12	33.3
招生壓力	有	19	52.8
	無	17	47.2
學校類型	教育類大學	6	16.7
	綜合型大學	30	83.3

在訪談活動方面，研究者共訪談 8 人，在訪談學校的安排上，以 50 所學校為母群，其中 15 所私立學校、35 所公立學校，按比率計算，公立學校約佔 5.6 所、私立學校佔 2.4 所。由於公立師資培育機構有政府經費的支持，在財務運作上，所面臨的挑戰應比私立學校來得低，因而私立學校運用網路行銷的需求，理應較公立學校來的高，因此在訪談對象的分配上，參酌公私立學校比例，再考量兩種類型學校差異性後，研究者將訪談公立學校 5 所、私立學校 3 所，合計 8 所學校有關師資培育之單位。

二、研究工具

本研究採用問卷調查與訪談，蒐集研究所需資料。首先，研究者利用問卷調查，進行各師資培育中心與學生互動過程中，如何利用網路行銷以提升與學生的互動情況。為瞭解目前師資培育中心的運作狀況，研究者以自編問卷進行全面性實證調查資料蒐集，瞭解師資培育中心網路行銷使用的工具、運作狀況、使用原因、優劣勢等。藉由初步且全面問卷調查結果，建構訪談活動之主軸與內容。在訪談大綱編製上，係參考問卷調查之

統計結果進行訪談活動，在訪談活動前，研究者先行提供此次問卷調查後的統計數據，供受訪者參考，以利後續訪談活動之進行。訪談大綱編製完成後，經由三位專家學者進行訪談大綱審核，提供修改意見，完成本研究訪談簡要大綱如下：

1. 對於師資培育中心使用《網路行銷》有何看法？
2. 在招收師資生或是與師資生互動方式中，較喜歡使用哪些網路工具？
3. 在使用網路工具原因中，是否還有其他考量？或建議？
4. 如何發揮網路工具的效果？在這些效果中，有何成功的具體事例？
5. 單位中是由誰負責網路工具維護？在運用過程中，較常遇到哪些困難？如何克服？
6. 網路行銷對於提升學生修讀教育學程動機，有何影響？
7. 中心的師資培育網路行銷策略，是否有別於其他單位或學校？
8. 每年大約編列多少專項經費，從事網路行銷活動？
9. 未來有無想要突破或新增的網路行銷策略？或是網路行銷有何新的發展趨勢？

　　本研究係以上述問題為訪談主軸，採半結構式訪談；於訪談過程中，研究者視訪談者回答內容增減問題深度，若與本研究相關且值得探究之處，則繼續加以追問，以獲得更為豐富且深入的訪談資料。

三、研究資料處理

　　本研究係在探究國內師資培育中心運用網路行銷的狀況，利用問卷與訪談調查蒐集研究所需資料。在問卷資料的處理上，第一部分係針對負責教育學程業務單位之師資培育中心，使用網際網路相關工具的狀況回答，在問卷題項編製上，係以複選題模式呈現；在統計分析上，則採用描述性統計，以瞭解各選項填答狀況，並針對問卷填答者服務學校狀況，進

行背景變項之次數分配分析。

　　於訪談資料處理方面，研究者共計訪談 8 位師資培育中心承辦人員，利用半結構訪談活動蒐集研究所需資料。為避免由研究助理或其他人員代為進行訪談，易造成研究議題失焦，或因對研究內容不夠熟悉，而產生無法針對相關回答立即且深入追問之疑慮，因此本次訪談活動皆由研究者親自執行。相信此舉有助於研究資料正確性的提升，亦可加深研究者對此議題的認識。於訪談過程中，除研究者本身以紙筆進行訪談內容之實地札記外，研究者徵求受訪者同意使用錄音筆記錄整個訪談內容，以利後續研究資料分析使用。為避免因時間間隔過久，對訪談內容產生疏離感，影響資料分析敏感度及正確性，研究者於訪談活動結束後，隨即進行訪談內容轉譯與記錄工作。

　　在研究訪談資料編碼方式上，將 8 位受訪者依其訪談時間之先後，給予 1 至 8 的編號，並依受訪者身份（主任：主；組長：組；組員：員）與性別（女性：F；男性：M）給予不同的編號，以利後續資料解讀，並以符合學術研究匿名之保護原則。如最先受訪者之師資培育中心女性組長，則給予 1 F 組，代表第一位受訪者為女性之師資培育中心組長。再者，為避免代號與本文內容不易區分，故代號皆加上（　），如 1 號受訪者即為（1F 組），其餘編碼方式依此類推（詳如表 9-2）。研究者於詳細反覆閱讀受訪者回應所整理出之逐字稿內容後，開始進行訪談資料的編碼與歸納，進而著手研究結果與分析的撰寫。在編碼與分析過程中，為避免研究者一人獨自進行可能產生的偏差，故在資料編碼與分析過程中，由二位研究助理一同加入，以降低因為一人獨自進行可能產生的錯誤偏差。

表 9-2

訪談者背景資料

編碼	學校性質	性別	職稱
1M 主	公	男	主任
2F 主	私	女	主任
3F 主	公	女	主任
4F 組	私	女	組長
5F 員	公	女	組員
6F 員	公	女	組員
7F 員	公	女	組員
8F 員	私	女	組員

四、研究倫理

　　研究者於計畫執行前，將此研究計畫內容送至研究倫理審查委員會審查通過後，即著手執行研究計畫。在問卷內容填寫部分，採無記名方式，並隨函附上填答問卷說明書，說明本研究之內容主軸，在徵得填答者同意，請其於填妥後以所附之回郵信封寄回。在訪談對象的選擇上，以各師資培育中心之承辦人員為對象，首先以電話或郵件聯絡，待確認後先行寄發訪談說明函與訪談大綱，一來有助於受訪者瞭解本研究內容，並瞭解在受訪過程中，受訪者具備的保障與權利內容；再者，有利於受訪者對訪談問題的瞭解，以提升訪談內容的完整性。

肆、研究結果與分析

　　研究者先進行國內 50 所師資培育中心（機構）的問卷調查活動，回收有效問卷計 36 份。經分析問卷填答結果，以師資培育中心推動網路行銷的類型、動機、優勢與困境為分析之主軸，並輔以訪談進行研究結果與

分析內容的撰寫。茲分項說明如下：

一、師資培育中心推動網路行銷的類型

　　國內計有 50 所師資培育中心（或相關業務單位）負責師資生相關業務，經本次問卷調查結果發現，回收的 36 所學校中負責師資培育業務之單位，在師資生招生活動及平時溝通互動過程使用網路工具的狀況，以設置中心網頁為主；所有的師資培育中心皆設有網頁，以作為與學生和外界溝通的管道。此外，亦有些單位會輔以學生較常使用的 Facebook 與 E-mail 兩種工具，補足網頁無法發揮的功能；然整體而言，目前數位手機中較常見的一些網路工具（軟體），仍較少有單位使用之（詳如表 9-3）。受訪者（1M 主）即表示：「最常用的是網頁，其次是 Facebook，還有這個 E-mail 這些啦！Line 也有，多種網路工具都有用到。」（1M 主）

表 9-3

網路行銷工具使用狀況

工具	次數（N=36）	百分比（%）	工具	次數（N=34）	百分比（%）
中心網頁	36	100	Twitter	0	0
YouTube	3	8.3	BBS	0	0
Line	6	16.7	WhatsApp	0	0
Facebook	31	86.1	Bee Talk	0	0
Blog	1	2.8	Instagram	0	0
E-mail	31	86.1	WeChat	0	0

　　經訪談發現，8 位受訪者皆表示網頁的設置，為師資培育中心所必備，且多由組織內人員負責資料上傳與簡單維護工作。此外，最常見的為目前流行的 Facebook 與 E-mail，藉由 Facebook 的成立可以發揮吸引師資

生就讀的功效，對於已選讀教育學程的學生而言，可以提升其對中心向心力；此外，E-mail 的傳遞，亦能發揮資訊快速傳遞的目標。如：（2F 主）與（3F 主）皆表示，目前中心除了網頁外，E-mail 與 Facebook 是常用的網路行銷工具。

> 「……像是說我們有時候會有個人的 Facebook 啦！我就會去刻意貼一些訊息，例如：辦校友會，我們會在 Facebook 上，像我們有成立特定的社群，我們就會說我們最近辦了什麼活動，然後讓校友知道。」（2F 主）

> 「我們學校都有這個 E-mail 系統，所以其實一發，全校學生都知道了，……對我們來講這個是最重要的，學校這個系統的建立讓每個訊息都可以進去。那中心的網頁，我們學校網路的首頁我們就會常常去 po 消息。……中心的 Facebook，好比說我開了一門課，是課程設計，那我就會有一些作業，那他們就會開一個課程的 Facebook，自己在那邊討論，所以他們就是自發性的啦，我們也有自己建 Facebook 的部分來公佈訊息，我現在看來，Facebook 的功效會比網頁好，因為他會自動把訊息 E-mail 出去嘛，那網頁是等待、是被動的，那 Facebook 會主動把訊息跟你有連結，然後會主動把這個訊息給他們知道，所以就是效果會好一點。」（3F 主）

雖然，中心的網頁有被動之嫌，但是在公信力與穩定度上，是超越 Facebook 與 E-mail 的。以 E-mail 為例，中心無法保證所有學生皆使用學校設立的 E-mail 信箱，因此對於一些重要訊息的傳遞，其功能仍大受限制。受訪者（3F 主）即表示：

「……有一些特別重要訊息，一定要讓學生知道的，我們用 E-mail 讓學生知道，但他又不收學校的 E-mail，是 G-mail 的，所以我們還是會回到打電話確認，因為怕這個學生 miss 掉相關的訊息。」（3F 主）

為了確保學生沒有遺漏重要訊息，學校除發送 E-mail 外，必須額外花費人力打電話確認。若蒐集學生個人私人使用之帳號，又恐有爭議性，受訪者提到：「……就是說他到底有沒有在個資法的合理使用範圍內，就是他的私人信箱這一點是有爭議性的。……可是私人信箱就是有模糊地帶，我們也要負保管責任」（4F 員）。除了個人隱私權的考量外，其實網路工具的真實性與正當性亦受到執行單位的質疑。因此，目前師資培育中心在推動網路行銷過程中，還是以網頁為主要工具與管道，至於 Facebook、Line 等網路工具，應是扮演輔助角色，無法取代網頁所代表的正當性。此一說法，其實符應 Anctil（2008）所指出：網頁是與學生溝通的重要工具，學校可以建立一個線上的虛擬自我，作為各學生互動的管道。

「因為我們之前也曾經試著，曾經有一度架過 FB，後來發現效果不是很好。……因為怕學生誤會，就是網路上的消息他們會喜歡轉傳嘛。譬如說我們可能在 FB 上貼了……就他可能貼了一段文字，學生他會斷章取義，就是取其中中間，然後開始轉貼……然後我們要花很多倍的時間再去解釋。而且中間我們沒辦法知道這個訊息已經佈達到哪個地方去了。所以後來我們決定說，比較正式的消息的話，我們就一律公告在我們的網頁上。」（6F 員）

整體而言，目前師資培育中心以網頁使用為主，至於 Facebook、

E-mail、Line 等網路工具，因為面臨部分困難，無法完全取代面對面或電話溝通的形式，但是在部分議題與溝通上，Facebook、E-mail 與 Line 這樣的工具，對於師資培育中心推動業務、凝聚學生向心力、提升招生成效上，仍有正面的助益。從上述師資培育中心對於網際網路的依賴，且發揮網路行銷的功用；正如容繼業（1997）指出：「網路行銷所具備的持續行銷、提供資訊、即時更新、節省成本及顧客服務等特質」，對於該類型組織而言，網路行銷正可以提供中心更為快速且成本較低廉的運作模式。

二、師資培育中心推動網路行銷的動機

經分析回收後之問卷填答狀況發現，使用相關網際網路工具的動機中，主要以滿足「中心宣傳」與「公佈消息」需求為主，其次則是「與學生溝通」與「招生使用」，再者才是「讓學生認識中心」、「解決學生問題」與「學校行政要求」。整體而言，師培機構在使用網路工具的選擇與使用上，係以機構為出發點，學生則處於被動，少有主動要求學校單位使用某一種網路工具（詳如表 9-4）。

表 9-4

使用網路工具的動機

原因	次數（N=36）	百分比
學校行政要求	21	58.3
招生使用	30	83.3
中心宣傳	36	100
公佈消息	36	100
與學生溝通	33	91.7
讓學生認識中心	28	77.8
解決學生問題	27	75.0
學生要求	6	16.7

8 位受訪者皆表示，使用網路工具對於中心宣傳與消息的快速傳遞，有正面功用，受訪者表示：「中心網頁最常做的便是公佈消息」（5F組）、「基本上，公布消息、中心宣傳、與學生溝通，是一致的」（7F員）、「公佈消息最常用」（8F員）。對於網路工具的使用，中心宣傳與公佈消息部分最受到肯定。此外，對於目前強調環保無紙化的行政訴求，亦是使用網路工具的重要目的：

「現在的學生習慣上網找資料，因此，中心招生簡章也都不印紙本，直接放在網路上。」（5F組）

「對，有在減少，像我們現在開會就是用那個電子化，像紙本都減少了，全校的、校級的、或者是我們單位的開會，都是用電子檔，都不再用紙本，那給學生的一些，除非是重要的公文書，不然儘量都是透過網路啊！或者是 E-mail 啊等等！」（1M主）

從整個訪談過程中，研究者發現目前中心在推動網路工作的過程中，雖然積極利用網路工具，推銷中心與宣傳招生活動，但是尚未真正達到行銷的目標，屬於淺碟型網路行銷，未真正發揮網路行銷的功用。然而，不管中心是否已經真正落實網路行銷，但在使用相關網際網路過程中，以中心與學生需求為出發點，在滿足學生資訊獲取與知的需求滿足方面，已有長足進步。

三、師資培育中心推動網路行銷的優勢

目前師資培育中心在網路的使用上，主要還是在滿足學校教職員生基本的需求。網路行銷的重要效能之一，即是可以迅速滿足消費者知的需求，而師資培育中心使用網路工具所發揮的效果中，「迅速提供學生消

息」為回收的 36 份問卷中，備受肯定的效能；其次，則是節省時間成本與提升招生成效，並能完成學校行政對中心的要求。然而，對於網路行銷中，期望的知名度提升與人力成本的降低，則是目前回收的 36 個師資培育單位認為，較未發揮效果部分（詳如表 9-5）。

表 9-5

使用網路工具發揮的效果

效果	次數（N=36）	百分比
完成學校行政要求	23	63.9
提升師資培育中心招生成效	24	66.7
提高師資培育中心知名度	14	38.9
節省中心所付出的時間成本	24	66.7
降低中心的人力成本	16	44.4
滿足學生的學習需求	19	52.8
迅速提供學生消息	36	100.0

在使用網路工具發揮行銷效果情形的部分，網際網路無遠弗界及快速的效果，最受到訪談者認同，如：「比較有成效的就是提供訊息給學生」（1M 主）、「對！主要還是在公告消息、宣傳、招生等」（4F 員）。除提供消息外，節省中心時間成本的付出、降低人力成本等，皆是目前使用網路工具的重要功效。然而，目前有關網路工具的使用，還是停留在訊息的提供，屬於較被動的方式，如：受訪者（1M 主）、（2F 主）即表示，目前中心網頁的運作，乃以提供資訊為主。

「招生的成效也都不錯，還有就是提供一些就業的機會，因為隨時可能都有一些學校他有需求代課老師；一些就業的訊息，那都 po 上去，提供就業訊息也是滿好的。」（1M 主）

「……招生成效我覺得還好，那節省中心時間所付出的成本我覺得是，然後還有就是：付出的成本就是降低人力成本，那知名度的話，我看我們中心網頁，沒有耶，其實主要都是提供一些訊息。」（2F 主）

雖然之前提及：使用各種網路的正當性問題，一味的使用網際網路工具容易造成資訊失真的情況發生，有受訪者（1M 主）表示，部分網路工具容易成為有心人士或是意見領袖表達意見的地方，產生一些不當網路留言。然而，利用網際網路工具，的確可以減少行政人力在處理相同事務的時間與精力；受訪者（7F 員）即表示，利用公開的網路工具，可以解決學生共同問題的疑問，減少重覆行政人力的支出。

「……因為大部分迅速提供消息呀，還有就是節省中心所付出的時間成本，完成行政要求，這就是我說之前我們學校的狀況。……其實我們這樣，就是這二、三年也有在看……因為它有時候有問題，可能就是同一個問題 10 個人問你一模一樣的問題。可是，其實 Facebook 它有一個好處是，你把答案 po 上去之後，你回覆學生問題的電話頻率跟 E-mail 的量，都還是有降。」（7F 員）

四、師資培育中心推動網路行銷的困境

當中心要提升網路行銷的效果，最需要組織裏人、事、物的配合。經由回收的 36 份問卷統計結果發現，在推動網路行銷過程中，缺乏專人負責所佔比率高達六成以上，其次則是網際網路的專業能力不足及人力支應上的短缺。相對於上述較常面臨的困難，在回收問卷中發現，硬體所產生的問題較不嚴重，其中又以「網路速度緩慢」的問題程度最低（詳如表9-6）。

表 9-6

使用網路工具面臨的問題

問題	次數（N=36）	百分比
軟硬體設備不足	7	19.4
缺乏充足的人力	13	36.1
缺乏專人負責	22	61.1
網際網路專業能力不足	15	41.7
推動經費不足	7	19.4
學生使用頻率不高	7	19.4
網路速度緩慢	1	2.8
使用載具受限	7	19.4
學校使用宣傳不足	3	8.3

在推動網路行銷過程中，各師資培育中心面臨許多問題，其中人力問題影響最甚。以目前各師資培育中心皆會設置的網頁為例，各中心利用網頁進行資訊公告、關係維繫與招生宣傳等活動，如何建構合適且能發揮行銷效能的網頁，則成為各中心網路行銷的起點。經訪談發現，目前中心網頁的設立，主要有二種類型：校內單位負責建置（如：2F 主）或委外公司處理（如：1M 主、4 F 員、8F 員）。絕大多數還是委外處理，校內單位部分，主要還是考量業務的專業性與各單位之間的差異甚大，若以單一樣版處理，又稍嫌單調不合適，有受訪者即表示：

「每個人為了搞定網頁這件事情，都各施其招，那就先問電算中心，為什麼不幫我們弄，那電算中心的意思就是說，因為教學單位太多了嘛！統一的樣版，學校覺得最後一定沒特色，那你自己要的東西不清楚，那他們那邊管理也很困難，那再來就是說你自己可以變動的，因為網頁不是像我們說的，就是上傳個東西，我

後來才知道說原來網頁的東西這麼複雜，他們覺得你自己的彈性
很低，所以他們就授權各個單位，然後各單位自己去做就能力的
差異很大。」（2F 主）

　　然而，外包制的網頁運作模式，雖然可以解決中心內未聘任專業人員
之困境，亦可以克服全校各單位統一樣版所產生的問題，但是外包所產生
的「不自由」與處處受限，加上經費所產生的問題，亦在訪談過程中經受
訪者反應出來：

「像我們是包給網路公司，可是依我這邊來講，就會想要去改版
網頁。……因為他不會知道你要維護什麼，而且我覺得廠商有時
候也不是很好溝通，因為他們畢竟是學資訊的人，他們有他們的
專業術語，然後我們有我們想要的需求，畢竟他有一些軟體或他
的設計，是沒有辦法達到我們想要改版的部分，然後就是說，我
剛剛談過說的改版，那他就是說再來一次設計費，後來只好把這
個念頭給打消了，因為真的沒辦法去支應這一塊的經費，就只能
從現有的網頁裡面，去把他的分類項目再做得清楚一點。」
（4F 員）

　　雖然網頁的建置，有校內與校外兩種方式在進行，然而之後網際網路
的使用與維護，各中心主要是由職員或工讀生方式進行維護與資訊的公告
等作業。受訪者（1M 主）表示，目前他們的網頁設計是委外處理，但之
後的資訊與簡單的維護工作，則由助理與工讀生處理，包括網路不當留言
的管控，如：

「那個助理會去告知這個學生，就是有些訊息是不正確或是說攻
擊性的，有涉及網路的法律問題，還是會去告知學生，請他更正

內容。……過去也有因為學生之間有些衝突，所以在 Facebook
就會有一些抱怨文或什麼的，為了整個單位的聲譽著想，還是會
請他撤除來處理。」（1M 主）

從問卷調查結果來看，推動網路行銷最大的問題：還是集中在人的身
上，而這樣的結果，亦在訪談過程中得到驗證，其中，單位中是否則有
「專業」人才，成為網路行銷是否能成功的重要契機（4F 員）。除了人
事問題外，在訪談過程中，經費問題亦是受訪者最常提及的難題；在經費
部分，學校運作方式主要統籌在組織的業務費之中，並無額外編列，受訪
者即表示：「……沒有專門的費用，……我們就是都在業務費裏擠出來
的。」（8F 員）、「每年固定的經費，都是含在業務費裡。」（1M
主）、「評鑑之前我們當然會更新，……會從業務費裡面去支，不會特別
去編一筆經費，也不確定每年會支出多少在上面。」（3F 主）要在有限
的經費中，落實高等教育機構較不擅長的網路行銷，的確易讓人面臨巧婦
難為無米之炊的窘境。但是，在經費有限之下，若要擴張此類別經費，就
會產生經費排擠效果，最終無法如願；如：受訪者（3F 主）即表示：
「尤其在大學裡面，高等教育的經費又縮減，所以更不可能再擴張。……
行政負荷很重。」在經費有限，而高教事務越來越龐雜的現實狀況下，若
要進行大幅度提升網際網路功能，就需要龐大經費支應，對於師資培育中
心而言，如何獲取外界資源的挹注，是提升學校網路行銷的策略之一，受
訪者（6F 員）即表示，目前組織內為了管理師資生的資料，所建置的資
料庫即是利用計畫經費方式，向外界爭取競爭型計畫，但後來卻也面臨經
費是否能延續的困擾，「……我們的確有編列專項經費，但是不是校內
的，是寫計畫爭取的」（6F 員）。

五、師培系所推動網路行銷的未來

經由訪談過程發現，目前師資培育中心對於網際網路的需求極高，但是在網路行銷的推動上，仍未真正達到行銷的目的，有受訪者表示：「我覺得行銷部分好像目前沒有，因為其實就像我講說，其實現在都還在做，就是比較像是維護。」（7F 員），此一訪談結果，凸顯出未來網路行銷仍有極大的進步空間。

> 「……但是說實在的，以我現在目前在師培做的，是沒有到行銷這個部分，例如說我們其實透過網路、Facebook、Line 都是在做訊息的提供，那訊息提供主要就是說我要執行我基本上的業務，然後我需要相對的，讓我的學生知道這些訊息，其實沒有到行銷耶！」（2F 主）

除了繼續延續現有的基礎架構外，未來亦可配合目前教育部積極推動的校務研究機制，以落實並提升網路行銷的效果。再者，可以朝向「擴大網路功用，發展不同 3C 載具」的方向前進，因為目前學生使用手機或平板的比例日益提升，受訪者即表示：「也許我們未來可以考慮朝向手機版比較方便。」（1M 主）。

對於師資培育中心而言，受限於非營利性組織的特性與高等教育機構的經營模式，無法完全落實商業界的網路行銷模式；而師資培育中心的重要業務與責任，則是在培育未來為人師表的教師，因此如何陶冶學生的熱情，重視人與人、面對面的互動，是在推動網路行銷過程中，應注意到的養成教育。

> 「以前是面對面的，現在反而是有網路之後，那個面對面的情感

會降低，我的感覺是這樣，以前學生他有事情，會來找，會面對面來找，尤其是我們師培比較重情境的—人格的塑造，所以有時候是希望他們來辦公室問反而是好事，現在網路就很方便，所以他很多事不用來也都知道，就很方便，接觸時間反而少了。……對，我也是覺得有時科技就讓人之間很疏離，他根本不用去找你很多訊息都得到了，所以那種人際的互動還有情境的陶冶反而都降低了。」（3F 主）

「……我們師培目前的政策是想要篩選出具教育熱忱的學生，所以我們的意思是不希望他進來，結果進來之後他其實不具備教師特質，也不具備教育熱忱，那說真的，我們會寧願他不要來。所以我們網路其實是比較著重於：說清楚師培這條路是什麼。所以對於行銷這塊，我們真的比較沒做到。」（6F 員）

再者，師資培育中心未來網路行銷的推動，其實可以將中心活動與網路結合，推動網路行銷，如有師資培育中心將招生營隊成果與網路 Facebook 結合，提升中心人氣與凝聚力；或是與課程結合，拍攝課程相關影片，進而結合網際網路的功效，發揮招生的效用。

「像說我們做營隊，就是我們把高中高職的學生 call 來，接著我們就會成立一個 Facebook 的社群，然後這次有參加這些社群的大哥哥大姐姐，他們就會繼續經營，繼續再做聯絡。」（2F 主）

「大致上還是照目前，但是新增的就是比如說影片，就是比如像微電影式的宣傳，可是這可能還是要由老師的課程裡面去融入，或者是說再找其他額外的時間分配，請學生去拍攝這一塊，然後放在中心網路上。」（4F 員）

伍、結論與建議

在此，首先說明本研究之結論後，再提出相關建議如下：

一、結論

本研究首先利用問卷調查方式，以師資培育中心網路行銷的類型、動機、優勢與困境為主軸，編製調查問卷後，發放全臺五十所具有師資培育資格的大專院校，共計回收 36 份問卷，回收率達七成以上；於問卷調查與分析後，針對問卷結果中需要加深加廣之處，編製訪談大綱，進行訪談質性資料的蒐集。

經由上述研究方法蒐集與資料分析後，研究者發現：在《師資培育中心推動網路行銷的類型》部分，皆有中心網頁的設置，其次則是Facebook 與 E-mail 兩種工具，目前數位手機中較常見的一些網路工具（軟體）則少有使用。訪談結果顯示，目前各中心在網路行銷的成果上，主要以完成最基本的資訊互通為目標，在使用的管道上，以網頁為主軸，輔以 Facebook 與 E-mail 工具的使用。然而，在工具的使用上，由於師資培育相關資訊與規定，與學生的權益息息相關，因此 Facebook 與E-mail 的使用需更加謹慎，其正當性也受到更高標準的檢視。其次，在推動網路的動機上，主要在滿足「中心宣傳」與「公佈消息」需求為主，其次則是「與學生溝通」與「招生使用」。整體而言，使用的動機主要出發點是以中心業務考量為主，並能同時達到無紙化的行政目標。從訪談過程中，對於網路的使用，未能真正達到行銷的目標，但是已能滿足學生資訊獲取與知的需求。

再者，推動網路行銷的優勢狀況部分，以「迅速提供學生消息」之績效，倍受肯定，其次則是招生與時間成本的降低為其效果。剖析訪談結

果，訪談者肯定網際網路在資訊傳遞上所發揮的效果，但其資訊的正當性與適切性，仍是需要正視的問題。而在困境部分，人力與專業能力是最常面對的挑戰；為了克服人力與專業能力不足的問題，學校多以「外包」作解決策略，卻也面臨經費不足與彈性僵化的窘境。最後，則是在未來可努力與趨勢部分，首先應致力於網路行銷的真正落實，並且能夠架構出更多元的使用載具，符應目前學生使用手機頻率極高的現況；再者，在網際網路盛行之際，仍應思考師資培育之宗旨：培養出具熱情的教師，而非為網路行銷而行銷。

二、建議

根據前述研究結果與分析，研究者提出幾項對師資培育中心的建議。茲分項說明如下：

（一）在既有的基礎上，加深加廣網路行銷的推展

從研究過程中，發現目前師資培育中心對於網際網路的運用，已成為不可獲缺的行政利器。經由研究結果發現，網路工具的運用以網頁為最主要的行銷管道；目前，各師資培育中心都設有網頁，但在網頁內容與運作上，以資訊的傳遞為主，包括：中心人事簡介、業務說明、資訊公告、活動花絮等，僅完成最基本的行銷宣傳工作；在網路行銷策略的運用上，主要還是侷限在被動的單向互動上，較缺乏行銷策略的運用。因此，對於師資培育中心而言，可以在既有的基礎上，更凸顯行銷策略的運用，如：網頁的設計應加強中心品牌的形象，而非只是用於資訊的傳遞；重視網際網路運用過程，強調雙向互動功能的運用；開發多元的網路載具，符合現今網際網路使用習慣。

（二）突破既有資源的侷限，發揮人力資本的效用

在問卷調查與訪談過程中，「人力」一直被視為推動網路行銷過程中，最常遇到的問題，包括人力不足、專業性問題、缺乏專人負責等。經訪談得知：受訪者認為人力不足與專業度問題，的確是目前要推動網路行銷過程中，最常面臨且要克服的難題。為了克服人力不足，勞務外包、工讀生、助理等，就成了克服這些問題的解決之道。然而，上述方式仍無法有效解決中心在推動網路行銷過程中，所面臨的問題。因此，在既有侷限上，發掘更多的人力資源，得以解決網路行銷過程所產生的問題，是師資培育中心所要面臨的挑戰。對於學校而言，若能提供中心或是其他系所更多的專業人力資源，包括設立共同的網際網路專責單位，提供中心更優質的專業人力支援與諮詢，對學校整體形象塑造，相信會產生正面的效益。

（三）網路行銷的運用，仍需顧及師資培育的精神

在網際網路盛行的現今社會，人們已無法離開網路，隨手一機，隨時上網，已成為現今的生活模式。網路為人們解決許多問題，卻也產生人際互動關係的質變與疏離。師資培育所要培養出的教師，應該是具有教育愛，能融入社會具有熱忱的準教師人選。因此，對於師資培育中心而言，除了善用網路行銷的功能外，在使用之際，亦要考量師資培育的精神；正如受訪者指出：「有時科技就讓人之間很疏離。……他根本不用去找你很多訊息都得到了，所以那種人際的互動還有情境的陶冶反而都降低了。」、「……我們師培目前的政策是想要篩選出具教育熱忱的學生，……所以我們網路其實是比較著重於：說清楚師培這條路是什麼。」因此，在推展網路行銷之際，應思索如何將師資培育中心的責任與網路行銷策略進行最好的結合；在發揮網路行銷功用之際，亦能達到培育出具教育特質師資生的目標。

第十章
大學媒體行銷對學生忠誠度影響研究

　　本研究藉由建構媒體行銷、媒體素養與學生忠誠度等三大變項之預設模式，進行結構方程模式驗證，以確認三者關係，進而提出本研究三點建議：在重視行銷市場中，媒體素養仍有其地位存在；媒體行銷運用中，網路媒體運用扮演重要角色；針對媒體行銷策略運用之研究可擴及研究深度。

壹、緒論

　　1987 年 7 月 14 日行政院宣布戒嚴令的解除，並同步廢除「臺灣地區戒嚴時間出版物管制辦法」，提供報紙媒體開放登記，致使新聞內容更為多元、報導更為自由。之後，隨著科技業的發展，以電子方式傳送訊息的傳播媒體盛行，電視臺與廣播電臺等正式進入人們的生活之中，扮演提供訊息的中介角色。1974 年，Internet 之父文特・瑟夫（Vint Cerf）與其同伴開始研發電腦通訊協定：TCP／IP（transmission control protocol and internet protocol, TCP／IP），之後由勃勒李（Tim Berners-Lee）所發明的WWW（world wide web）與 TCP／IP 整合 Internet 之後，加上電腦科技及多媒體的發展，Internet 以爆炸性的速度成長，遠程終端模擬（telnet）、檔案傳輸（FTP）、電子郵件（e-mail）這三種應用服務，網路使用更為方便（楊哲男、許瑞明，2003）。總之，自從報禁解除之後，平面媒體業者利用文字作為媒介，擴展了溝通的管道，之後電子媒體更是開擴了溝通空間範圍，而電腦與網路技術的創新，讓我們可以克服時間與空間的限制，隨時隨地以更為快速與便利方式取得資訊；至此媒體對人們生活的影響，越來越廣、越來越深。

　　本書前幾章論及：對於高等教育機構而言，行銷是學校永續經營的策略之一；媒體為行銷的重要利器，學校端已將媒體視為學校重要工作伙伴，各校設有與校外媒體互動的窗口，如國立臺灣大學秘書室下設記者接待室，並將媒體連絡與公關宣傳列為秘書室主要工作項目；國立臺灣師範大學設有秘書室公共事務中心（Center of Public Affairs），導入整合行銷傳播觀念，強化學校品牌與形象，本著「對內服務、對外行銷」的工作信念，建立對內暨對外的良好形象及關係；私立元智大學亦設有公共事務室，以建立與媒體良好的溝通機制為目標。各大學對媒體議題的重視，凸

顯出利用媒體進行學校行銷的重要與必要性。好的媒體行銷有助於學校品牌形象的建立與維持，好的媒體行銷有助於學校排名的提升，好的媒體行銷有助於學校招生成效的提升，因此媒體行銷議題的研究，不僅具有學術上的意義，更具有實務上的價值。

　　媒體已深入影響人們的生活，不管是傳統平面媒體、電子媒體，或是現在廣為流行的網路媒體，消費者會選擇滿足個人需求的媒體訊息來源管道，以自己的角度來看待媒體所傳遞的資訊，並進行媒體資訊意涵的自我詮釋。在媒體資訊的自我詮釋過程中，訊息接收者的媒體素養扮演居中重要的角色。好的媒體素養，有助於資訊接受者在各類環境中，皆能有效的取用（access）、理解（understand）及製造（create）媒體訊息的能力，能正確解讀媒體訊息的真正意涵。因此，隨著媒體發展的多元化，其所產生的影響力日益增大下，媒體素養教育受到各國的重視，政府亦曾提出《媒體素養教育政策白皮書》，期能培育國人四大媒體素養基本能力，洞察媒體資訊意涵。

　　從上述對於媒體行銷與媒體素養的論述，此二個議題已成為目前高等教育經營管理過程中重要一環，當大學端為提升學校知名度與招生成效，媒體行銷成為學校經營的策略之一。對於學校而言，學生是重要的利害關係人，亦是媒體行銷的重要對象，若能從學生角度切入，瞭解其對學校媒體行銷運用成效的認知，是否能夠提升其對於學校的忠誠度，對於學校經營管理應有實務上的意義；而現今教育機構所重視的媒體素養涵養，是否能有助於學校媒體行銷的運用，進而提升學生對就讀學校的忠誠度，亦值得探究。基於上述理由，研究者將利用問卷調查方式，蒐集研究所需資料，利用 Amos 進行預設結構模式驗證，首先確認媒體行銷、媒體素養與學生忠誠度等三大潛在變項之測量模式後，進一步則是針對此三潛在變項之間關係建構的驗證，以確認媒體行銷、媒體素養與學生忠誠度之

間的關係。

貳、文獻探討

在此，將先說明媒體行銷的內涵，其次則是媒體素養與學生對就讀學校忠誠度的介紹，最後則是媒體行銷、媒體素養與忠誠度關係的建構。茲分別說明如下：

一、媒體行銷的內涵

媒體已成為社會大眾生活中，與之互動最密切的訊息傳播媒介，人們借助用來傳遞與獲取訊息的工具、管道、中介物，或是一種技術手段。學校可以利用各種媒體作為宣傳學校的工具或策略，形塑學校正向的品牌形象。研究者於本書第六章媒體行銷議題一文中提及：「媒體是一種傳遞訊息的媒介物，而行銷則是宣傳組織或推銷其產品的活動與過程。在此過程中，若使用各種形式的媒體，如：電視、報紙、廣播或網站等形式，進行組織或產品的推銷活動，即是媒體行銷。」

目前，媒體類型中，依其發生時序與類型不同，主要可區分成三大類，首先為傳統媒體，此一媒體之所以用傳統稱之，係由於此類媒體產生時間較早，以書面形式呈現之，如報紙媒體的存在；其次，則為電子媒體，其介於傳統報紙之後，與未有網路媒體之前的大眾媒體，泛指以電子方式傳送訊息的媒體類型，如最為常見的電視與廣播電臺；最後，則是拜網際網路盛行後，結合電腦與網路等新科技，所產生的一種新型態媒體形式，顛覆傳統媒體存在的形式與類型，一種新傳播形式的大眾媒體，故又稱為新媒體，如社群媒體的使用。目前高等教育機構在各類媒體運用上，三種媒體皆而有之，藉以提升學校知名度，形塑正向的品牌形象。對

於高等教育機構而言，任何形式媒體行銷的運用，在市場區隔的概念下，主要還是重視利害關係人對學校媒體行銷的情感認知狀況，因此研究者在設計問卷過程中，即以此一理念進行問卷題項的設計。

二、媒體素養的內涵

在科技蓬勃發展的助力下，媒體運作型式更為多元化，傳播速度更為快速，所能發揮的影響力與日俱增。如今生活環境中，媒體已深入每個人生活，影響著人們的價值觀與認知。由於媒體對社會大眾影響程度與日俱增，如何涵養正確的媒體素養，成為教育與社會重要的課題。媒體素養（Media Literacy）最早起源自 1933 年，由英國劍橋大學基督學院（Dowing College, Cambridge）教授 Frank Raymond Leavis（1895-1978）和其學生 Denys Thompson 合著《文化與環境：批判性意識訓練》（*Culture and environment: The training of critical awareness*）一書中（教育部教育 Wiki，2014）。泛指人們對於視聽媒體的理解與運用能力，就基本程度而言，乃指人們對於視聽媒體所運用的視覺語言，節目型式與架構，以及所呈現訊息內容的理解程度；就較深層次而言，則包括對於新聞傳播媒體的經營方式，節目製作過程的瞭解程度，甚或本身能運用媒體，製作節目以表達自己的思想與傳達訊息的能力（朱則剛，1995）。簡而言之，媒體素養是指在各種環境之中，能夠取用、理解分析及製造各種媒體訊息的一種能力；藉由教育的力量，期能讓一般社會大眾具有認識、理解、運用、分析、評估、製作等媒體近用能力。

在眾多媒體素養能力定義中，教育部於 2002 年提出的《媒體素養教育政策白皮書》中，特針對媒體素養提出五大基本能力，作為培養國民洞察媒體資訊時所應具備的基本能力。茲將此五大能力與內容羅列如下（教育部，2002）：

1. 瞭解媒體訊息內容

    1-1 瞭解不同媒體的表徵系統（媒體語言與成規）

    1-2 瞭解媒體類型與敘事如何產製意義

    1-3 瞭解並能應用媒體製作技巧與技術

    1-4 瞭解科技與媒體文本的聯動關係

2. 思辨媒體再現

    2-1 辨識媒介內容中年齡、性別、種族、職業、階級、性傾向等各種面向的刻板印象和權力階級間的關係

    2-2 比較媒介內涵與實際生活中的情境、人物、事件等媒介與社會真實的關係

    2-3 解讀媒介再現所潛藏的價值意涵與意識型態

3. 反思閱聽人的意義

    3-1 反思個人的媒體行為

    3-2 瞭解個人與文本的意義協商本質

    3-3 瞭解文本的商業意涵中「閱聽人」的概念

    3-4 認識廣告工業的主要概念：收聽／收視 、廣告的社會與文化意涵

4. 分析媒體組織

    4-1 瞭解媒體組織的守門過程如何影響文本產製

    4-2 檢視媒體組織的所有權如何影響文本選擇與組合

    4-3 瞭解公共媒體與商業媒體的區別

    4-4 檢視資訊私有化的影響

5. 影響和近用媒體

    5-1 瞭解媒體公民權的意義

    5-2 實踐接近與使用媒體

    5-3 區辨被動媒體消費者與主動媒體閱聽人

5-4 主張個人肖像權、隱私權

　　研究者即以上述媒體素養的五大能力作為調查工具之主軸，發展出本研究之調查問卷。

三、忠誠度的內涵

　　隨著高等教育市場化趨勢明顯，許多商業性組織所重視的議題或管理模式，亦在非營利性組織中獲得重視。大學不以學校獲利為經營管理目標，但對於學校利害關係人之一學生關係的營造，則被視為學校經營管理的重要議題，從國內近年來高等教育評鑑指標中可以得到驗證，許多學校在訂定評鑑指標時，將學生視為學校重要的利害關係人，重視學生對於學校系所的認同；此一概念，其實與商業界重視的顧客忠誠度，實有異曲同工之處。近幾年來，有關大學生對於學校忠誠度之相關研究成果，陸續出版中（如：李啟榮，2013）。何明政、吳建國（2010）研究中將「學生願意對他人正面陳述學校事情、畢業後繼續維持與母校關係的行為意願，心態上以母校為榮的傾向」，視為學生忠誠度之界定；將商業界所應用的概念，予以轉化應用於高等教育產業之中，已是不可擋的趨勢。

　　前述對於忠誠度之敘述，雖點出學生忠誠度的意涵，但是明確度仍不足，因此另有研究者以較具體明確的外顯行為，作為忠誠度的衡量指標；Evans 與 Lskin（1994）與 Zeithaml、Berry 與 Parasuraman（1996）等人，主張顧客的忠誠度表現在其願意重複購買組織產品上；對於大學生而言，若給他們再次選擇的機會，仍願意選擇該校，顯示其對該校具有高度認同感，即是對學校忠誠度的展現。此外，忠誠度的展現亦表現在口耳相傳之推薦行為、價格容忍度、最佳選擇等外在表現行為上（Gronholdt, Martensen, & Kristensen, 2000; Jones & Sasser Jr., 1995; Olive, 1997）。基於上述對忠誠度的描述，研究者將大學生忠誠度界定為「學生對就讀學校

有正面的認同感,認同自己所選擇的學校,並表現在願意向他人推薦就讀學校,與其對學雜費價格的容忍度上」,總而言之,當學生願意向他人推薦就讀學校、願意再次選擇該校就讀、認同選擇該校就讀是一個好的決定、並且對學校費用具有高容忍度,即是學生對於就讀學校忠誠度的表現。

四、媒體行銷與媒體素養對忠誠度關係

行銷「是一種行動、制度的建立和創新,或是一種溝通、傳遞、交換的過程,藉由此過程為消費者、顧客、伙伴和社會大眾創造最大價值。」(American Marketing Association, 2015);而媒體行銷則是利用媒體作為訊息溝通的管道,將組織的產品或服務送到目標市場。對於大學而言,媒體行銷的運用,即是針對不同目標市場,利用各種媒體,包括傳統媒體、電子媒體或網路媒體,傳遞學校訊息,形塑學校品牌形象;對於學生而言,則藉由各種行銷策略的運用,提升學生對於學校的忠誠度。目前有關行銷與忠誠度之間的研究成果,證明優質行銷策略運用,將有助於目標對象忠誠度的提升(如:岑淑筱、陳青雨、方佳建,2014;徐丹桂,2014;甄啟剛、徐曉林、劉峯銘,2014;鄭雅婷,2014;Gulid, 2011)。從消費者心理學角度來看,組織可以利用各種行銷策略的運用,滿足消費者的需求,刺激其願意購買產品的動機,亦有助於消費者忠誠度的提升。

目前有關行銷與忠誠度之相關研究中,以媒體行銷進行目標市場忠誠度探究的研究仍屬少數。然而,立基於其他行銷策略運用與忠誠度之間關係的研究成果,以及現今媒體在人們生活中所扮演的重要角色,媒體行銷已成為眾多行銷策略之重要的一環,因此好的媒體行銷應有助於學生對就讀學校忠誠度的提升。

其次，有關媒體行銷與媒體素養之間關係的建立，目前雖沒有明確的數據證明，學生對於學校媒體行銷的認知，有助於學生媒體素養的提升。然而，無法否認的是，媒體教育已是目前教育重要的一環，從教育部提出的《媒體素養教育政策白皮書》中，即可證明培養國民洞察媒體資訊時所應具備基本能力的重要性。因此，學生正確媒體素養的培育，讓學生對於媒體有更正確與正向的看法，在看待學校媒體新聞事件過程中，能以正確的態度看待與詮釋學校媒體行銷策略，對於學校的認同程度亦會有所提升。總而言之，媒體素養的涵養，有利於學生正確解讀媒體行銷背後的意涵，扮演媒體行銷和忠誠度之間中介者角色，發揮其中介功能。

立基於上述論點，研究者提出假設如下：

假設一：學生對媒體行銷的認知對媒體素養有正向直接的影響力

假設二：學生對媒體行銷的認知對忠誠度有正向直接的影響力

假設三：學生媒體素養對忠誠度有正向直接的影響力

假設四：學生媒體行銷的認知透過媒體素養間接的顯著正向影響忠誠度

參、研究方法

以下針對研究設計之結構模式建構、研究對象、潛在變數之操作型定義與衡量、研究資料處理，進行說明如下：

一、結構模式建構

本研究旨在探討媒體行銷對學生忠誠度之影響，並以目前各級教育機構所重視的媒體素養為中介變項，進行媒體行銷結構模式的建構與驗證。研究者經由文獻整理、分析、推論與假設的建立，建構出媒體行

銷、媒體素養與忠誠度三者關係的概念圖；此一模式中計有三個變數，自變數為媒體行銷，中介變數為媒體素養，依變數為學生忠誠度表現。在自變數媒體行銷部分，計有三個題項；中介變數則有五個子構面，分別為瞭解、思辨、反思、分析、影響和近用，而在忠誠度部分，則計有四題項。綜上所述，本研究之結構模式圖詳如圖 10-1 所示。

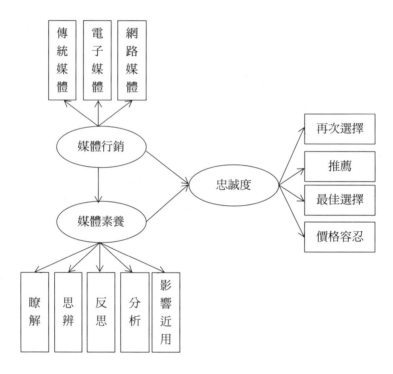

圖 10-1　概念性結構模式圖

二、研究對象

　　本研究以國內大學為對象，進行立意抽樣調查。研究者共擇定 12 所大學，每校寄發 50 份問卷，共寄出 600 份問卷，最後回收問卷共 436

份。回收後，一一審視，剔除有漏答之問卷 16 份後，有效問卷共計 420 份，回收率為 70%。其中女性填答者佔 67.6%，男性則為 32.4%；另填答年級中以二年級最多（39.5%），教育學院學生為 34.0%，北部大學佔 44.0%，北部以外學校學生佔 66.0%。

三、潛在變數之操作型定義與衡量

為檢驗本研究四項研究假設，研究者試圖將概念性結構模式予以操作化，並建構相對應的問項。茲將本研究三項研究變數之操作型定義與問卷題項說明如下：

（一）媒體行銷

本研究所指之媒體行銷為：「在學校行銷過程中，使用各種形式的媒體，如：電視、報紙、廣播或網站等形式的媒體，進行組織或產品的推銷活動者稱之」。在媒體行銷使用的管道中，計有傳統媒體、電子媒體與網路媒體三大類，研究者以學生對其就讀大學媒體新聞的情感認知狀況，進行問卷題目的設計。研究者利用七點量表進行問卷調查，分別為：非常不同意（1分）、不同意（2分）、有點不同意（3分）、普通（4分）、有點同意（5分）、同意（6分）、非常同意等（7分）。

（二）媒體素養

媒體素養指在各種環境之中，能夠取用、理解分析及製造各種媒體訊息的一種能力。在眾多媒體素養的指標中，研究者採用教育部《媒體素養教育政策白皮書》中，主張媒體素養應具備五大基本能力，作為問卷編製之主軸。此五大基本能力分別為：1.瞭解媒體訊息內容、2.思辨媒體再現、3.反思閱聽人的意義、4.分析媒體組織、5.影響和近用媒體，項下共提出 20 項基本能力。由於本研究發放對象為大學生，在各題項文句的使

用上，研究者予以修調以適應填答者背景與認知。

在「瞭解媒體訊息內容」基本能力中，「1-4 瞭解科技與媒體文本的聯動關係」，修調為「科技可以讓媒體新聞的傳播更為快速」；在「思辨媒體再現」基本能力中，強調媒體閱聽者對於媒體報導內容，能夠產生思辨反思的行為，如：「2-3 解讀媒介再現所潛藏的價值意涵與意識型態」，則修調為「媒體報導中，或多或少含有意識型態、價值或宣傳意圖」；在「反思閱聽人的意義」能力中，「3-1 反思個人的媒體行為」，則修調為「對於不實媒體報導，我會拒買、拒聽、轉臺或是關機來抵制」；在「分析媒體組織」能力中，著重對媒體組織正確認知，如：「4-3 瞭解公共媒體與商業媒體的區別」，則以「由政府設立的公共媒體，其運作或廣告模式與商業性媒體有所不同」作為問卷調查題目；在「影響和近用媒體」能力中，「5-2 實踐接近與使用媒體」修調為「我常會使用各種媒體（如報紙、電視、Facebook……等）」。藉由各問卷題目的修調，符合填答者背景與對媒體的認知，以利填答者填答，同時有助於問卷結果統計分析之信效度提升。綜合上述，研究者共發展出調查問卷 20 題，依序為瞭解構面 4 題、思辨構面為 3 題、反思構面為 4 題、分析構面為 4 題、影響和近用構面計有 5 題。上述 20 題問卷題項之設計，亦是利用七等量表進行意見調查，分數由 1 到 7 分，代表不同程度的意見，以利後續結構方程模式分析之用。

（三）忠誠度

本研究所指之忠誠度，係指「學生對就讀學校有正面的認同感，認同自己所選擇的學校，並表現在願意向他人推薦就讀學校，與對於學費價格的容忍度上」，在衡量指標上，以學生願意向他人推薦就讀學校、願意再次選擇該校就讀、認同選擇該校就讀是一個好的決定、並且對於學校費用具有高度容忍度等指標，作為衡量學生對就讀學校忠誠度的表現程度。

依上述對忠誠度之定義，本研究調查問卷計有4題，分別為「若再次選擇學校，我仍願意選擇就讀本校」、「若有人詢問選擇何校就讀，我願意向他推薦本校」、「我不考慮轉學到其他學校」、「即使學費調漲，我仍願意就讀本校」等，利用七點量表設計問卷，繼而進行問卷調查活動與回收後之統計分析。

四、研究資料處理

本研究係利用 SPSS 22.0 版本進行統計分析。在問卷預試部分，利用 SPSS 22.0 軟體進行信度分析，以確認此一問卷的可行性。於確認正式問卷後，著手進行問卷的發放與回收，在剔除無效問卷後，共得 420 份有效問卷；首先，進行描述性統計與信度分析，之後則以 IBM SPSS Statistics 軟體中的 Amos 進行結構方程模式分析。在結構方程模式分析中，首先，進行驗證性因素分析（confirmatory factor analysis），藉以確認各潛在變項因素組成之狀況；待確認三測量模式（媒體行銷、媒體素養與忠誠度）皆達到適配標準後，即進行結構方程模式之驗證，期能探究媒體行銷、媒體素養對忠誠度影響狀況，以驗證研究結構模式之適切性。

肆、研究結果與分析

在此，將先說明本研究之信效度與常態性分析，其次則進行三個測量模式適配度考驗與中介效果的檢驗；待確定後，則進行五階段的整體模式評鑑。茲分項說明如下：

一、信效度與常態性分析

在此，研究者先針對此次回收的 420 份有效問卷，進行實證調查工具

信效度與常態性分析。在信度部分，經由 Cronbach's α 係數顯示：網路行銷量表（3 題項）信度分析所得係數為 0.912；媒體素養量表部分，計有 20 題五個子構面，其整體量表（20 題項）信度分析所得係數為 0.951，若分別進行五大因素：瞭解、思辨、反思、分析、影響與近用之信度分析，所得 α 係數依序為 0.809、0.899、0.771、0.918、0.899。最後，針對忠誠度部分，所得 α 值為 0.859。在組合信度（Composite reliability，簡稱 CR）部分，媒體行銷組合信度係數為 0.912，媒體素養則為 0.910，而忠誠度的組合係數為 0.863；上述三數據皆符合 Hair 等人（1998）主張：CR 值需大於 0.7 之標準，顯示上述變項具有良好的內部一致性。

在問卷效度分析部分，研究者於正式問卷發放前，邀請各領域專家學者（具實務工作經驗或學術專長）進行問卷內容審視，並依委員意見進行題項文字修調後，始完成問卷正式版編製。問卷回收後，進行建構效度檢測，發現同一因素中各題目之因素負荷量（factor loading）皆大於 0.60。接續計算各因素的平均萃取變異量（Average extracted variance，簡稱 AVE），媒體行銷所得 AVE 值為 0.775、媒體素養所得數據為 0.672、學生忠誠度之 AVE 值為 0.615；上述三大數值皆大於 Fornell 與 Larcker（1981）所建議的標準值 0.5，顯示研究量表具有收斂效度。

最後，在進行結構方程模式檢驗前，研究者先針對問卷填答常態性進行檢定，因為就結構方程模式分析而言，一個重要假定即是：資料結構要呈現常態性。在數值判斷上，研究者採 Kline（2005）所主張：若偏態係數（skew）絕對值小於 3，峰度係數（kurtosis）絕對值小於 10，則可視為符合常態性分析。經統計分析，所得之偏態係數絕對值皆小於 3，而峰度係數亦小於 10，顯示本資料結構符合常態分配假定。

二、各測量模式適配度考驗

本研究計有三個潛在變項：媒體行銷、媒體素養與學生忠誠度，研究者依序進行驗證性因素分析。首先，針對媒體行銷因素，計有學生對傳統媒體、電子媒體與網路媒體三類型媒體，學校運用狀況的認知程度。此測量模式由於自由度等於 0、卡方值亦為 0，為正好識別模式，又稱之為飽和模式（saturated model）；此一統計結果，正符應文獻探討中，研究者所主張之媒體類型：傳統媒體、電子媒體與網路媒體，利用不同媒體進行進行，而有不同的類型區分。

其次，在媒體素養部分，共有 20 題項／基本能力，分別隸屬於五個子構面：1.瞭解媒體訊息內容、2.思辨媒體再現、3.反思閱聽人的意義、4.分析媒體組織、5.影響和近用媒體；經模式識別，在絕對適配指標方面，卡方自由度比（$\chi 2 / df$）為 2.538，小於可接受值 5；除 AGFI 數值略低於 0.9 外（亦有 0.89 接近標準的數據），其他如 GFI（0.96）、SRMR（0.325）、RMSEA（0.061）、RMR（0.04）等指標數值，皆達到判斷標準。在增值適配指標部分，NFI、RFI、NNFI、IFI 與 CFI 等指標數據，皆高於 0.9，界於 0.924 至 0.96 之間。在簡約適配指標部分，PNFI 為 0.788、PGFI 為 0.809，皆大於判斷標準 0.5；上述各指標數據顯示本研究之媒體素養測量模式契合度佳。因此，《媒體素養教育政策白皮書》（教育部，2002）所區分的五大基本能力：瞭解媒體訊息內容、思辨媒體再現、反思閱聽人的意義、分析媒體組織、影響和近用媒體等，在本研究中得到實證資料的支持。

最後，針對學生對就讀學校所表現的忠誠度部分，計有 4 題項，分別為：再次選擇、推薦、最佳選擇與價格容忍等。雖然卡方自由度比（χ^2 / df）大於 5，然而 GFI、CFI、IFI、NFI 等數值，符合適配標準，研究

者在參考文獻探討結果（如：Evans & Lskin, 1994; Gronholdt, Martensen, & Krisensen, 2000; Jones & Sasser Jr., 1995; Olive, 1997; Zeithaml, Berry, & Parasuraman, 1996）前提下，本研究所指稱之學生忠誠度仍以上述 4 個觀察變項進行測量之。

三、中介效果之檢驗

中介分析（Mediational analyses）主要在確認自變數與依變數之間，是否會經由中介變項產生關係。本研究屬於一因子中介模型，檢驗是否能以學生媒體素養為中介變數，影響到學生對就讀學校的忠誠度。目前被廣為引用的統計檢定方式為 Baron 與 Kenny（1986）所提出的方式：1.自變項要能顯著預測依變項；2.自變項要能顯著預測中介變項；3.中介變項要能顯著預測依變項；4.自變項對依變項的迴歸係數須小於自變項單獨預測依變項時的係數。經統計分析後，上述四個條件皆符合，茲將各條件符合狀況說明如下：

1. 「條件一」媒體行銷對學生忠誠度有顯著影響：由圖 10-2 的路徑圖可知，學生對學校媒體行銷的認知，對於其對學校的忠誠度路徑係數為 0.44，t 值為 8.59，顯見媒體行銷變項對忠誠度高低具有正向且顯著的影響效果，因此條件一成立。

2. 「條件二」媒體行銷與媒體素養有顯著影響：由圖 10-3 的路徑圖可知，學生對學校媒體行銷的認知，對媒體素養的路徑係數為 0.2，t 值為 3.84，顯見媒體行銷變項對媒體素養具有正向且顯著的影響效果，故條件二成立。

3. 「條件三」媒體行銷與媒體素養同時作為預測變項，對學生忠誠度作結構方程模式分析時，媒體素養必須對忠誠度有顯著影響：由圖 10-4 路徑圖可知，媒體素養對學生忠誠度的路徑係數為 0.13，t 值為 2.53，

顯見媒體素養對學生忠誠度具有正向顯著的影響效果，因此條件三成立。

4.「條件四」在第三個條件的結構方程模式中，媒體行銷對忠誠度的迴歸係數，必須小於媒體行銷單獨預測忠誠度時的迴歸係數。由圖 11-4 的路徑圖可知模型一中的媒體行銷單獨預測忠誠度的路徑係數為 0.44，t 值為 8.59；而模型三中，若媒體行銷與媒體素養同時作為預測變項時，媒體行銷對學生忠誠度的迴歸係數為 0.41，t 值為 8.01，顯見路徑係數變小。

綜上所述，依據 Baron 與 Kenny（1986）所提出的檢驗條件，作為檢驗各潛在變項間路徑係數的大小與顯著性，在模式中加了媒體素養此一中介變項後，媒體行銷對學生忠誠度的路徑係數變小，但影響仍達顯著，其中介效果屬於部分中介效果。

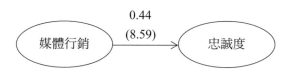

圖 10-2 模型一分析結果

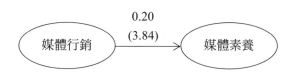

圖 10-3 模型二分析結果

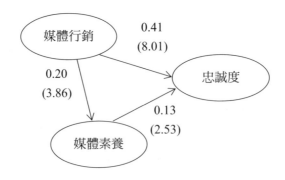

圖 10-4　模型三分析結果

四、整體模式評鑑

　　針對本研究預設模式，研究者首先檢驗違反估計，其次則進行整體模式配適指標評鑑，最後則是模式參數估計檢驗。

（一）階段1：檢驗違犯估計

　　在進行模式評鑑之前，需先確認沒有不適當的解產生，因此需先確認研究估計的參數並未違反統計上所能接受的範圍。目前常用的違犯估計的標準為：1.沒有負的誤差變異數存在；2.沒有標準化係數超過或是太接近1（大於0.95）；3.沒有太大的標準誤。

　　首先，在誤差變異數方面，本研究預設之方程模式並無負的誤差變異數存在。其次，在標準化係數部分，所有參數的標準化迴歸加權係數介於0.13至0.9之間，其各數值皆小於0.95。最後，在標準誤方面，三個潛在變項和十三個測量指標的測量誤差值均為正數，且達到.001顯著水準，其數值均很小，介於0.19至0.162之間，顯示本預設模式並無模式界定錯誤的問題。

（二）階段 2：整體模式適配指標評鑑

　　為驗證本研究預設之模式，各假設成立狀況之前，將先評鑑模式的整體配適程度。首先，在絕對適配度指數部分，本預設模式之 χ^2自由度比為 3.574，小於可接受的 5；而 GFI 與 AGFI 分別為 0.937 與 0.903，皆大於 0.9 之標準值；此外，CN 值為 260.298，大於 200；SRMR 為 0.495，RMSEA 為 0.078，亦符合配適標準值之規定。在絕對適配度指數部分，僅有 RMR（0.083）雖未達到標準值 0.08，但其數據亦相當接近。由於大部分的絕對配適指標均通過標準，顯示此模式應可被接受。

表 10-1

整體模式配適度指標檢核表

統計檢定量	適配標準或臨界值	檢定結果數據	模式適配判斷
自由度		51	
絕對適配度指數			
χ^2		182.298	
χ^2自由度比	<5	3.574	是
RMR	<0.05	0.083	否
RMSEA	<0.08	0.078	是
SRMR	<0.05	0.495	是
GFI	>0.90	0.937	是
AGFI	>0.90	0.903	是
CN	>200	260.298	是
增值適配指數			
NFI	>0.90	0.946	是
RFI	>0.90	0.930	是
IFI	>0.90	0.960	是
TLI	>0.90	0.948	是
CFI	>0.90	0.960	是
簡約適配度指數			
PGFI	>0.50	0.773	是
PNFI	>0.50	0.731	是
PCFI	>0.50	0.742	是

其次，在增值適配度指數部分，NFI、RFI、IFI、TLI 與 CFI 等檢定結果數據，均大於 0.9，依序為 0.946、0.93、0.96、0.948 與 0.96。最後，在簡約適配度指數部分，PGFI、PNFI、PCFI 三個檢定結果數值，依序為 0.773、0.731 與 0.742，皆大於適配標準 0.50 以上。整體而言，三類型指標皆顯示此模式是一個配適良好的模式（詳如表 10-1 所示）。

（三）階段 3：模式參數估計檢驗

於「模式參數估計檢驗」階段，將針對各參數估計值進行說明如下：

1. 媒體行銷構面

在此構面，共分成傳統媒體、電子媒體與網路媒體三個子構面。傳統媒體之負荷估計值為 0.891，R^2值為 0.793，大於 0.5 表示其具有解釋能力；電子媒體部分，其負荷估計值為 0.889，R^2值為 0.79，大於 0.5 表示其具有解釋能力；在網路媒體部分，其負荷估計值為 0.862，R^2值為 0.743，大於 0.5 表示其具有解釋能力。整體而言，從因素負荷量比較結果，可知學生對於媒體行銷認知狀況中，以傳統媒體（0.891）為最重要因素，其次為電子媒體（0.889），最後為網路媒體（0.862），但各數據之間落差不大。此結果顯示出，學校端若想要提升學生對媒體行銷認知，則三種媒體形式皆能兼顧，較為妥適。

2. 媒體素養構面

本研究的「媒體素養」潛在變項是由五個觀察變項所組成，此五個觀察變項係為媒體素養中：1.瞭解媒體訊息內容（簡稱媒體瞭解）、2.思辨媒體再現（簡稱媒體思辨）、3.反思閱聽人的意義（簡稱媒體反思）、4.分析媒體組織（簡稱媒體分析）、5.影響和近用媒體等（簡稱媒體影響），係由 20 個問題所構成的組合變項。首先，在瞭解素養部分，其負

荷估計值為 0.672，R²值為 0.452；在媒體思辨部分，其負荷估計值為 0.834，R²值為 0.7，大於 0.5 表示其具有解釋能力；在媒體反思部分，其負荷估計值為 0.812，R²值為 0.659，大於 0.5 表示其具有解釋能力；在媒體分析部分，其負荷估計值為 0.913，R²值為 0.834，大於 0.5 表示其具有解釋能力；在媒體影響部分，其負荷估計值為 0.861，R²值為 0.741，大於 0.5 表示其具有解釋能力。整體而言，比較因素負荷量結果，發現學生對於媒體素養認知狀況中，以媒體分析（0.913）為最重要因素，其次為媒體影響（0.861），最後則媒體瞭解（0.672）。此結果顯示出：若學校端想要提升學生對媒體素養認知，則以媒體分析、媒體影響與媒體思辨之關聯性最強。

3.忠誠度構面

在此構面，共分成再次選擇、推薦、最佳選擇、價格容忍等四個子構面。首先，在再次選擇部分，其負荷估計值為 0.899，R²值為 0.808，大於 0.5 表示其具有解釋能力；在推薦部分，其負荷估計值為 0.838，R²值為 0.702，大於 0.5 表示其具有解釋能力；在最佳選擇部分，其負荷估計值為 0.738，R²值為 0.545，大於 0.5 表示其具有解釋能力；最後在價格容忍部分，其負荷估計值為 0.634，R²值為 0.402。整體而言，從因素負荷量比較結果，可知學生忠誠度部分，再次選擇（0.899）與推薦（0.838）對學校忠誠度的關聯性最強。

（四）階段 4：假設檢定

經由實證分析與結構方程模式檢定結果，本研究所建構之媒體行銷、媒體素養對學生忠誠度關係模式路徑圖，如圖 10-5 所示，圖中實線代表檢定後之顯著路徑係數。研究者依據實證分析結果，進行研究假設檢定結果如下：

1. 假設一：學生媒體行銷認知對媒體素養有正向直接的影響力

   學生對學校媒體行銷知覺狀況，對媒體素養的路徑係數為 0.20，t 值為 3.86，大於 1.96 之標準，顯示此一路徑係數估計值已達顯著，故研究假設一成立；，表示若學生對於學校媒體行銷認同度越高，相對地，學生媒體素養亦會越高。

2. 假設二：學生媒體行銷認知對忠誠度有正向直接的影響力

   學生對學校媒體行銷知覺狀況，對忠誠度的路徑係數為 0.41，t 值為 8.01，大於 1.96 之標準，顯示此一路徑係數估計值已達顯著，故研究假設二成立；表示若學生對於學校媒體行銷認同度越高，則學生對於該校的忠誠度亦會越高。

3. 假設三：學生媒體素養對忠誠度有正向直接的影響力

   學生媒體素養知覺狀況對忠誠度的路徑係數為 0.13，t 值為 2.53，大於 1.96 之標準，顯示此一路徑係數估計值已達顯著，故研究假設三成立。此一假設的成立，表示若學生媒體素養越好，則對就讀學校的忠誠度亦會越高。

4. 假設四：學生媒體行銷的認知透過媒體素養間接的顯著正向影響忠誠度

   本研究中，經由前述中介效果之檢驗，媒體素養發揮部分中介效果，學生對於學校媒體行銷認知會藉由媒體素養此一中介變項，影響學生對學校忠誠程度的表現。

（五）階段 5：影響效果分析

　　各潛在變項的影響效果（詳如表 10-2、表 10-3）中，媒體行銷透過媒體素養對學生忠誠度有正向之直接與間接影響效果；其中媒體行銷對媒體素養有正向的直接影響效果，其效果值為 0.20；媒體素養與學生忠誠度亦有正向的直接影響效果，其效果值為 0.13。承上所述，媒體行銷對忠誠度的總效果為 0.436。

表 10-2

路徑關係檢定表

假設	路徑	假設關係	路徑值	成立與否
H1	媒體行銷→媒體素養	正向	0.20***	成立
H2	媒體行銷→忠誠度	正向	0.41***	成立
H3	媒體素養→忠誠度	正向	0.13*	成立
H4	媒體行銷→媒體素養→忠誠度	正向	0.03	成立

$p^{***} < .001$；$p^{*} < .05$

表 10-3

整體模式影響效果表

潛在依變項	潛在自變數	直接效果	間接效果	整體效果
忠誠度	媒體行銷	0.41***	0.026	0.436
	媒體素養	0.13*	--	0.13
媒體素養	媒體行銷	0.20***	--	0.20

$p^{***} < .001$；$p^{*} < .05$

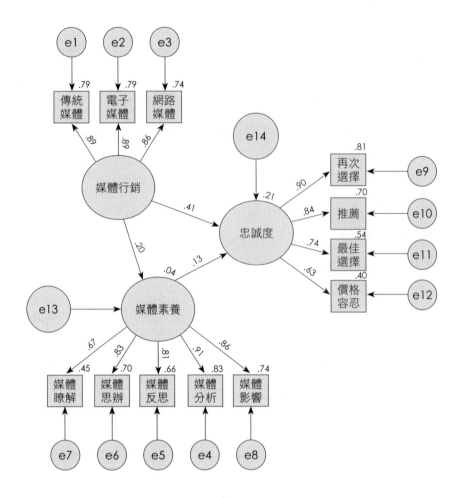

圖 10-5　標準化估計值模式

伍、結論與建議

在此說明本研究之結論，再者是對大學經營管理與未來研究的建議。茲說明如下：

一、結論

　　本研究主要針對大學媒體行銷、媒體素養對學生忠誠程表現進行調查分析，以瞭解媒體行銷以及學生媒體素養等因素，對學生就讀學校忠誠度表現的影響及其中介機制的探討，藉以建立一個整合模式，並以結構方程模式統計方法加以檢驗。經由文獻探討，發現媒體行銷方面，可依媒體性質分成傳統媒體、電子媒體與網路媒體三大類；而在媒體素養部分，則分成媒體瞭解、思辨、反思、分析、影響與近用等五大素養能力；最後，在學生對於就讀學校所表現出的忠誠度指標方面，以學生再次選擇就讀該校的意願、是否願意推薦學校、對於選擇就讀學校決定的認同、及對於學費價格的容忍程度作為判斷依據標準。

　　本研究之假設模式經由 Amos 統計檢定後，本假設之結構方程模式所獲得的指數顯示：此一模式是可被接受的。對於整體效果分析顯示，媒體行銷對於學生忠誠度與媒體素養表現，有顯著的影響關係，而媒體素養對於忠誠度亦有正向的影響效果。此外，媒體素養在此結構方程模式中，扮演部分中介效果角色，證實學校推動媒體行銷策略時，能夠透過學生媒體素養的中介效果，對學生忠誠度產生正向影響。

二、建議

　　經由上述研究結論，研究者提出建議如下：

（一）在重視行銷市場中，媒體素養仍有其地位存在

　　經結構方程模式驗證後，本研究預設之模式得到配適，學生對於學校各種類型媒體行銷的感受認知，會影響到學生對就讀學校的忠誠度；而經由媒體素養此潛在變項所發揮的中介效果，亦能影響學生的忠誠度。從文獻探討亦得知，政府對於媒體素養教育的重視，所提出的政策白皮書

中，明確期待提升青年學子的媒體素養，使其在媒體充斥的現今社會中，能夠以正確態度瞭解媒體、分析媒體、思辨媒體的內容。經由研究結論可知，媒體素養所扮演的中介角色，對於目前只知一味重視行銷策略運用的大學而言，在重視行銷策略的過程中，對於大學所應擔負的教育責任，更應投注心力，藉由媒體素養教育的推動，讓學生能夠以正確態度看待媒體及其報導，進而能夠分析、思辨、反思媒體所提供的訊息，將有助於學校在推動行銷時之成效，而在媒體素養教育內容推展部分，則可參酌《媒體素養教育政策白皮書》中所提之內容與策略。

（二）媒體行銷運用中，網路媒體運用扮演重要角色

統計分析發現，三類型媒體：傳統、電子與網路媒體，皆有助於學校媒體行銷策略的運用。其中又以網路行銷所得平均數最高，高於電子媒體的平均數，顯見學生對於網路行銷的接受度較高。對於學校而言，網路行銷所需付出成本，比傳統書面媒體與電子媒體等來得低，卻能發揮更為迅速與廣泛的影響效果，因此善用各種網路媒體，如：網頁、Facebook、E-mail 等，對學校行銷成效的提升有所效益，亦能提升學生的忠誠度。

（三）針對媒體行銷策略運用之研究可擴及研究深度

研究者驗證了預設模式，檢驗了媒體行銷、媒體素養與忠誠度之間的關係，藉以建構與確認此三變項的結構模式。在既有量化研究成果下，未來對於此類型研究，可以考慮從質性研究著手，針對三潛在變項進行更為深入的探究，包括目前學校端使用媒體行銷類型的狀況，或是針對成功學校進行個案研究，以釐清學校行銷成功之因，發揮其實務研究功效。再者，在媒體素養部分，目前少有研究將此議題與行銷、學生忠誠度進行聯結，未來可以深化此類型研究，把大學的教育責任與現實市場競爭機制下的商業性行為進行連結，一來有助於學校端的經營管理成效提升，二來可

以讓學校正視原本應擔負的教育責任，避免迷失在市場競爭中，汲汲營營成為教育營利性組織，造成對高等教育的傷害。

第十一章
從推拉因素論境外學生行銷策略研究

在國際競爭日益白熱化下，各國莫不重視高等教育國際化的議題，而臺灣亦在少子女化衝擊下，重視國際教育市場的擴展。本研究目的係探討：亞洲境外學生選擇臺灣及就讀學校的推拉因素。研究者採質性研究，選擇個案學校，利用訪談法蒐集資料。研究結果顯示，對於境外學生而言，促使他們選擇臺灣為留學國的決定過程中，的確有「推拉因素」作用存在，如原生國教育管道的暢通程度、對於臺灣訊息的獲得、臺灣的生活費與學費狀況等，皆是影響他們選擇的重要因素。最後，研究者根據研究結論提出幾項建議，供高等教育機構在招募境外學生時之參酌。

壹、緒論

　　2005 年，我國當年度出生人數首次跌破 20 萬人大關，2010 年更下探歷史新低點，來到 157,282 人（戶政司，2014）。在出生人數下降的同時，高等教育機構數目卻無法有效降低，而每年高等教育機構所需的學生人數亦無法有效減少，造成國內生源人數不足，影響到高等教育體制的發展，連帶地影響社會穩定與發展。為解決此一問題，並滿足高等教育國際化需求，行政院已將《高等教育輸出—擴大招收境外學生行動計畫》列為國家重點服務業，期望有效增加在臺就讀之境外學生人數（教育部，2011）。目前境外學生就讀人數逐年攀升（教育部，2012a），經由該計畫推動，希冀至 2020 年可成長逾 15 萬人，占國內大專校院學生總人數逾 10%。初步估計上述境外學生在臺留學相關花費（諸如學雜費、生活費等），經濟效益誠然有限，惟其產生之非經濟效益，對於臺灣整體國際化發展及國際關係建立，將有更深遠影響（教育部，2011）。

　　招收境外學生並非我國首創，亞洲其他國家早已積極加入境外招生行列。日本於 2004 年成立日本學生服務組織（Japan student services organization），2008 年提出《30 萬名留學生計畫》；韓國 2005 年建立《赴韓學習計畫》（Study Korea project），著眼於增加外國留學生人數；新加坡則設定境外大學生人數至 2015 年達 15 萬人，馬來西亞希望 2020 年境外學生人數達 10 萬人（教育部，2011）。反觀國內狀況，2008 年，行政院推動《萬馬奔騰計畫》，擴增青年國際交流機會，促成國內外學生進行交流、學習與深造，增加臺灣境外學生人數，加速高等教育國際化發展，同時提出強化《陽光南方政策》，希倍增東南亞來臺留學生人數，及鼓勵境外學生來臺留學或研習華語文（教育部，2011），藉由境外學生人數增加，提升高等教育國際化程度。在此政策之下，高等教育招生

對象聚焦於東南亞各國國民所得較臺灣為低之國家，或是民主程度不如臺灣者，以提高臺灣招生之利基與成效。

國際學生議題起源甚早，有關此類型之國際教育擴張期主要發生在1960 至 70 年代（McMahon, 1992），之後有些研究開始探討境外學生為何離開原生國，前往留學國就讀之推拉因素（push and pull factors）（Daily, Farewell, & Kumar, 2010）。由於招收境外學生不只具有增加學校收入效益，亦有其他附加價值存在，因此對於境外學生的重視程度與日俱增。時至今日，各國對於境外學生招生相關議題倍受重視，相關研究成果紛紛提出（如：Burn, 1999; Cudmore, 2005; Galway, 2000; Hurabielle, 1998; Ross, Heaney, & Cooper, 2007; Williams, 1981; Yan & Berliner, 2011）。亦有專家學者應用量化問卷調查方式，探討影響國際學生選擇留學國的推拉因素之國際性比較（Mazzarol & Soutar, 2002）。目前，國內針對境外學生之研究，主要還是集中在學習議題之上，隨著招生行銷議題受到重視後，開始有此類研究的出版，主要還是以量化研究為主；其中，與本研究最相關的即是張芳全（2008）的研究：臺灣大學校院向大陸招生的推拉因素之檢定，此一研究以推拉因素為主軸，進行大陸學生來臺就讀高等教育之問卷調查結果分析，雖然研究對象與本研究所設定之對象不同，然皆屬亞洲地區，有其參考價值。另外，Roberts、Chou 與 Ching（2010）以政治大學境外學生為對象，來源對象包括 22 個國家 45 位境外學生，分析其填答問卷結果，此一研究以量化問卷分析為主，輔以少部分質性研究成果。

若將時間點往前推移，十多年前有關留學生之研究，是以臺灣學子遠渡重洋至國外就讀之相關研究為主軸，此因當時之社會環境與政治脈絡所致。如：張芳全、余民寧（1999）、余民寧、張芳全（1995）等研究，可以看出當年代臺灣係以學生出口為主流，然而至今在市場化、少子女化與國際化等因素交互影響下，招收境外學生成為研究主軸。近年來，政府積

極的南向政策，提高了東南亞學生來臺就讀人數，然在相關研究中，卻缺乏焦點置於東南亞境外學生選擇臺灣高等教育就讀的研究成果，凸顯出實務與學術研究之間的缺口。整體而言，前述研究係以問卷調查為主，或是研究對象不以東南亞為主軸，或是論述臺灣高等教育學生出口狀況為主，缺乏與本研究相同的研究對象與方法；加上相關量化研究結果已證實推拉因素在招生範疇之適用性，問卷調查雖可以獲得統計數據，卻無法較深入探究問題核心的窘境，因此研究者將立足於推拉因素之理論基礎上，利用訪談進行研究資料蒐集，以個案學校東南亞境外學生為研究對象，進一步瞭解其來臺就讀推拉因素，最後根據研究結論提出對境外學生招生之建議。茲將本研究目的條列如下：

1. 探究影響境外學生離開原生國求學之推力；
2. 探討影響境外學生來臺就讀之拉力；
3. 瞭解影響境外學生選校就讀之拉力；
4. 依據研究發現，提出學校經營與政策制定時之建議。

貳、文獻探討

國內對於境外學生一詞的用法，常出現許多相關之詞彙，如：國際學生、國外生、陸生、僑生等，為使本研究聚焦，研究者將先說明境外學生之定義後，再分析目前境外學生分佈與就讀狀況；其次則針對境外學生選校系之推拉影響因素進行說明。

一、境外學生定義與分佈狀況

國內境外學生可分成攻讀學位與非學位兩類，本研究係以攻讀學位之境外學生為對象，對於非攻讀學位之境外學生，一來由於其留臺時間短暫

不一，學生選擇就讀動機與決定就讀的影響性不如學位生來得大，二來由於非學位之班別種類較多，學生選擇就讀的個別因素歧異性甚大，因此非學位生將不列入本研究調查對象之列。依目前教育部與相關法令界定，修讀學位之境外學生分成：外國學生、僑生（含港澳生，以下所稱之僑生，除特別說明外皆包括港澳生）、陸生三大類，其中陸生涉及兩岸政治意識型態，不似外國學生與僑生單純，政治運作影響力大於學校市場運作機制，學校招生行銷策略往往不敵政治力運作的事實，此一侷限亦影響學術研究上的價值，故陸生不列入本研究之對象。

　　政府針對外國學生與僑生，皆設有法令規範其在臺修讀學位方式與學校招生人數限制。外國學生在官方統計資料（教育部，2012a）中，有時以「外籍生」稱之，而外文文獻又多以「國際學生」（international student）稱呼，為避免論文中使用不同詞彙造成閱讀者混淆，研究者將依《外國學生來臺就學辦法》所使用之「外國學生」取代外籍生或國際學生，然在文獻探討過程中，則會依文本狀況，部分以國際學生翻譯之。依規定外國學生係指：「具外國國籍且未曾具有中華民國國籍，於申請時並不具僑生資格者」（教育部，2012b）。該辦法中，特別將僑生予以列明，反映出臺灣歷史發展背景；僑生係指海外出生且連續居留迄今，或最近連續居留海外六年以上，並取得僑居地永久或長期居留證件回國就學之華裔學生（教育部，2012c），而港澳學生其名額係併入僑生之比率（教育部，2012d），因此目前官方資料多將其列入僑生的計算範疇中，而以僑生（含港澳）一併處理。依據上述說明，本研究所指之境外學生係指「修習學位之外國學生與僑生（含港澳生）兩大類，不包括大陸學生稱之」。

　　依《外國學生來臺就學辦法》、《僑生回國就學及輔導辦法》與《香港澳門居民來臺就學辦法》等辦法的規定，外國學生與僑生一共可以

招收學校核定招生總名額的百分之二十。目前,國內境外學生人數呈現成長趨勢(教育部,2013a),其中目前在臺灣修讀學位之境外學生,主要以來自東南亞國家為主(教育部,2012e、2013b)。境外學生來臺就讀學校性質,公私立學校皆有之,所佔比例各約 50%,就人數而言,公立學校與私立學校人數落差不大(教育部,2012f)。在臺就讀大學學位的外國學生方面,共計有 5,711 人,其中以銘傳大學(547 人)外國學生人數最高,其次為義守大學(296 人)、逢甲大學(271 人)、國立臺灣大學(234 人)、國立臺灣師範大學(226 人)與淡江大學(201 人),其餘學校則未滿 200 人(教育部,2013c)。再者,於僑生部分,依 101 學年度教育部統計資料顯示(教育部,2013a):在不含港澳生前提下,全國計有 6,257 位僑生在臺攻讀大學學位。各校人數超過 200 人以上者,依序為國立臺灣大學(563 人)、國立成功大學(247 人)、淡江大學(216 人)、國立臺灣師範大學(209 人),其餘學校則未滿 200 人。

二、境外學生選校系之推拉影響因素

在跨境教育發達的現今,高等教育社群人口的空間移動,成為普遍的社會現象之一。臺灣在國際化、少子女化與國家政策期待下,招收境外學生成為高等教育機構重要使命。在說明留學生流動理論中,以推拉理論(push-pull theory)最受肯定(Altbach, 1998; Cummings, 1993; Sirowy & Inkeles, 1985)。周祝瑛(2010)即以推拉理論與社會資本論角度切入,探討臺灣地區國際學生調查研究,發現選擇臺灣為留學地的學生中,影響其決定因素主要為:親友的推薦、學習環境合適、文憑具有效力、提供中文學習等。

推拉理論主張,遷移發生由原住地的推力或排斥力(push force)和遷入地的拉力或吸引力(pull force)交互作用而成(張芳全,2008)。在

原生國的推力部分，Becker 與 Kolster（2012）進行國際學生招募（International student recruitment）研究發現，父母的社會經濟地位、親友教育程度、朋友和學校教師的支持外，像是教育代辦機關、雇主與贊助者角色，皆是影響學生選擇離開原生國，前往留學國就讀常見的推力；此外，像是進入原生國高等教育機構就讀困難度高、原生國高等教育文憑與就業市場契合度低、原生國高等教育文憑與工作經驗價值低、原生國的人口、經濟或政治氛圍狀況、原生國的學費與生活費水平、對於留學國資訊獲得的容易程度等，亦是形成原生國推力的影響因素（Becker & Kolster, 2012）。誠如 Cheung 等（2010）以亞洲學生為研究對象指出，無法順利進入原生國的高等教育體制、國外文憑更具競爭力及對原生國高等教育的不滿等因應，是造成亞洲學生出國留學的影響因素。換言之，當原生國無法滿足學生的需求，學生在內外因素影響下，自然會形成一種推力，加速學生離開原生國求學決定的形成。

對境外學生而言，其會離開原生國前往他國就讀的行為，其中除了蘊藏前述原生國的推力外，留學國拉力亦是重要影響因子。在眾多拉力中，文化因素是影響境外學生選擇留學國別重要因素之一，相同的文化元素有助於學生留學生涯的適應；因應文化背景歧異，學生亦會有不同的應對方式。Yan 與 Berliner（2011）研究在美就讀的中國留學生適應狀況發現，中國學生是主動且積極的參與主流文化（host culture），採取融入策略（integration strategy），融合中國傳統優良文化與美國文化，扮演兩種文化間的橋樑。而經濟因素亦是另外一個重要拉力，其不只影響學生選校，對留學國有重要經濟意涵。以美國紐約的學校而言，境外學生所支付的學費比州內學生還高，達 1.5 倍之多，對學校財政有所助益（Diana, 2010）。以臺灣來說，目前所招收的境外學生，主要以亞太地區學生為主；影響因素之一為亞太地區國家主要是新興工業國家和發展中國家，赴

國外留學的學生家庭經濟支付能力普遍不高（蘇建洲，2006），價格還是影響留學國別選擇的重要因素（OECD, 2004），在此背景之下，臺灣有其招生的利基。再者，語言因素亦是影響境外學生選擇留學國家的影響因素之一。以澳洲為例，其隨著英語成為國際語言，加上曾是「英屬殖民地」的歷史背景，使其具備同處亞太的日本、韓國等國所不具備的條件（蘇建洲，2006）。

Daily、Farewell 與 Kumar（2010）問卷調查結果顯示，影響境外學生選擇就讀國別與學校的前十大因素，依序為：畢業後的工作機會、經濟補助、學校聲望、學校訊息獲取程度、學校品質、學費、生活費、生活安全程度、親友的推薦或已在當地生活等，影響學生選擇的拉力。Becker 與 Kolster（2012）也曾針對境外學生拉力因素，以十多個國家為研究對象，綜合歸納出不同層級的拉力因素，如：語言、留學國教育的品質和名望、學位互相認可狀況、經濟與安全因素、城市狀況等。Roberts、Chou 與 Ching（2010）以臺灣一所大學境外學生為對象，研究發現學生選擇臺灣就讀的前五大原因依序為：提供獎學金、學習中文課程、生活安全、國家現代化、政治民主等，而師長推薦亦為影響因素之一。上述所論及之各因素，和較早期 McMahon（1992）、Mazzarol 與 Soutar（2002）、Park（2009）等人的研究結果相似。

總而言之，分析相關文獻可以發現：對於境外學生會離開原生國，前往其他國家就讀的推拉力因素，雖然其中涉及各國與學生狀況不同，而有不同考量，但整體而言，大致不出上述所談論：經濟、安全、人際互動、語言、文憑價值、學校品質等因素。研究者將利用訪談過程，瞭解來自東南亞地區的境外學生，其為何選擇出國至臺灣留學之推力與拉力，包括臺灣高等教育有何吸引的「拉力」，而原生國有何「推力」，讓他們做出最後的決定。

參、研究方法

　　在此，首先說明本研究對象，其次則是研究設計與研究資料處理方式之描述，最後則針對本研究資料檢證與研究倫理進行說明。茲說明如下：

一、研究對象

　　綜合文獻探討結果與研究目的，研究者選擇中部一所公立大學為研究場域，訪談目前正在就讀大學部之境外學生（包括外國學生與僑生）。在研究個案學校的選擇上，研究者考量目前高等教育機構在招生困難程度方面，北部學校因為佔有地域優勢，較中南部容易招生；而境外學生在選擇縣市就學時，亦較優先選擇北部學校，凸顯其他區域境外學生招生議題的重要性；加上研究者曾服務於中部縣市學校，對於中部學校的招生狀況與困難有親身感受，故決定以中部學校為研究場域。在選擇學校過程中，除考量研究便利性與資料可取得性，更考量個案學校近年在境外學生招收的狀況，於中部區域學校或同類型學校相比表現不錯，在全國境外學生招生成長幅度上，表現亦屬中上，對於「教育」色彩如此濃厚的學校而言，其多元性不如一般綜合大學的前提下，仍能在招收境外學生上有所表現，是值得探究的主題。

　　分析個案學校境外學生分佈狀況，主要還是以亞洲國家為主，此一人數分佈趨勢係符應國家境外學生重點招生政策：《陽光南方政策》之目標。研究者為獲取量化問卷調查研究所無法觸及更為深入的研究資訊，本研究係採訪談進行研究資料的蒐集。藉由訪談法的進行，一來可以克服境外學生對於中文文字可能產生理解上的誤差與阻礙外，二來可以藉由訪談過程，獲取更多相關問題與意見。在尋找受訪者過程中，係以亞洲學生為

研究對象，首先以滾雪球方式，請境外學生代為尋找與聯絡願意接受訪談的學生，於找尋受訪人員之前，先告知本研究目的與訪談者身分需求，一來可以降低學生抗拒程度，二來可使其先瞭解本研究之目的，有助於訪談活動順利進行。其次，亦透過個案學校負責境外學生業務之行政職員，請其推薦適合人選名單後，由研究者親自進行訪談活動。經過上述過程，本研究共計訪談 13 位境外學生，其基本資料詳如表 11-1 所示。

表 11-1

訪談者背景資料

代號	國籍	年級	家庭狀況
1F 僑	越南	二	家中 4 個小孩，排行老么
2F 外	越南	三	家中 3 個小孩，2 男 1 女，排行老三
3F 外	越南	二	家中 4 個小孩，排行老二
4F 僑	馬來西亞	二	家中 4 個小孩，排行老四，哥哥曾留學英國
5M 僑	泰國	三	家中有 2 個小孩，上面為姐姐
6F 外	馬來西亞	四	家中有 3 個小孩，排行最小
7F 僑	新加坡	二	家中有 3 個小孩，排行老大，有 2 個妹妹
8F 外	印尼	二	獨生女
9F 僑	緬甸	一	獨生女
10M 僑	香港	一	家中有 2 個小孩，上面有一個在工作的姐姐
11F 外	馬來西亞	四	家中有 3 個小孩，排行最小
12F 外	馬來西亞	一	家中有 3 個小孩，排行老二，老大工作、老么讀書
13M 僑	澳門	一	家中有 3 個小孩，排行老二，有姐姐和妹妹

二、研究設計

本研究係在探討促使境外學生離開原生國就讀之推力，並探究其選擇來臺就讀之拉力。拉力部分將分成兩大層面探究，首先為受訪學生為何放棄其他與臺灣環境相類似的亞洲國家，而選擇來臺就讀的原因；其次，則

進一步瞭解在臺灣眾多高等教育機構中，受訪學生選擇個案學校就讀的原因為何。

　　為達成上述目標，研究者採取訪談法以蒐集研究所需資料。依研究目的編擬訪談大綱。於訪談大綱編製完成，經由三位專家學者進行審核，提供修改意見後，完成本研究訪談大綱如下：

　　1. 為何離開原來的國家，選擇到別的國家就讀大學？

　　2. 於決定出國唸書時，是否曾考慮到其他國家就讀？

　　3. 當初為何選擇來臺灣的大學就讀？

　　4. 當決定來臺灣就讀時，為何選擇目前的學校就讀？

　　5. 當決定來臺灣就讀時，為何選擇目前的科系就讀？

　　研究者係以上述問題為訪談主軸，然於訪談過程中，研究者視訪談者回覆狀況，針對與本研究相關之回應，再繼續深入追問，以獲得更豐富且深入的資料。

三、研究資料處理

　　於 13 位受訪學生的半結構訪談活動中，一來避免研究助理代為進行訪談，易造成研究議題失焦，或是產生無法針對相關回答立即且深入追問之疑慮，故本次訪談活動皆由研究者親自執行。此舉不只有助於研究資料正確性的提升，亦可加深研究者對此議題的認識；研究者於訪談活動結束後，隨即進行訪談內容轉譯與記錄工作，以降低因時間間隔過久，對訪談內容產生疏離感，影響資料分析敏感度及正確性。

　　有關本研究訪談資料編碼方式，將 13 位受訪者依其訪談時間之先後，給予 1 至 13 的編號，並依學生身份（僑生：僑；外國學生：外）與性別（女性：F；男性：M）不同，給予不同的編號，以利後續資料的解讀，並符合學術研究匿名之保護原則。如最先受訪的學生 1 號，為女性之

僑生身份，則給予代號：1F 僑；為避免代號與本文內容不易區分，故代號皆加上（），如 1 號受訪學生即為（1F 僑），其餘編碼方式依此類推（詳如表 11-1）。研究者於詳細反覆閱讀受訪者回應所整理出之逐字稿內容後，開始進行訪談資料的編碼與歸納，最後著手研究結果與分析的撰寫。

四、資料檢證與研究倫理

本研究係屬質性研究，質性研究將研究者作為研究工具，強調研究者個人的獨特性與唯一性（陳向明，2004）。在獨特性與唯一性之中，提升研究的可信度策略，「三角檢證」（triangulation）即是最為人所熟知用以支持研究內部效度的策略；該方法最為人所熟知的，即是 Denzin（1978）所提出的方法，其認為可以採用多種資料來源、多位調查者或是理論等方式來支持研究的發展。本研究利用訪談蒐集受訪者意見為主，亦輔以先前研究與理論之佐證支持，於訪談過程中，除研究者親自參與訪談外，亦有兩名研究助理協助，進行訪談與資料的分析，藉以交叉比對訪談資料之有效程度。誠如 Patton（2002）所言，藉由兩位以上的調查者獨立分析比較資料的過程，可以提高資料可信程度。

在研究倫理議題的處理上，倫理道德問題主要包括自願原則、保密原則、公正合理原則、公平回報原則等（陳向明，2004）。本研究受訪學生樣本之選擇，首先向承辦境外學生單位提出受訪學生類別需求，徵得該單位主管同意後，請其提供訪談名單，並由承辦單位協助確定受訪學生是否有意願參與本研究。之後，研究者針對有意願受訪之學生進行邀約，並於訪談活動前先說明本研究之目的、內容與錄音之需求，讓學生知曉，以符合研究者之自願原則；而在論文撰寫上，研究者以匿名方式處理，嚴守保

密原則。再者，研究者於受訪學期皆未擔任受訪學生之任課教師，避免學生因受制於教師形象與權威，而喪失自主與自由意志之權。最後，針對受訪者願意協助研究之進行，深表感謝之意，並詢問受訪學生是否要知曉研究結果，若有需求者，研究者亦可以提供研究結果，以回報受訪學生對於本研究之貢獻。整體而言，研究者於研究進行歷程中，克守研究專業倫理，保護受訪學生之權益，並提供其對研究知與拒絕的權力，實以盡研究者維護學術專業倫理之責任。

肆、研究結果與分析

在此，研究者係依研究目的，將研究結果與分析分成三大層面論述，依序為：促成學生離開原生國求學之推力、吸引學生來臺就讀之拉力、影響學生選校之因素。茲分述如下：

一、促成學生離開原生國求學之推力

境外學生會離開原生國，前往其他國家繼續求學，有來自原生國之「推力」讓他們形成決定。文獻探討發現：促成學生離開原生國求學推力的因素，不外乎取決於原生國進入高等教育管道、原生國文憑價值、家庭親友狀況、文化語言與經濟考量等。

目前個案學校的境外學生，主要以來自亞洲，尤其是東南亞國家為主，西方國家的境外學生數目極少；造成此一現象，與本國官方語言非目前國際性語言（英文）有關外，其次則是本國文憑在西方國家的價值仍有待提升。13 位個案受訪學生其離開原生國的原因主要可以區分成幾大類：

（一）原生國教育體制無法滿足學生需求

首先，因原生國無法提供合適的學習環境與學校，故學生選擇離開原生國赴他國就學。如（6F 外）學生因為原生國升學體制，讓他無法順利升學，促使他離開原生國；（10M 僑）則因為原生國升學管道不夠順暢，而選擇到其他國家繼續升學，此一結果和 Becker 與 Kolster（2012）、Cheung 等人（2010）所提出學生離開原生國的推力：「進入高等教育就讀不易」的結果一致。此外，原生國在學制與科系上的侷限，亦使學生離開原生國，如受訪者（8F 外）因為原生國無法滿足其學習音樂的需求，而離開原生國即是一例。

> 「因為我是念私立學校不是公立，我們有分公立跟獨中，我是念獨立中學的，我大概十五歲的時候就已經決定要出國，因為我們要考進去本地公立大學比例較低，而且也是用英文跟馬來文。」（6F 外）

> 「因為香港的大學很難進，很少學位，不容易進去，還有學費也不便宜，有很多大學生念完後，畢業後就要還很多錢。」（10M 僑）

> 「因為在印尼泗水沒有大學有音樂系，所以我要出國念音樂，不然就是要去雅加達，反正都要離開家就順便去遠一點。」（8F 外）

（二）來自家庭親友的支持力量

其次，有受訪者表示家庭親友的「支持」，是其離開原生國赴國外求學的重要推力。家庭親友的「支持」形式很多，除常見的經濟援助提供

外，家人的升學模式、親人居住國外等皆是提高學生離開原生國的重要推力。Mazzarol 與 Soutar（2002）所進行的跨國研究中，問卷調查指出：臺灣、印度、印尼等三個國家的學子，有超過六成以上者會因父母和親友的關係而選擇留學國，其中印尼更高達八成以上；而周祝瑛（2010）的研究中，亦說明親友推薦也是重要影響因素。

在本研究中，個案（11F 外）學生的姐姐皆是出國讀書的升學模式，因此對她而言，離開原生國繼續就讀似乎是一種命定的求學過程；而（2F 外）與（3F 外）學生則是因為有親人住在國外，提高其出國留學動機。

> 「家裏有 2 個姐姐，我最小，大姐俄羅斯畢業了在馬來西亞工作，二姐在新加坡唸書。所以都是出來的，就是想出國念書，然後父母都是在臺灣念書的。」（11F 外）。

> 「還有我朋友啊！他有姑姑在這裡，她結婚在這裡，所以呀有親戚在這裏這樣。」（2F 外）

> 「我是因為有親戚在這邊，所以我才離開越南。」（3F 外）

（三）原生國文憑價值較留學國低

在不同推力因素中，國外文憑在原生國是否具有「價值」，亦是促使學生離開原生國的原因之一。誠如 Becker 與 Kolster（2012）所言：「原生國高等教育文憑價值低，會加速學生離開原生國。」誠如 Cheung 等（2010）針對亞洲四大城市：孟買、新德里、雅加達、吉隆坡的亞洲學生進行調查研究，藉以制定提升香港高等教育行銷力的策略，研究指出「學生相信國外學歷文憑會提升他們回國後的競爭力」，會影響他們出國

留學的動力。在此研究訪談過程中，研究者亦發現，目前臺灣的文憑在一些東南亞國家中具有影響力，成為學生離開原生國的動力。

如（5M 僑）與（2F 外）學生就不約而同表示，在臺灣獲得文憑後，回到原生國將可以獲得較好的待遇與生活。

> 「因為越南現在（學費）價格很高，然後要是你在越南大學畢業後，能找到好的工作不簡單，薪水也很少啊。……越南畢業後薪水很低而價格很高，因為現在在這裡啊！很多香港、中國、臺灣到我們國家來，然後開公司什麼的，他需要我們的人才。……回去工作找那個臺灣還是那個中國那個公司就可以了。」（2F 外）

> 「回泰國之後我覺得工作比較好找，因為在泰國很多人都是對中文很有興趣。……在泰國的話，會中文的人很少，就是在很多學校，希望有個中文老師。」（5M 僑）

（四）對原生國生活或教育狀況的反動

最後，受訪者中亦表示其會離開原生國，主要原因在於：對原生國家的不滿及對他國的期待，（7F 僑）學生來自經濟發達的新加坡，臺灣人對新加坡的認知往往是：經濟發達、治安良好、國際化程度高的外在形象，但對於生活在新加坡的學生而言，其可能因為對某些層面的不認同，而提高他離開原生國的動力；此訪談結果與 Cheung 等人（2010）的研究結果一致。

> 「新加坡都很 OK，是外界對我們的看法，可是其實我並不這麼覺得。……（問：新加坡商業什麼都很發達？）對啊！經濟能力都在，可是我要的不是經濟，我追求的並不是金錢上的滿足而已，就是覺得新加坡不舒服了所以想要離開。」（7F 僑）

總而言之，經由訪談資料分析得知，促成學生離開原生國求學之推力有：原生國教育體制無法滿足學生需求、來自家庭親友的支持力量、原生國文憑價值較留學國低、與對原生國生活狀況的反動等因素，造成東南亞學生選擇離開原生國，前往臺灣留學國之結果。

二、吸引學生來臺就讀之拉力

　　促使學生成為留學生除了原生國的推力外，留學國的拉力亦扮演另一個重要影響的因素。拉力因素可以區分成留學國與就讀學校的拉力，在此將先說明臺灣吸引學生前來就讀的原因，對於選擇校別與科系則待之後再補充說明。在國家層級拉力中，Becker、Kolster（2012）、Daily 等人（2010）、Roberts、Chou、Ching（2010）、Park（2009）研究顯示：當學生感受到原生國的「推力」，促使他們萌生出國留學的想法後，留學國家的拉力—留學國的教育品質、文憑價值、經濟因素、生活安全度、國際化程度、親友推薦等因素，將促使學生前往留學國就讀。研究者訪談境外學生後，發現臺灣所呈現出來的拉力與上述研究成果相符，主要可以區分成以下數項拉力：

（一）經濟因素具有影響力

　　首先，境外學生選擇臺灣高等教育就讀的重要因素之一，即是經濟因素。在經濟因素中，包括兩類：其一為學費是可負擔的，其二是生活費較低廉，這也是一些學生沒有選擇到歐美國家就讀的重要因素（如：10M僑）。以低學費或是獎學金方式吸引境外學生，是臺灣目前最常採用的招生策略，期望藉由降低學生經濟壓力方式，作為吸引境外學生的因子。然而誠如陳素琴（2010）所提及，此一政策並無法真正解決境外招生問題，而以市場區隔的課程安排才是作為成功的關鍵因素。不可否認，目前

學費問題仍是影響學生選擇留學國的主要因素。接受訪談學生中，超過二分之一比例的學生將臺灣學費較便宜視為重要選擇影響因素，如：（1F僑）、（4F僑）、（6F外）、（10M僑）、（12F外）、（13M僑）等學生皆曾提及，因為臺灣的學雜費或物價比較能接受，而影響他們決定的結果。

> 「臺灣是比較符合經濟的問題。我很想去英國，但費用很高，然後我們越南的話，申請也比較難。中國大陸的物價也不低啊！如果你去比較熱鬧的地方。」（1F僑）

> 「因為我之前對臺灣有一些憧憬，就很想要來臺灣，感覺電視都很誘惑人。……，而且學費也比較便宜。對我們來說，比中國大陸便宜。」（4F僑）

> 「中國大陸那裡的學費也不便宜，一定比這裡貴，加上那裡生活費也高，所以是臺灣比較適合。」（10M僑）

> 「就他們說臺灣價格比較便宜。對！所以我選擇來。因為學費是最大的考量，然後還有可以出來，出來見識一下。」（12F外）

> 「但是，比較喜歡臺灣。就跟朋友說，他就說你第一次決定是什麼？之後就選第一個，就臺灣。……（問：那你沒有考慮過其他國家嗎？）沒有，那是因為太昂貴了。」（13M僑）

（二）生活安全度的考量

若以中國大陸與臺灣相比，兩方地理區域落差不大，學費與生活費上亦相差不遠。然而，研究者詢問受訪學生當初選擇國別時，中國大陸是否

為選項之一，學生反應以選擇臺灣為主，主要是基於生活安全度的考量，因為臺灣可以提供較好的保障與品質，如（11F 外）學生即提到，中國大陸的黑心食品問題，讓他對去中國大陸留學卻步，而（12F 外）則選擇學校就讀時，未曾考慮到中國大陸此一選項，（8F 外）與（10M 僑）學生則認為中國大陸有一點亂、危險，不喜歡。此一研究結果得到 Mazzarol 與 Soutar（2002）研究的支持，以印尼與中國大陸學生為例，其對於安全環境的需求，有超過六成五的填答者認為生活安全因素是他們選擇留學國的影響原因之一；而周祝瑛（2010）的研究中，亦提出適合學習的環境會影響境外學生選擇的因子。

> 「中國大陸不去是因為不喜歡，有一點亂。」（8F 外）

> 「（問：如果今天臺灣跟中國的學費跟生活費是一樣的時候，你會選擇哪裡？）也是臺灣，因為感覺起來中國會有很多山寨品，感覺起來比較危險。」（10M 僑）

> 「而且他們的食品有點恐怖，所以家人也不同意。」（11F 外）

（三）對語言文化的喜好

其次，在經濟與生活安全因素之後，最常被提及的是語言與文化的相似度。臺灣官方語言不是英語，雖然會流失許多以英語為母語的學生，但隨著華人在國際社會發光發熱，中文的影響力與重要性日益提升，對於吸引境外學生實為利多。在探究境外學生為何選擇臺灣的研究中，問卷調查結果亦證明中文的學習，對於部分有需求的境外學生而言，仍有其影響力（周祝瑛，2010）。受訪學生（6F 外）、（7F 僑）、（8F 外）學生即表示學習中文，是讓他選擇來臺灣就讀的原因之一。

「我沒有那麼喜歡英文跟馬來文，我比較喜歡中文，所以第一選擇就是到大陸或臺灣升學這樣。」（6F 外）

「因為我還是比較喜歡中文，所以就選擇臺灣，而且我覺得臺灣的文化跟新加坡其實滿像的。」（7F 僑）

「因為也是順便學中文，……因為前年有到香港看鋼琴比賽，我有看到臺灣的小朋友也是很屬害，所以我覺得臺灣的音樂是不錯的。」（8F 外）

（四）家人支持的力量

家人的支持與狀況，亦會影響學生選擇臺灣為留學國意願的高低。誠如周祝瑛（2010）、Daily 等人（2010）問卷調查結果顯示，親友的推薦或已在當地生活的因素，是留學國吸引學生的「拉力」。於本研究中，亦發現有親人（曾）在臺灣就學、定居或工作，皆會影響學生是否選擇臺灣作為留學國的決定，（2F 外）、（3F 外）、（9F 僑）、（11F 外）學生即是因為家人曾在臺灣求學或居住，對臺灣有所瞭解之下的第一選擇。

「……中國大陸嗎？我聽說在那邊的環境，沒有臺灣好。嗯！還有我朋友啊，他有姑姑在這裡，她結婚在這裡。」（2F 外）

「我是因為有親戚在這邊，所以才來這裏。……中國大陸的話，因為臺灣跟中國大陸比它的水準，生活水準臺灣比較好。」（3F 外）

「我表姐、表哥也是從臺灣留學之後，自己發展。……對，他們也很支持我來臺灣，所以那時候沒有考慮過其他地方，就是選擇臺灣。」（9F 僑）

> 「就是想出國念書,然後父母都是在臺灣念書的。……臺灣學費
> 比較便宜的,……中國大陸的學費貴一點點,生活費比較
> 高。」(11F 外)

(五)留學國文憑的價值

誠如前述文獻探討所言,留學國的文憑價值,會成為學生選擇留學國的拉力。於語言文化因素時亦談到:「隨著華人在國際社會發光發熱,中文的影響力與重要性日益提升,對於吸引境外學生實為利多。」而留學國的文憑價值若高於原生國時,所產生的拉力自然隨之增加。周祝瑛(2010)、Mazzarol 與 Soutar(2002)、Cheung 等人(2010)的研究指出,留學國的文憑價值,對於境外學生而言,能發揮「拉力」的效果。誠如此次訪談學生(5M 僑)所言,在臺灣學習中文的經驗,讓他回國後可以獲得較好工作機會與薪資待遇。

> 「我覺得我比較喜歡就是中國文化之類的,回泰國之後我覺得工
> 作比較好找,因為在泰國很多人都是對中文很有興趣。……很多
> 學校,希望有個中文老師。」(5M 僑)

綜上所述,臺灣之所以能夠吸引東南亞學生前來就讀的原因,主要為:經濟、生活、家庭等因素外,對語言文化與對臺灣文憑價值的認同,亦是吸引境外學生來臺的影響因子。

三、影響學生選校之因素

當學生決定來臺灣就讀高等教育時,接著面臨的問題是:要選擇哪一所學校就讀。目前,國內有 150 所以上的高等教育機構,分佈在北中南東各區,除少數學校在國際上較有名氣外,其餘大學的資訊與名望則不易被

境外學生所獲知。分析境外學生選擇個案學校之原因，主要有下列幾項：

（一）北部學校具有被選擇的優勢

學校所在地點，常常是吸引學生就讀的重要影響因子（Moogan,
2010）。在選擇學校過程中，境外學生常以選擇北部學校就讀為第一優
先，如：（1F 僑）、（4F 僑）受訪者表示來臺灣就讀，就應該到北部去
看看。在僑生填答志願的決定過程中，常以北部為優先選擇，其次才是中
部或南部；如（1F 僑）與（4F 僑）在選填志願的過程中，即以北部為優
先。

> 「我也是排的……就是像她一樣排優先順序；我先填臺北然後填
> 臺中，然後最後才是臺南。然後應該是分數進不去吧，因為我有
> 選臺北都是選比較好的學校，填填看嘛！」（1F 僑）

> 「我也不知道，因為來臺灣當然是想要來臺北對不對，……因為
> 想要去臺北，我們最多可以填七十所學校，然後看成績分發，可
> 能當時填滿前面的。」（4F 僑）

（二）學校公私立性質影響選擇結果

除了北部學校占有招收境外學生之優勢，另外一個與「學校所處區
域」同樣發揮功用的因素為學校性質。對於境外學生而言，學校性質為國
立或私立，會影響其選擇學校的決定。有些學生在選填學校時，除了以北
部為優先考量，另外一個重要影響因素便是該所學校是否為「國立」，
（9F 僑）學生即反應：「當時他只填國立的，沒有填私立學校。」

> 「就是先選臺大、政大……還有什麼之類的。因為我就選國立而

已，我不要私立。」（1F 僑）

「越南有分國立跟私立，就是在薪水上也有差。」（2F 外）

「如果叫我選擇，我還是想選擇北部，第一志願是臺灣大學，就是排名前面的，臺灣大學、政治大學，還有臺北大學啦。因為我志願只有填國立的，沒有填私立學校。」（9F 僑）

「因為我是分發來的，我把國立的放在前面，所以就排到了。（問：本校你大概寫到第幾個？）……第 16 志願。」（10M 僑）

（三）直接招募具有不錯的效果

在選擇個案學校就讀的境外學生中，有部分是透過原生國招生單位，進行面對面直接招募時，提供個案學校資訊；（12F 外）學生即表示，他是透過馬來西亞留臺校友會聯合總會的推薦，才選擇個案學校就讀；另一位學生（3F 外）則表示，其是透過仲介單位的引薦，才選擇個案學校就讀。亦有學生反應，他會選擇個案學校主要原因是因為個案學校曾到該生原生國辦理招生活動，得知本校資訊，因而選擇來臺就讀個案學校（8F 外）；Cheung 等人（2010）的研究結果亦支持直接招募的功效。

「我會來這個學校，有一點像這邊類似要去美國，或加拿大念書……那種留學代辦。……自己辦的話不知道要怎麼辦啊！因為有什麼什麼資料啊，什麼什麼填什麼的啊，然後去什麼哪裡的問題。」（2F 外）

「我們是經過一個仲介介紹一些學校，比較好的學校。然後他就說在臺中 XX 大學也算是比較好。……因為我們就是外籍生，只要我們的分數達到學校的標準，然後就可以進來了。」（3F 外）

「我會選擇臺灣，但是我會挑學校，像這所學校是我原本打電話去我們留臺聯總詢問時，我是想要到臺北教育大學的，可是那裡的獎學金就比較少，就是有人推薦這裡，但是以前我是沒有聽過 XX 大學，可是因為那裡有老師在介紹之後就覺得好像很不錯，後來也知道這裡幼教系還滿有名的。」（6F 外）

「因為有去泗水辦展覽，所以我就認識這個學校。」（8F 外）

（四）低廉的學費政策具有吸引力

有當地招生單位或人士的協助，對招生具有正面助益。在單位的協助之下，學校如果可以提供足夠誘因，亦是影響學生是否選擇該校的重要因素。誠如 Cheung 等人（2010）針對香港高等教育招收亞洲學生的研究中，即指出「費用」（price）是影響學生出國求學的重要因素。在訪談過程中，即有一位境外學生表示，當年他選擇個案學校的主要原因，是因為學校提供吸引人的學費政策（6F 外）；另一位境外學生（12F 外）亦是因為獎學金的吸引力，而以個案學校為首選。

「因為那是學校第一次對外招那麼多，那時候學校自己也沒有寫得很詳細，所以學校就是寫四年。大家聽到四年就來了。……因為大陸對僑生比較沒有那麼好、福利也沒有那麼好，而且地方很大，如果要挑學校也沒有很好挑，根本也不知道。」（6F 外）

「因為我到留臺聯總（係指：馬來西亞留臺校友會聯合總會），然後它介紹這個學校給我，就是推薦過來會有獎學金拿。那時推薦了兩所，義守和 XX 大學，但義守沒有我的科系。……它說是姊妹校，就是有合作關係。」（12F 外）

（五）系所為個人選擇下的產物

在系所選擇方面，學生多是已有想法，才來個案學校就讀。以個案學校狀況，某些科系在境外學生原生國具有特色與吸引力，如對於幼教產業有興趣的學生，會選擇個案學校的幼教系；對中文學習與教學有興趣者，會選擇語教系類科。例如（4F 僑）學生即是希望回原生國後，可以從事中文教學工作，因此在選填志願時，即以語言相關科系為主。而選填幼教相關科系的學生（11F 外、12F 外），則是因為之前已有相關工作經驗，因此來臺後即以幼教科系為首選。

> 「我是對商業、對錢有興趣。……因為我不喜歡死背，我比較喜歡活的用腦想，數字啊不用背，有時候算一下就出來了。」（1F 僑）

> 「對中文文學有興趣，語文是我的興趣，所以剛好結合。」（4F 僑）

> 「因為喜歡小朋友，我也有在幼兒園工作過，所以選擇幼教。」（11F 外）

> 「嗯！喜歡小朋友。可是來這裡讀之前我有去工作，也是關於幼兒的。」（12F 外）

> 「沒有分什麼（係指北部或中部），我就是選我自己想讀的系。」（13M 僑）

（六）親友支持影響學校的選擇

在留學國、學校或科系的拉力中，「親友」一直扮演重要的影響角

色，此一結果在 Mazzarol 與 Soutar（2002）研究中得到支持。誠如前述，因為有親友的推薦或居住於臺灣，而選擇臺灣為留學國；或因為有親友的居住，而選擇該縣市就讀；連帶也就提高境外學生選擇某些學校的意願。如：（2F 外）與（5M 僑）兩位學生，即是有親人居住於個案學校所在城市，因而選擇該所大學就讀。

> 「因為那個小姐幫我們介紹，她幫我介紹很多學校。然後我看一看，因為在這裡有朋友的姑姑嘛。然後我看看，哦！這裡臺中、也是國立，也有教育大學，也是教育的部分。所以我想到這裡呀！然後念中文。」（2F 外）

> 「這個學校喔！其實我選臺中是因為我有個姊姊在臺中。」（5M 僑）

> 「還有一個部份是因為我哥在臺灣居留啦！所以我第一選擇一定是這裡，而且對臺灣的幼教比較感興趣一點。」（6F 外）

（七）對國家與城市的喜好影響決定

最後，影響學生選校因素種類，除了前述之區域、學校性質、經濟因素、親友推薦等外，城市形象的建構與學校熱情氛圍的營造，帶給學生的感受亦會影響其選擇；這也是近年來，城市行銷議題受到重視的原因。（7F 僑）學生來自新加坡，因為曾經停留過一、二天而喜歡上臺中，因此選擇來臺就讀時，就以臺中的學校為首選。其次，學校對於已招收的境外學生，所給予的感受，亦會影響其就讀意願；（11F 外）學生即表示，因為個案學校所給予的「熱情感受」，使其放棄其他北部學校，而願意選擇個案學校就讀。

「其實我當初是個別申請，而不是填志願的，所以過了就是過了，然後看我要不要接受。我其實有申請北部跟臺中的，兩個都有錄取。……我三、四年前有來過臺灣遊學，有在臺中停留一兩天，就覺得還滿喜歡臺中的。」（7F 僑）

「因為本來就是要去中國？還是臺灣？前年有跟家人到臺灣還滿喜歡的，比其他國家喜歡。」（8F 外）

「沒有說以北部為優先，因為北中南都有選學校，就是錄取後再慢慢挑選，然後選擇學校。……嘉義、新竹教育大學、臺北市教育大學、臺南還是南臺好像都有上。那時候都有上網去看那些學校的網頁，最後覺得這所大學比較好，看了環境等等，而且老師學長姐比較熱情，被錄取的時候會有 E-mail 找我們會詢問詳情，可是其他學校沒有，所以怕會去到那所學校而不受到照顧的感覺。」（11F 外）

綜合比較個案學校與居於北部學校之狀況，個案學校在招收境外學生上，的確有其劣勢與困難需要克服。經由訪談資料分析，影響受訪學生選校狀況中，北部學校有其地理優勢，而公私立性質亦會影響境外學生的選擇。此外，面對面的直接招募、低廉的學費、親友的支持等因素都會影響選校結果，最後，有關個人對城市與系所的喜好程度，亦會影響選校結果。

伍、結論與建議

以下先分項說明本研究之結論，其次則是立基於研究結論提出五項研究建議。

一、結論

經分析訪談所得研究資料後，得出本研究結果發現如下：

1. 促成學生離開原生國求學之推力，包括原生國無法提供適合與通暢的學習環境，致使學生選擇離開原生國赴他國就學。其次，則是家庭親友的支持，包括經濟性支持、親友居住國外的因素，促成學生離開原生國。而國外文憑在原生國是否具有「價值」，亦是促使學生離開原生國的原因。最後，則是學生對原生國的不滿及對他國的期待，成為其離開原生國的動力。

2. 留學國對境外學生具有拉力，以吸引學生前往就讀。研究者訪談境外學生後，發現臺灣所呈現出來的拉力與文獻探討結果相符。首先，境外學生選擇臺灣高等教育就讀的重要因素為：經濟因素。在經濟因素中，可包括兩類，其一為學費是可負擔的、其二是生活費較低廉，而這也是一些學生沒有選擇到歐美國家就讀的重要因素。若考慮語言與文化較為相近的中國大陸與臺灣的比較，由於生活安全與政治民主程度方面考量，讓學生願意選擇臺灣為留學國。最後，「中文」的學習、臺灣高等教育文憑的價值與家人親友的狀況，亦是吸引學生來臺的重要拉力。

3. 在選擇學校過程中，境外學生常會以選擇北部學校就讀為第一優先。在選擇個案學校就讀的境外學生中，最常見的原因是透過原生國的招生單位，進行面對面直接招募最為有效。除了有當地招生單位或人士的協助，對招生具有正面效益，學校是否可以提供足夠的誘因，亦是影響學生是否選擇該校的重要因素。此外，學校性質（國立或私立）、學生個人的興趣、城市形象、學校氛圍的營造、學長姐制度，皆是影響學生選校的因子。

二、建議

經由上述研究結論，研究者提出五項建議如下：

1. 鎖定目標市場後，面對面直效行銷發揮效果

依訪談資料得知，針對個案學校狀況，由於其非世界百大排名之內的學校，且非地處北部區域，故在臺灣一百多所高等教育機構中，要讓境外學生得知，的確有其難度。受訪學生表示，當初對於個案學校的熟悉度並不高，主要有來自原生國當地機構、或是師長推薦，是影響其選擇個案學校的重要因素。

在臺灣，由於少子女化與國際化的挑戰，促使不同層級學校期待藉由境外學生就讀，補足國內少子女化可能產生的缺額。然而，對於非五年五百億的大學，或是一些處於中段的大學，或地處臺北以外的學校而言，單靠境外學生對臺灣各大學的印象，實難以吸引其前來就讀。在訪談過程中，發現原生國當地機構的介紹與推薦，對於吸引境外學生有其效果。從「直效行銷」（direct marketing）的角度切入，藉由特定媒體向消費者傳遞訊息，將商品與服務的資訊直接傳送到目標市場中，較能發揮功效。同樣地，此一理論亦適用在境外學生的招生活動上，學校藉由特定機構與活動，將目標鎖定在特定學生族群、鎖定在適合招生學校的學生族群，如：特定的高中、特色的專長學生或是地域，將有利於招生成效的彰顯，而非漫無目的如大海撈針般推動招生活動。

2. 國家與城市形象營造，有助於境外學生招生

從上述訪談結論中，可以得知國家與城市是否友善？是否安全？皆會影響境外學生是否選擇來臺就讀，甚至成為選擇某些學校就讀的拉力。臺灣在亞洲留學國中，與中國大陸同樣使用中文，在生活與文化上有較相似的脈絡氛圍，因此在招收境外學生的過程中，目標市場必有重疊之處。如

何讓學生選擇臺灣，而非中國大陸？這就涉及臺灣整體環境的塑造。

在訪談過程中，受訪學生表示沒有選擇中國大陸的主要原因為：生活安全程度的考量，包括政治、民生與校園生活等。其實，境外學生的招收涉及面向廣大，並非由學校一己之力即能成功，中央與地方政府皆應致力於國家與縣市形象的營造。誠如受訪學生表示，選擇個案學校所在縣市，是因為有親自感受過這個城市的友善與環境，因而來臺灣就學時，就將此縣市列為首選，其次才是個案學校的選擇。因此，國家與城市形象的營造，對於境外學生招生具有正面助力。

3. 獎學金為重要拉力，進一步則應該強化系所特色

分析文獻探討與訪談資料發現，「獎學金」在境外學生招生過程中，扮演重要的影響角色。誠如受訪學生表示，他們有一些人並非沒有考慮到歐美國家，但最後選擇臺灣成為留學國，經濟因素是重要的拉力。比起歐美國家，臺灣的生活費與學雜費相對低廉，與中國大陸相比，亦有經濟因素上的優勢。個案學校提供的學費優待，即是境外學生放棄選擇其他學校的影響因子。

學費上的減免，不管是使用獎學金方式或是減免學費的方式操作，皆是招收境外學生可行的手段，但畢竟不是持久性策略。因為招收境外學生的原因中，有一項重要考量：即是增加學校的收入；若無止盡的提供優惠，不只對國內學生不公平，對於疏緩學校財政壓力亦無所助益。綜觀國內狀況，目前此一策略廣為高等教育機構所採用，但這應只是過渡期，藉由初期根基的穩固，作為後續境外學生招生的基礎。在此過程中，建構有特色的課程或科系作為招生號召，才能發揮長期性效益。誠如受訪學生反應，會選擇來臺灣，就是對中文有興趣，或是因為臺灣在此領域的表現不錯，而放棄其他國家作為留學國的決定；另外學生反應，由於本國的幼兒

教育培育具有特色，對於未來回國後的就業有加分作用，因此選擇來臺就讀此類系所。因此，就大學端而言，應凸顯學校或學系的特色，進而建構符應特色的課程，以提升境外學生來臺選讀的動機。

4. 凸顯中文語言學習重要性，並提升文憑價值

臺灣官方語言並非英語，中文學習才是我們的強項。然而，反觀許多學校將使用全英語授課，列為招生重要策略。不可否認，採用全英語授課模式，是可以吸引一些以英語為母語的學生。但再進一步思考，我們採用全英語授課的環境與競爭力，有辦法超越鄰近的新加坡與香港等國家嗎？雖然我們的學費與生活費是比這些國家低廉，但是獎學金與學費減免政策畢竟只是過渡時期的策略，一旦沒有此誘因時，學生是否會將臺灣再列為第一選擇呢？值得深思。

我們應該突顯中文語言學習的重要，除了提供部分英語授課之課程外，對於中文的學習，實應列為重要學習的目標，對於中文能力不佳的學生，應設有輔導機制，而非一味以全英語授課為賣點。另外，要提升臺灣文憑在他國的價值，最立即的成效即是在學生原生國企業組織的接受程度。誠如受訪者所言，臺灣的文憑與學習，有助於他回國後，在國內找尋與中文相關的工作，而對於尋求一些臺資或陸資出資的企業職缺，亦有加分作用，無形中提升臺灣文憑的價值度。例如：目前臺資企業在東南亞國家皆有所發展，因此藉由實際的產學合作方式，擴大境外學生回原生國後的就業市場，無形中即是提升臺灣文憑的重要因子。

5. 重視境外學生錄取後至註冊期間的互動模式

當學校執行完所有招生策略，接下來就是等待學生自由填寫就讀學校的過程。在此過程中，許多學校常以守株待兔的心態，消極地等待學生的決定，認為學生選寫志願學校並非學校端所能控制，故而抱著只能等待學

生前來註冊就讀的態度；此一現象，在國立大學中更容易發生。

　　在少子女化衝擊下，高等教育機構對於國內生源部分，已從以前「等待」心態，改以主動積極態度，一旦獲知錄取學生名單後，即開始以各種方式聯絡學生，表達十足善意與期待學生前來註冊就讀的誠意。對於境外學生，學校亦應以相同的規格進行聯絡。訪談過程中，研究者發現有一位學生當初在申請學校時，同時錄取與個案學校相仿且位於北部的學校，但最後他還是選擇就讀個案學校，除了由學校網頁得知訊息外，再者則是因為學長姐與校方的主動聯繫，減低他來臺灣就學的恐懼，讓他決定選擇個案學校就讀。經由研究結果發現：與境外學生的聯繫包括：網際網路、電話或其他形式，可以提高學生報到率，提升招生成效。

第四篇
高等教育經營管理趨勢與行銷展望篇

第四篇為《高等教育經營管理趨勢與行銷展望篇》，共計有二章。首先，以目前國內五本學術評比佳的期刊做為分析對象，瞭解國內高等教育經營管理議題與趨勢狀況。其次，則是綜合前述十二章之內容，於此進行高等教育機構行銷爭議與展望的探究。

第十二章
高等教育經營管理議題與趨勢

　　臺灣高等教育經營管理的發展，隨著高等教育相關法令的解套，賦予學校更多的治理權責，學校經營管理者擁有更大權限進行學校治理工作，經營管理的方式亦更多元與彈性。然而，在少子女化、市場化與國際化等外在環境影響下，加上學術自由之風盛行，社會大眾、家長與學生對學校的看法與期待已不同以往，學校端面臨經營管理議題的挑戰日益提升，而這樣的狀況亦反映在學術研究成果量的展現；學術研究成果會引導學校經營管理的改變，學校經營管理模式的轉變亦會影響學術研究的方向，兩者間關係密切。本章以目前國內五本學術評比佳的期刊做為分析對象，瞭解國內高等教育經營管理議題與趨勢狀況。

壹、緒論

　　臺灣高等教育的發展，從配合政府政策，培育滿足國家與社會經濟需求的人才，發展至今，政府對於高等教育仍保有一定的掌控力，政府可以藉由經費補助，或是政策的制定，引導高等教育的發展方向。以美國為例，各州政府為了讓高等教育發展可以符應政府需求與政策規劃方向，推動「以州目標與優先項目為主的經費補助模式」（aligning funding models with state goals and priorities）（NCSL, 2014），善用政府經費補助的優勢條件，引導州內高等教育的發展方向；此一著重高等教育表現本位的經費補助模式（Performance-based funding for higher education ），讓高等教育的發展與政府政策方向達到緊密結合（NSCL, 2015），並有效克服「入學本位經費補助模式」（enrollment-based funding model）無法解決的問題。在臺灣，由於公部門高等教育經費有限，政府無法負擔高等教育機構經費支出，為了讓高等教育為政府所用，充分落實教育政策理念，競爭型計畫的申請成為學校獲得資源的重要管道。對學校端而言，在市場化趨勢下，學校間的競爭強度提升，高等教育機構端為了永續經營，除了積極強化其教育功能外，對於其他經營管理工作，如：人力資源管理、財務管理、行銷運用等，亦成為學校需善用的管理策略。

　　針對相關期刊內容的分析，實有助於瞭解該議題的內涵與發展趨勢。李琪明（2013）分析 1971 至 2011 年間，《道德教育期刊》（The Journal of Moral Education）945 篇研究論文，採用內容分析法，希冀對於道德教育研究的重點及其趨勢有所了解，同時將此成果轉化為對我國道德教育研究與發展的啟示；黃義良（2012）針對臺灣地區歷年（2003 年迄 2011 年 4 月）以教育品牌為主題的學位論文與期刊論文進行內容分析，藉以明瞭教育品牌學術研究的發展；吳京玲（2009）分析 2000～2007 年

臺灣高等教育教學研究之 TSSCI 期刊論文與博碩士學位論文，以探討此時期臺灣高等教育教學研究的最新成果，並預測其未來發展；黃柏叡（2012）藉由分析我國《比較教育》期刊文獻，探討我國比較教育研究領域的主題、內容與脈絡，以瞭解此一領域之研究走向與內涵。諸如此類的分析模式，藉由期刊論文內容的分析，可以瞭解該主題的發展狀況，甚至能預測之後的研究走向。因此，研究者特選定此一研究方法，選擇國內幾本具有學術地位與影響力的期刊，進行內容分析，以瞭解高等教育經營管理相關議題的研究狀況。

　　高等教育研究面向多元，舉凡課程、教學、行政、人事、政策等，都是學校經營管理的一環，影響學校的經營管理成效甚劇；為瞭解目前國內對於高等教育階段研究議題的研究狀況，研究者特選定五本 TSSCI 等級期刊，進行內容分析，以瞭解國內高等教育階段研究的內容與取向，期能發揮鑑往知來之效。再者，於進行本文撰寫之初，研究者先行審視所有論文之主題後發現：在歷年的研究成果中，單獨以高等教育機構行銷為題者，所進行的研究成果數量十分稀少，若將題目定為高等教育行銷議題與趨勢分析，一來無法審視近十年高等教育領域的研究成果，二來由於此類論文數目偏少，恐影響分析的價值性，因此研究者於進行完期刊主題初探後，始確認本研究之題目「高等教育經營管理議題與趨勢」，期能藉由本研究分析的完成，瞭解近十年來臺灣學術界在高等教育經營管理相關議題中的研究狀況。有關研究樣本期刊種類之選擇與分析方法等，將於《貳、研究方法》中，予以詳細說明之。

貳、研究方法

　　在此，首先說明本研究選定期刊之標準與範疇，其次則是進行分析方

法的說明，最後則進行各類研究主題的界定。

一、研究範圍

　　本研究主要想瞭解國內近十年（2006-2015）來，有關高等教育經營管理議題研究狀況與趨勢。為探究此類型議題之研究狀況，研究者逐一審視相關性學術期刊之論文內容，以瞭解高等教育經營管理類議題之研究狀況。目前國內教育類學術性期刊有學會、系所或是以學校為單位所出版，種類繁多，加上有些期刊文章內容不易取得，而每年新出版與停刊的期刊亦不在少數；因此，如何選擇合適且具代表性之期刊進行內容分析，實為本研究首要工作重點。

　　經查科技部人文社會科學研究中心依據「臺灣社會科學引文索引核心期刊收錄要點」（2013 年 3 月 18 日已修訂為「臺灣人文及社會科學引文索引核心期刊收錄要點」），每年經期刊評審委員會聯席會議決議，確認調查各年度 TSSCI 收錄期刊名單。當時經科技部社科中心第五次執行委員會討論通過後，於 2000 年公佈首波 TSSCI 收錄期刊名單（包括正式名單與觀察名單），正式名單計有 42 筆、觀察名單 30 筆。其中，正式名單計有 10 學門，分別為人類學、心理學、法律學、教育學等學門，當年教育學門計有：師大學報：教育類（Journal of Taiwan Normal University: Education，後改名為教育科學研究期刊，以下以改名後期刊稱之）、與教育研究集刊（Bulletin of Educational Research）兩期刊入選。此後，2004 年僅增加「特殊教育研究學刊」（Bulletin of Special Education）一筆資料；自 2005 年起，收錄期刊名單取消「正式名單」與「觀察名單」分別，凡獲收錄之期刊均列為「收錄名單」；當年教育學門入選期刊名單大增，與 2004 年相比，除原有教育研究集刊、教育科學研究期刊與特殊教育研究學刊外，另增加教育政策論壇（Educational Policy Forum）、教

育學刊（Educational Review）、當代教育研究季刊（Contemporary Educational Research Quarterly）等 3 筆期刊資料。

其後，2005 至 2007 年間，教育學門入選期刊名單並無變動，其中與高等教育經營管理較為密切期刊計有：教育研究集刊、教育科學研究期刊、教育政策論壇、教育學刊、當代教育研究季刊等五筆資料，另藝術教育研究、課程與教學、臺灣教育社會學研究、特殊教育研究學刊等，因與高等教育經營管理議題關係較疏遠，故不予論述。時至 2015 年，於審議公告各學門入選期刊 105 種中，上述五筆教育類期刊歷經十年，仍在 2015 年 TSSCI 名單之列，可見該期刊具有一定的歷史與影響地位，對於國內學術研究發表，具有其指標性意義。因此，研究者在期刊的選擇上，經交叉比對後，即以教育研究集刊、教育科學研究期刊、教育政策論壇、教育學刊、當代教育研究季刊等五本期刊作為研究對象，進行內容分析。在時間點界定上，則以近十年（2006-2015 年）作為期刊內容分析的時期。

茲將本研究對象：教育研究集刊、教育科學研究期刊、教育政策論壇、教育學刊、當代教育研究季刊等五種期刊，自 2006-2015 年來的總篇數、期數等資料整理如表 12-1 所示：

表 12-1

各期刊狀況一覽表（2006-2015）

期刊名	總篇數	期數	每期篇數
教育研究集刊	173	40	4-7
教育科學研究期刊	261	41	4-11
教育學刊	121	20	4-10
當代教育研究季刊	224	39	4-8
教育政策論壇	236	40	5-8

在教育研究集刊中，10 年來每年定期出版 4 本，每期 4 篇文章之出版狀況為原則，在 40 期中計有 32 期每期 4 篇文章，其餘 1 期有 5 篇文章者計有 5 期（61（1）、54（1）、53（1）、52（4）、52（1）），6 篇者計有 1 期（52（3）），7 篇者共有 2 期（53（2）、52（2）），總計 173 篇論文文章。在教育科學研究期刊部分，該期刊近 10 年來共出版 41 期，計有 261 篇論文出版。每期所刊登之論文數界於 4-11 篇之間，其中以每期 5 篇為大宗，計有 14 期；其次則為 9 期的 8 篇論文刊登數量，與 7 期的 8 篇刊登模式；1 期 10 篇與 11 篇實屬特例，僅 51（1）與 51（2）兩期為之。

其次於教育學刊部分，共計有 20 期 121 篇論文之出版量。每期所出版之論文數界於 4 至 10 篇之間，其中以每期 6 篇佔 7 期最多，其次則是每期 5 篇之 6 期，而 7 篇與 10 篇之期刊篇數最少，各佔 1 期。當代教育研究季刊 10 年間共計發行 39 期，合計 224 篇論文出版，每期約有 4 至 8 篇的出版量，然而每年所刊登之論文篇數呈現下滑趨勢，以 2015 年 4 期為例，共計有 20 篇，然其中有 3 篇為書評，而非正式之研究論文。

最後，在教育政策論壇部分，雖然亦是 40 期，但總刊登篇數較多，計有 236 篇，其中每期刊登篇數 6 篇所佔期數最多，計有 17 期 102 篇，每期刊登 5 篇者計有 16 期，合計 80 篇，而 7 篇者有 2 期、8 篇有 5 期，屬於較少數者。每期 8 篇僅 2006 年始有，之後以 5-6 篇為主，近二年來則以 5 篇為主，所登刊篇數日益減少，凸顯出目前 TSSCI 等級期刊審查日益嚴格，刊登篇數少的事實。

二、分析方法

本研究採用內容分析法，以瞭解此五本期刊中，對於高等教育經營管理相關議題的研究狀況。內容分析法在社會科學實證研究中，屬於定量的

敘述性研究，為重要的文本分析方法之一（Bauer, 2000）。本研究即採用內容分析，以上述五本期刊（教育研究集刊、教育政策論壇、教育科學研究期刊、教育學刊與當代教育研究季刊）為分析樣本，分析國內五本教育學門中重要期刊，2006 至 2015 年十年間，以高等教育場域為研究範疇的研究論文，分析其研究內容、主題、方法與研究成果分佈狀況，藉以瞭解高等教育議題在國內學術發展的狀況，除對於理論學術界研究風潮的瞭解外，並有助於從中獲知實務界政策走向資訊。

三、研究主題

　　本研究以「高等教育場域」為研究範圍，探究上述五本期刊中，聚焦於高等教育議題的研究狀況。研究者從經營管理角度切入，分析高等教育階段的研究主題。高等教育經營管理議題甚廣，並非僅侷限於狹猛的管理範疇，舉凡課程、教學、人力資源、財務議題等，都是高等教育經營管理的一環。因此，在研究主題上，研究者採用企業管理的五管作為劃分標準，分別為：生產管理（production management）、行銷管理（marketing management）、人力資源管理（human resource management）、研究發展管理（research development management）、財務管理（finance management）。另考量目前資訊科技發展甚為蓬勃，在組織運作過程中，數位科技的運用已奠定其穩定地位，成為重要第六管；因此，於五管之外，研究者亦加入「資訊管理」（information management）一項進行期刊論文內容的分析。

　　以下說明各管理原本意涵，並以此為基礎，轉化至高等教育機構中，討論所指涉的意義範疇為何。茲分述如下：

（一）生產管理：指以較少的成本，經過計畫、組織、監督等生產過程或活動後，讓組織獲得最佳的產出成果。轉換至高等教育場域之

中，即是指學校（或校外組織）能以適合的方法與成本，培育出優質的學生，或設計出合宜的活動產品，供利害關係人使用。如：學校藉由課程與教學的設計與活動安排，提升學生學習成效表現；或是藉由不同的標準掌控，瞭解學生學習狀況者，皆為生產管理一環。王秀槐、李宗楷（2012）就以一所頂尖大學大一學生為例，分析經由繁星計畫入學的學生，其學習經驗與成效發展狀況，即屬生產管理研究一例。

（二）行銷管理：原係指利用分析、規畫、執行與控制各種策略，與目標市場建立並維持良好的互動關係，以達成組織的目標。行銷為目前各種產業皆會運用到的策略，對於高等教育機構而言，如何「行銷」學校，亦是學校經營管理重要一環。在高等教育產業之中，學校藉由分析、規劃、執行與控制各種策略，以與社會大眾、學生、家長等建立良好關係，提升學校品牌形象。陳玉娟（2014）曾進行「高等教育機構行銷策略指標建構與實證調查之研究」，即以高等教育為研究場域，建立行銷策略指標，利用問卷調查蒐集實務性資料之研究成果。

（三）人力資源管理：就組織而言，利用徵聘、訓練、激勵人員，以協助成員達到表現標準，促成個人生涯發展，並於過程中完成組織既定目標稱之。對於高等教育機構而言，人力資源管理是學校重要的工作，因為學校最大的資產即為「人」，學校教師與職員皆是學校重要的人力資源。因此，學校對人力進行選用、訓練、激勵等管理策略與作為，使各種人力得以適才適所，而學校也得以達成既定目標，達成雙贏局面，稱為高等教育機構之人力資源管理，如：校內教職員的管理、激勵、教育等，皆為人力資源管理的一環。張源泉（2013）以「現代康德能無憾否？－德國大學教

師之人事改革評析」為題，研究德國大學教師之人事改革，研究者即將其歸為人力資源管理類別。

（四）研究發展管理：係指組織利用研究方式，提供內外部組織更優質、創新的產品或服務，滿足內外部顧客的需求，進以提升組織競爭力。在高等教育領域中，係指學校能藉由各種研究發展，提升學校辦學成效，提高市場競爭力，如教育部力推的校務研究即為一例。劉耀中、耿筠（2012）所進行的「技專校院產學合作資源投入、產出與運用模式之建構」，此一研究論文，研究者將其列為研究發展管理類別。

（五）財務管理：係指一般企業組織中，與現金收支、記帳、稽核與資金運作等經費運作管理活動皆稱之。近年來，由於高等教育市場化日益明顯，政府對於高等教育經費投注總量，已讓學校端常生財源不足之感；因此，財務管理對高等教育機構重要程度大增。在高等教育機構中，舉凡與經費有關業務，以促進學校經營運作者，皆為財務管理範疇。許添明（2009）以美國大學為例，以「躋身國際一流大學之財務策略」為主題所進行的研究，即列為財務管理類別的研究成果。

（六）資訊管理：對於各種資料進行收集、分類、分析與儲存等過程，藉由妥善處理各種資訊，以提升原始資訊的價值，有助於組織永續經營稱之。轉化至高等教育環境中，即是利用學校中的資料進行收集、分析、分類、儲存等過程，以妥善處理與利用資訊，作為學校經營管理之參酌，如：行政系統、校務系統、學生學習系統等皆屬之。

　　針對五本期刊之研究論文內容分析，若無法明確歸屬於上述六類中者，即列為「其他」類別，以避免陷入為分類而分類的窘境中。

參、研究結果與分析

以下針對本研究所選定的五本期刊：教育研究集刊、教育科學研究期刊、教育政策論壇、教育學刊、當代教育研究季刊，依序進行說明討論。

一、教育研究集刊

2006 至 2015 年，教育研究集刊所刊載的 173 篇論文中，以高等教育階段為研究範疇者，計有 32 篇，所佔比率未達二成（18.50%）。此 32 篇以高等教育階段為研究範圍的論文中，以「生產管理」面向的研究成果最多，則較欠缺資訊管理與行銷管理二類的研究成果，此一出版走向，其實與本期刊發行單位：教育學系的發展歷史有關；因為教育學系成立之初，以教育基礎理論為其發展主軸，較少論及高等教育與行政類議題。茲將本期刊在高等教育相關議題研究狀況，分項說明如下：

（一）生產管理類別研究為大宗，國外研究偏向制度政策研究

首先，在生產管理部分，所佔文章數最多（佔了七成以上），其中又以國內性研究為主軸。以國外場域進行研究部分，計有 9 篇，有課程類別研究之：陳鏗任、蔡曉楓（2012）「Schwab 在芝加哥大學的超越與實踐」為副標題，所進行的通識教育教育研究；張炳煌（2012）進行的德國師資培育兩階段學位學程發展之研究；黃源河、符碧真（2010）則以芬蘭師資培育為研究主軸進行研究。其次，則為評鑑制度之相關研究，如莊小萍（2010）以「拉丁美洲高等教育評鑑及認可制度」為題，論述區域主義對單一國家之影響。整體而言，以國外為研究場域之生產管理類研究，以學校制度政策類別為大宗，在 9 篇中佔了 5 篇（如：張源泉，2012、

2014a、b；楊武勳，2008、2015；謝卓君，2013），研究國別包括日本、德國與荷蘭，議題則包括法人化、組織治理、追求卓越等議題，較偏屬於介紹性質的論文，少有以量化調查進行研究者，此一結果亦凸顯跨國實證性研究難度頗高，因而國內較無此類研究成果發表之事實。

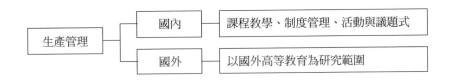

圖 12-1　生產管理類別之分類方式

（二）生產管理類別中，以國內研究場域為主軸

在 25 篇生產管理類研究中，以國內為研究場域者計 16 篇，佔六成以上的比率。在此類別中，可分成課程教學、制度管理、活動與議題式等三大主題（如圖 12-1 所示）。在課程教學部分，計有陳杏枝與游家政（2015）所進行的私立綜合大學通識教育課程架構改革研究、吳淑禎（2011）師培課程發展與能力指標分析、黃騰（2008）談 Giddens 對師培課程的啟發、林淑君等（2009）對原住民護生在「臨床護理選習課程」的研究、王秀槐與黃金俊（2016）以大學生為研究樣本所進行「想像力四元模式的建構與量表發展」研究等；其中，師資培育課程議題的研究（吳淑禎，2011；黃騰，2008），在眾多高等教育課程教學議題中，佔有一席之地，在此期刊中，亦多有此類議題研究成果發表。

其次，則是制度管理面向，共計 4 篇，文章中可看出在高等教育市場化趨勢下，因應高等教育機構間的高度競爭態勢，經營管理議題已逐漸受到重視，如：湯堯、王嘉穗、歐宏國與趙學維（2014）等所進行的「我國

跨國高等教育服務指標之建構」，和湯堯與蘇建洲（2013）所進行的「臺灣家長對高等教育服務品質特性歸類與評價之研究」；此外，巫銘昌、曾國鴻、劉威德（2006）所進行的「我國技術學院校務經營之分析研究」，分析當前 24 所技術學院在發展與經營上之實際狀況，探討其校務發展的潛在問題和因應策略，亦為一例。

最後，在活動與議題式類別部分，計有 7 篇，其中 3 篇論文與學生勞動市場表現議題有關，包括瞭解大學應屆畢業生背景變項、職場能力與其初職位置之相關性研究（陳淑敏，2012）、大學生就業力發展之縱貫性分析（蕭佳純、涂志賢，2012）、女性的教育成就與大學畢業後初期位置之關係（陳建州，2011）；此一類別之研究主題，在議題類別中，佔了近乎一半的研究成果比例，凸顯出高等教育與學生勞動市場表現之間的密切關係，及高等教育應肩負學生就業能力培育之責任。另外，亦有性別與多元文化議題相關研究產出，如陳建州（2009）「影響大學生學習領域性別階層化之因素」、劉若蘭、黃玉（2006）「大專原住民族及漢族學生多元族群校園經驗與學習發展之研究」。總而言之，在活動議題類別，還是以畢業勞動議題為主，其次則是性別族群之議題研究。而在畢業勞動力研究部分，出現在 2011 年之後，反映出近幾年來社會大眾對高等教育機構的期待，正視大學教育與職場銜接問題。

（三）財務管理類別研究仍以國內研究領域為主

財務管理對於營利性組織而言，扮演重要角色，為影響組織是否能夠永續經營重要因子。在高等教育領域，財務類研究成果所佔比例不高，在 2006 至 2015 年十年間出版的教育研究集刊中，計有：林宜樺、許添明（2013）「我國私立技術校院財務運作之研究」、宋旻錞、林江亮（2009）「自由現金流量對私立大學校院成長機會之影響」、蓋浙生

（2006）「大學商機—臺灣大學校院財源籌措的新策略」等 3 篇。前兩篇以私立學校為研究範疇，探討私立技術校院財務運作與自由現金流量的議題；後者，則主張「公私立大學可藉由拓展大學商機，獲得更多的財源，以挹注經費的不足，改善大學品質，並設法在商機與學術的價值間，締造雙贏」。整體而言，此類別研究成果不多，其他有關高等教育的文章未聚焦於此，其實也反映出此領域專長之研究學者，比起其他領域而言，在研究人數上呈現相對弱勢的事實，而且對許多學校而言，其財務運作多屬於機密性資料，不易取得所致。

（四）人力資源與研究發展管理兩類別研究成果較少

本研究所指稱之人力資源管理係指：「學校對於人力進行選用、訓練、激勵等管理策略與作為，使人力得以適才適所，而學校得以達成既定目標，達成雙贏局面稱之」，此處所稱之人力資源管理對象，係以校內教職員稱之。張源泉（2013）研究德國大學教師人事改革議題，先探究德國大學教師之人事結構，而後評析改革內容與問題，從德國教師人事改革切入，論及教師人力資源管理議題。此外，曾淑惠、謝佩蓉（2009）從需求面探究技術學院教職員評鑑能力建立之內涵，提出：評鑑能力建立需求量表，包含「理解評鑑工作之方針」、「熟悉評鑑工作之要求」、「參與評鑑工作之運作」、以及「落實評鑑工作之內涵」等四大面向共 21 題項，且技術學院教職員對評鑑能力建立的需求，顯著高於高度需求程度；該研究融入現今各校教職員皆會面臨的評鑑議題，探究教職員能力之養成。而在研究發展管理部分，其與生產管理類別常會存在著模糊地帶，故研究者將「研究發展」主要界定在單純研究發展部分，而不涉及課程教學類別的研發；本期刊以余曉雯、鍾宜興（2015）「德國聯邦政府高等教育產學合作政策之探究」、楊宜興（2015）「大學智慧資本與研究商業化績效之研

究」，2 篇論文歸於此類別。整體而言，有關人力資源管理與研究發展管理兩面向，所佔篇幅不多，非國內高等教育領域的研究主流。

（五）研究方法以文件（獻）分析為主，問卷次之

以高等教育為研究範圍的 32 篇論文中，研究方法以純文獻分析或是文件內容分析為主，如：楊武勳（2015）透過「政策倡導聯盟架構」（advocacy coalition framework）理論，利用文獻分析探討 1996 至 2003 年間日本國立大學法人化的政策形成過程；陳鏗任、蔡曉楓（2012）回顧 1940 年代以降，Schwab（1909-1980）在芝加哥大學所推動的一系列融合科學家的探究（enquiry）精神，其將 Hutchins 等人高懸的通識教育理想，具體開展實現為大學教學課程的歷程狀況。而在問卷部分，則是以國內對象進行調查為主，如：湯堯、蘇建洲（2013）「臺灣家長對高等教育服務品質特性歸類與評價之研究」、曾淑惠、謝佩蓉（2009）「從需求面探究技術學院教職員評鑑能力建立之內涵」等。整體而言，近十年的教育研究集刊所刊登有關高等教育的研究，以文件（獻）分析數量最多，其次則是問卷調查，而資料庫分析結果則是伴隨著部分特定重要資料庫資料的釋出，而有相關量化研究成果的提出。

二、教育科學研究期刊

2006 至 2015 年，教育科學研究期刊共刊載 261 篇論文，比前述教育研究集刊多了近百篇文章，其中有關高等教育階段學生學習研究成果較為豐碩，凸顯出此期刊成立之初的宗旨與後來徵稿的主軸範疇。茲將近 10 年來，此期刊所刊登論文之主軸與研究趨勢說明如下：

（一）人力資源管理議題以教師為主，著重教學評鑑議題

近年來，教學評鑑已成為評量教師教學成效的重要工具之一，其評鑑

成績常與教師評鑑與升等掛勾，攸關教師生涯發展；研究者從人力資源發展角度切入，將其歸屬於人力資源管理議題類別。分析教育科學研究期刊的論文出版狀況，在人力資源管理議題部分，共計 4 篇論文，其中 2 篇與教師教學評鑑議題有關，凸顯此議題在教師人力資源管理上的重要程度；其一為曾明基、邱皓政、張德勝、羅寶鳳（2013）「以學生評鑑教師教學量表決定教師的開課或去留可行嗎？混合 IRT 分析取向」，探討以學生評鑑教師教學量表決定大學教師開課或去留的可行性，研究結果顯示：在未考慮評鑑教師的學生潛在異質差異時，教師可輕易通過學校所訂定在學生評鑑教師教學量表的效標門檻，但進一步考慮學生潛在異質性發現，不同潛在類別的學生評鑑教師教學的方式差異頗大，此一研究成果正凸顯目前教學評鑑所存在的疑慮。另外，曾明基、羅寶鳳、張德勝、邱于真（2011）「學生評鑑教師教學量表跨層級構念的分析」，探討學生評鑑教師教學因素構念在跨層級架構下的合理性，以作為學生評鑑教師教學多層次議題發展的立論依據。除上述兩篇論文外，在此一類別中，李蕙慈（2006）的「大學圖書館員職場學習之研究」，倒是較為少見的研究成果，其從大學圖書館館員的人力資源管理角度切入，展現出高等教育領域研究成果的獨特性。

（二）研究成果以生產管理為主，其中以學生學習類研究佔多數

2006 至 2015 年的教育科學研究期刊中，以高等教育階段為研究範疇者，計有 43 篇，其中八成屬於生產管理範疇之研究。更可細分為課程教學、制度管理、活動議題等研究成果。在課程教學部分，皆以大學生為對象，進行不同課程活動的研究，藉以瞭解學生學習成果表現狀況。如：楊心怡、李啟嘉（2015）探究問題導向學習對大學生的問題解決能力與自我導向學習之影響，研究發現：此一教學法的運用，的確能激發學生的學習

興趣，並增進對問題瞭解的深度及廣度，有助於提升學生問題解決能力、思考能力及厚實專業基礎；其實早在 2013 年，徐靜嫻（2013）即提出同樣的教學方法，只是運用對象不同，其是將問題教導向教學融入師資培育教學實習課程中。整體而言，在生產管理類別研究中，課程教學之相關研究成果仍屬最大宗，此一取向符應該期刊之發展與徵稿主題。

其次，則為制度管理面向，與前述教育研究集刊相比，教育科學研究期刊在此類別的研究成果較少，其原因或許是因為本期刊之性質與閱讀群眾，本較偏向課程教學面向所致。在制度管理面向中，最常見的研究主題與學生入學制度管道相關，如：黃嘉莉（2011）「美國八年研究經驗對我國大學入學制度革新之啟示」、林大森（2010）「學生選擇多元入學管道因素之探討：以四技為例」。從生產管理面向來看，如何培育出優良的畢業生，應從入學端予以把關，因此入學制度與管道實為重要的生產管理環節。最後，在活動議題類別部分，與前述教育研究集刊相比，本期刊並無學生就業力的研究成果，而是將焦點置於大學生於就學期間能力素養的培育、跨國性學生素養比較與網路學習議題上。

（三）人力資源管理對象擴及教師以外的人力培育議題

有關人力資源管理的研究成果，在本期刊所佔比例雖只有 4 篇，卻是次於生產管理類別後的第二大主題。在此管理面向，計有林俊瑩、謝亞恆、陳成宏（2014）「臺灣地區大專院校教師對學校評價的影響機制：學校屬性與教師分級的區隔作用」、曾明基等（2013）「以學生評鑑教師教學量表決定教師的開課或去留可行嗎？混合 IRT 分析取向」、曾明基等（2011）「學生評鑑教師教學量表跨層級構念的分析」與李藹慈（2006）「大學圖書館員職場學習之研究」。前述三篇，研究主軸皆以大學教師為對象，從不同角度論述學校重要人力資產—教師面向議題。最後一篇則是

探討大學圖書館員在職場中的學習歷程，研究者選取國內兩所大學圖書館十八名館員，以訪談法及觀察法針對其工作中學習的內容、學習的引發、學習的方式與來源、影響學習的因素等，進行資料蒐集、分析與實務理論的建構，為少數以教師為研究主軸之外的研究成果發表。

（四）研究對象以學生為主，研究方法則以問卷與實驗居多

在本次分析的期刊中，教育科學研究期刊可算是以學生為研究對象論文比重最高者，此一結果亦呼應前述「（二）……以學生學習類研究佔多數」。由於本期刊所收錄之文章，係以學生學習為主軸，故以學生為研究對象者佔了近八成；而在研究方法上，除了較常使用的問卷調查外，另外一項較常運用的研究方法為：實驗法，利用控制組與實驗組兩相對照之下，確認所掌控變項的影響程度狀況。如：楊心怡、李啟嘉（2015）以臺北市某大學法律系 65 位學生，隨機選取一班為實驗組實施問題導向學習，另一班則為控制組接受講述為主的教學，以此探討問題導向學習對大學生的問題解決能力與自我導向學習之影響；于文正（2014）以「鷹架具體程度對創意發想的影響」為題，採準實驗設計，研究教學鷹架對於學生創意作業的影響，兩者皆以實驗方式，驗證研究議題對學生學習的影響狀況。

三、教育學刊

近十年來，教育學刊中所刊登的文章，研究階段主要以國民中小學領域為主，高等教育領域的研究約佔二成左右。在以高等教育階段為研究主題的 26 篇論文中，主要還是以生產管理類別為主，並開始有行銷管理類別研究成果出版。茲將 2006-2015 年以來，教育學刊所刊登以高等教育領域為研究範疇的 26 篇論文進行分類說明：

（一）生產管理類別文章篇數為大宗，其中議題式研究成果居多

26 篇研究論文中，計有 21 篇歸類於生產管理類別，所佔比例約八成左右。進一步細分此 21 篇論文研究主軸，不同於前述兩本期刊之內容，教育學刊生產管理類別研究中，有幾篇在論述學生情緒類議題，如：曾文志、孫毓英（2009）以「自尊、樂觀與積極因應對歷經多種創傷事件大一學生心理適應的保護作用」為題，以某科技大學一年級學生為例的個人焦點取向復原力研究；李新民、陳密桃（2009）以大學在職專班學生為例，探討「樂觀，悲觀傾向與心理幸福感之相關研究」、林志哲（2014）對於「大學生感恩與心理適應之關係」、黃韞臻、林淑惠（2013）「大學生學業挫折容忍力量表」、林玫君（2012）「大學生對生離與死別之相關研究」的研究成果皆屬於此類別之代表。

此外，隨著資訊科技發展，相關議題式研究亦受到重視，如：數位學習（徐敏珠、楊建民，2006）、多媒體課程實驗（陳姚真、吳宇穎，2008）、資訊素養議題（田芳華，2009）、網路成癮與學習（林淑惠、黃韞臻，2012）、學生侵犯軟體著作權（尹玫君、張琬翔，2014）、電腦化漸進提示評量（陳清檳、李靜儀、黃耀賢、柯明家，2011）、資訊問題解決能力（歐陽闇，2007）等，在議題比重上，所佔比例最高，凸顯出近十年來資訊科技在教育領域運用的重視程度，隨著科技的蓬勃發展，亦隨之提升。

（二）高等教育行銷類研究成果已漸嶄露頭角，然研究量仍偏少

對於高等教育是否應該像營利性組織般的經營，一直倍受爭議與挑戰；然而，目前許多學校的經營策略，早已朝市場化企業經營模式邁進，包括對於服務品質的重視、對於學校品牌形象的認知等，已借用營利組織所重視的管理面向，以提升學校的競爭力。葉連祺（2007）所進行的

「大學教學品質提升措施成效影響大學品牌之跨時間比較」，試圖建構一個由大學教學品質提升措施、大學品牌管理及其品牌效應組成的理論模式架構，以驗證提升大學教學品質措施和增進大學品牌效應的關聯性和影響效果，研究結果顯示提升大學教學品質措施確實有助於增進大學品牌效應；此一研究轉化傳統對於教學品質的看法與關連性，借用企業管理界所重視的議題，建立學校教學品質與品牌形象之間密切互動關係。其次，鄭彩鳳、吳慧君（2008）分析國內外標竿管理在企業界與教育界之應用情形，整合標竿管理之理論與應用，研擬標竿管理應用在技專校院校務管理之核心要素草案，進而透過統計分析建構技專校院校務標竿管理之指標與程序，肯定組織績效的重要性，並證明了學習表現層面、畢業生完整技術水準指標的重要性；此一研究成果，有益於技專校院的經營管理與學校形象的建立。最後，林俊瑩、吳百祿（2009）「社會網絡、教學品質對臺灣地區大學生的學校滿意度與忠誠度之影響」的研究，支持：高等教育經營者必須同時提升學校的社會關係品質、教學品質，才能進而提高大學生對學校的滿意度與忠誠度，此一研究結果肯定了學校需要營造良好關係的必要性，並提供學校行銷的重要策略與方向。

從行銷管理意義而論，高等教育機構藉由分析、規劃、執行與控制各種策略，以與社會大眾、學生、家長等建立良好關係，提升學校品牌形象。上述三篇論文文章，跳脫以往高等教育行政管理範疇，融入企業經營的概念，從品質、品牌、標竿管理、忠誠度等議題切入，探究如何建構優質高等教育機構與經營管理模式即為一例。

（三）研究對象以學生為主軸，研究方法則以問卷為主、實驗法居次

在教育學刊 26 篇文章中，近八成論文（20 篇）研究對象為大學學生。進一步分析此 20 篇論文的研究方法發現：除林麗惠（2011）「代間

學習方案對世代互動影響之研究」，採訪談法進行資料收集外，其餘研究不是用問卷調查，不然就是以實驗法進行研究。在問卷調查部分，計有14 篇，佔以學生為研究對象論文的七成，而運用實驗研究方法者計有 5 篇。整體而言，使用實驗法之研究論文，皆屬於作業管理類別文章，且研究對象皆為學生，此一結果顯示出：教育領域研究者在尋覓實驗對象時，學生是較易獲取的研究對象，故造就許多研究者選擇以學生為研究對象的結果。

四、當代教育研究季刊

近十年（2006-2015年），當代教育研究季刊計有 27 篇論文以高等教育為研究場域，其中又與學生相關之研究為主軸，如：學生公民素養、學生品德教育、英文閱讀等議題，而有關教師人力資源管理議題研究成果也有增加趨勢。茲分項說明如下：

（一）生產管理類別研究中，與學生相關之主題為大宗

誠如其他期刊之論文發表主軸，生產管理面向的研究成果一直佔有多數優勢，而當代教育研究季刊的文章出版狀況亦呈現相同趨勢。在 27 篇出版論文中，八成左右的文章屬於生產管理類別之研究成果。而在所有與高等教育相關之 27 篇研究中，以學生為研究對象之論文，皆屬於生產管理類別，如：蕭佳純（2009）「家庭社經地位、自我概念、學業表現對大學畢業生就業情形之探討」、陳春希、高瑞新（2010）「警專學生的工作價值觀與服務導向組織公民行為－組織信任的中介效果」、林宜瑄、陳秋蘭（2014）「背景知識與英文閱讀能力對臺灣大學生學術英語摘要能力的影響」等，皆以學生為樣本，進行研究資料的蒐集分析之研究成果展現。

（二）教師人力資源管理議題著重於教學議題研究

有關高等教育人力資源管理的研究，主要以「教師」為主要對象。在當代教育研究季刊中，計有張德勝、黃秀雯（2010）「一位大學新進教師初任國小教學實習課程的教學困境與壓力」、施宜煌、賴郁璿（2010）「『教師即陌生人』隱喻對教師教學的啟示」、黃源河（2010）「熔合斷裂：搭起師資培育理論與實務鴻溝的橋梁。」等 3 篇文章，聚焦於提升教師人力資源議題上。第一篇研究論文，張德勝、黃秀雯（2010）探討一位大學新進教師，初任國小教學實習課程所面臨的困境與壓力，利用訪談、教學觀察與文件分析等方法蒐集資料，提出個案教師會面臨的困難，進而指出提升初任教師教學能力的傳習制度，讓新進教師在遇到教學困境與壓力時，能有一位傳習與諮詢的對象，並能建立與資深教師進行教學經驗交流與對話的正式管道。其次，施宜煌、賴郁璿（2010）藉由理論分析的方法，探討「教師即陌生人」隱喻產生的背景，接著討論隱喻的意涵，進一步引申出對當代教師教學的啟示，藉由討論過程提出教師對自己應有的看法與態度，有助於教師新觀念與能力的提升。最後一篇文章，黃源河（2010）藉由探討理論與實務斷裂的原因，以及國際上解決理論與實務斷裂的實際作法，以作為我國師資培育的參考，最後提出適合我國解決理論與實務斷裂的建議，以提升我國教師教學能力。整體而言，上述三篇文章的對象都是聚焦在大學教師，且以教學議題為主軸，期能提升教師人力資源涵養為目標。

（三）伴隨大型資料庫資料的釋出，利用資料庫進行研究數量增加

這些年來，不管是官方或民間的大型資料庫，皆已成為學術研究者進行分析重要樣本的資料來源；善用資料庫數據，一來可以減少蒐集資料所付出的時間與精力，二來可以獲得大範圍樣本數據資料，而分析結果更有

助於對狀況的瞭解，因此伴隨著一些大型資料庫數據資料的釋出，利用資料庫資料進行分析的文章日益增多。在當代教育研究季刊中，計有蕭佳純（2009）「家庭社經地位、自我概念、學業表現對大學畢業生就業情形之探討」、劉若蘭、林大森（2011）「影響大學生畢業流向因素之研究」、陳清檳、鄭博文、賴慧敏、蕭錫錡（2015）「大學畢業生取得證照與薪資所得—傾向分數配對法之分析」等。

　　上述 3 篇研究論文的產出，皆是「臺灣高等教育資料庫」所釋出的資料，進行統計分析討論。蕭佳純（2009）以「臺灣高等教育資料庫」所釋出的「92 學年度大三學生問卷調查」以及「93 學年度大專畢業生畢業後一年問卷調查」共 992 位學生為研究樣本進行分析，以瞭解家庭社經地位、自我概念、學業表現等因素對就業情形的直接影響，以及家庭社經地位透過自我概念與學業表現兩項中介變項，對就業情形所造成的間接影響。劉若蘭、林大森（2011）以填答高等教育資料庫 94 學年度大三、畢業前、畢業後一年等三份問卷者為對象，探討不同學校類型大學生個人因素、學習成果與畢業流向的關係。陳清檳、鄭博文、賴慧敏、蕭錫錡（2015）則是以臺灣高等教育資料庫 2004 年的調查，即 2002 年大學生畢業後一年問卷資料，有效樣本數共計 4,979 人，探討大學畢業生取得證照及其薪資所得之關聯。該期刊更以 23（4）期，作為進行大數據資料處理的特刊，邀請此領域專家彭森明教授擔任主編，刊登 5 篇研究論文。根據上述結果，可得知出大型資料存在的必要性與重要性，藉由全國性資料的蒐集，有助於學術研究成果發表，並能增加實務性使用的程度。

五、教育政策論壇

　　教育政策論壇是本次分析 5 本期刊中，出版論文聚焦在高等教育領域比例最高的期刊；在 236 篇論文中，約有四成文章皆是以高等教育議題或

是以此階段教職員生為對象，所進行的研究發表，如：以大學學生為對象探究學生的就業力、分析高等教育經營管理模式、探討高等教育評鑑面向等。茲分析 2006 至 2015 年這十年中，此期刊所刊登之文章內容與研究方法分佈狀況，說明如下：

（一）生產管理類別中，以議題與制度管理為主

誠如前述各期刊論文的分配狀況，生產管理仍為大宗。然而，進一步分析該期刊屬於生產管理的文章內容，以議題與制度管理類別為主，缺乏單一課程面向研究成果的出版。此一結果係因本期刊的屬性與教育研究集刊、教育學刊、當代教育研究季刊等不同，在收稿方面以教育政策、行政、經營管理類研究為主，此一期刊走向亦反映在文章出版成果上，對於純課程教學之研究，或因非期刊收錄文章之主軸，因此所佔比率較其他 4 本期刊而言，比例相對較低。

在議題活動類別的研究成果方面，以學生「就業力」有關之研究成果所佔比重最高，在此類研究 15 篇中，計有 7 篇，比例高達 46.67%。7 篇論文中，計有 5 篇論文係利用《臺灣高等教育資料庫》所釋出之數據資料進行分析，如：丁學勤、禚建茹（2011）「影響大學生就業力因素之關係模式探討：以臺灣地區一般大學為例」、田弘華、田芳華（2008）「誰升學？誰就業？誰失業？大學畢業生出路之探討」、林大森（2013）「檢視大學畢業生薪資取得之決定因素：人力資本論與訊號理論的對話」、湯堯、徐慧芝（2011）「臺灣地區大學生就讀學校與學門對其畢業後薪資水準之關聯性研究」、蕭佳純、陳雯蕙（2012）「大學生就業力發展之縱貫性分析：跨領域學程之探討」等研究成果，分析資料皆來自同一資料庫之量化數據分析。上述論文由於使用同一資料庫釋出的資料，因此在文章出版日期上，差距不大。

其次，則是「制度管理」的研究成果，在此面向的 30 篇文章中，有

半數（13）論文研究範疇係以國外教育情況為主，或是比較國外與臺灣狀況的研究。如：德國方面有張源泉、洪小萍（2015）、張源泉、楊振昇（2014）、余曉雯（2010）等；法國部分如黃照耘（2015）；日本方面有楊武勳、林思敏（2014）、楊武勳（2008）；比較性研究方面，如：桂田愛、黃文三、沈碩彬（2014）、王嘉穗、趙學維（2013）等人的研究成果。其次，有 2 篇文章則是以當時期熱門議題：繁星計畫為主軸所進行的研究，如：楊玉惠（2012）以「大學繁星計畫學生學業成績表現分析」為題，進行探究，與同年出版的王秀槐、李宗楷（2012）所著「繁星計畫學生學習經驗與成效研究：以一所頂尖大學大一學生為例」之研究屬於同一類研究成果，此說明政府的重要政策制度，會反映在該時期的學術研究成果上。

（二）運用各種資料庫進行研究的成果日益增多

在教育政策論壇期刊中，量化研究成果實屬多數，其中又以問卷調查與資料庫數據分析最多。有關資料庫資料數據運用與分析，比起前述 4 本期刊的出版狀況，教育政策論壇期刊中，運用的比率更高。在所運用的資料庫中，近半數皆使用「高等教育資料庫」所釋出的資料進行統計分析。如：丁學勤、禚建茹（2011）以臺灣高等教育資料庫所釋出的 2003年「大三學生問卷調查」、及 2004 年「大專畢業生畢業後一年問卷調查」，進行統計分析，以瞭解影響大學生就業力因素之關係模式探討；田弘華、田芳華（2008）則運用臺灣高等教育資料庫大學畢業生問卷調查資料，採用多項勝算對數模型進行分析，以探討大學畢業生出路；林大森（2013）以臺灣高等教育資料庫 96 學年度應屆畢業生資料進行分析，檢視大學畢業生薪資取得之決定因素；湯堯、徐慧芝（2011）採用臺灣高等教育資料庫釋出之 2004 年「大專畢業生畢業後一年問卷調查」檔案資

料，以變異數分析研究發現，就讀學校類型與就讀學門對畢業生畢業後薪資水準具主要效果，但沒有交互作用；蕭佳純、陳雯蕙（2012）以四次完全參與臺灣高等教育資料庫的 11,346 位大學生為分析對象，以階層線性模式進行跨層次分析，藉此瞭解大學生就業力發展之縱貫性發展；吳京玲（2012）以臺灣高等教育資料庫所蒐集之全國 20,198 位大學生為樣本，探討大學聲譽、服務品質（行政、課程及課外）和大學滿意度在公立和私立、一般和科技大學中的相關情形等。近年來，受到國外研究風潮與校務實務運用方式的影響，大數據研究開始成為教育研究的重要潮流之一，有些期刊甚至會以大數據作為特刊主題進行徵稿與出版，凸顯此研究議題之重要性。

（三）經營管理議題研究增加，符應高教市場化趨勢

　　本期刊在行銷管理、人力資源、研究發展、財務管理等類別之研究成果數量，比其他期刊來得豐碩。在研究主題上，跳脫傳統教育行政與政策的研究範疇，注入更多經營管理意涵與精神，反映出高等教育經營管理議題的重要性。在行銷管理類別部分，計有 16 篇文章屬於此範疇，其中許多論文與學校招生議題有關，有從學校端來看招生行銷議題，亦有從學生端來分析其選校因素，提出相對應的策略，以利於學校招生成效的提升，如：陳玉娟（2013）所進行的「國立教育大學招生行銷之探究」。此外，如大學排名議題、學校品牌與滿意度等，亦是行銷管理類別中可見之研究成果。

　　其次，在財務管理類別部分，計有 18 篇文章，其中以「績效」或「效率」、「規模經濟」為題者，計有：卓翠月、陳怡誼、林淑惠（2015）「臺灣高等教育機構經營效率之研究」、卓翠月、林淑惠、陳美紀、黃明祥（2009）「臺灣高等教育規模經濟之探討」、盧文民、何東興

（2009）「國立大學校務基金績效評估之研究」、何東興、盧文民、洪秀婉（2013）「動態觀點評估國立大學管理績效之研究」、賴永裕、郭佳如、蘇仁傑（2014）「私立大專院校創設支持組織與經營績效關係之研究」、盧永祥、傅祖壇（2009）「考量產出品質之臺灣高等技職校院成本與管理效率」等論文，重視高等教育階段機構財務運用的有效性，對於目前高等教育機構最常面臨財源不足的現況互相呼應。

最後，在人力資源管理與研究發展管理面向，各有 11 與 7 篇論文的出版。在人力資源管理部分，所涉及的對象，較前述其他期刊來得廣泛，包括：校長、大學教師、職員、董事會、學術主管等，皆為研究對象之一。而在研究發展部分，融入課程改革的研究、知識管理議題、主要國家產學合作議題等研究成果的產出，以作為臺灣在推動相關制度與策略時之參考資料。

肆、研究結果：期刊總評

分析完上述 5 本期刊，共 1,015 篇論文研究成果後，研究者提出以下五項研究結果與趨勢：

1. 在研究類別中，以生產管理類別的研究成果為大宗；
2. 研究方法中，問卷調查、文件或文獻分析比率最高；
3. 隨著重要資料庫數據的釋出，相關性研究成果增加；
4. 期刊性質會影響到該期刊中高等教育議題研究方向；
5. 高等教育經營管理議題受重視，然未成為主流研究。

茲分項說明如下：

一、在研究類別中，以生產管理類別的研究成果為大宗

誠如前述，對於五本 TSSCI 等級期刊的分析，不管是重視教學與課程議題的教育科學研究期刊，或是以教育行政與政策為收錄範疇的教育政策論壇，生產管理類別的文章所佔比例皆為最高。在生產管理類別中，可因文章的對象、性質不同，再細分成課程教學、活動議題、制度管理等三大面向，在教育政策論壇期刊中，以制度管理面向所佔論文比例數最高；在當代教育研究季刊中，則是與學生有關之主題為主；而在教育學刊與教育研究集刊中，議題式研究成果最為豐碩。

二、研究方法中，問卷調查、文件或文獻分析比率最高

在一千多篇的期刊論文中，有運用訪談法蒐集資料、有進行各種教育實驗的研究成果、有利用問卷調查蒐集填答者意見、亦有利用德懷術制定指標、或是運用資料庫數據進行統計分析。整體而言，在五本期刊中，以問卷調查、文件或是純文獻理論分析佔大宗。以教育政策論壇期刊為例，只有少數研究使用訪談、專家座談、公民審議會、觀察、德懷術，作為研究資料的蒐集方式，其中使用觀察、實驗法與行動研究者，更是寥寥無幾；此一結果，符應該期刊之收稿範圍與主題，而當代教育研究季刊與教育學刊亦呈現此一現象。在科學教育研究期刊中，雖然出現較多實驗法所獲得的研究成果，但問卷調查之方法使用比例仍高於實驗法。

三、隨著重要資料庫數據的釋出，相關性研究成果增加

大數據資料的使用，是目前學術與實務界盛行的研究議題與決策方法。分析 2006 至 2015 年五本期刊的論文內容，可以發現：使用同一個資料庫釋出的資料進行分析之比例甚高，其中又以「臺灣高等教育整合資料

庫」是最常被使用的數據資料庫。自民國 95 年起，國立臺灣師範大學教育研究與評鑑中心即受教育部高教司委託進行「大一大三調查」、「大專教師調查」及「大專校院畢業生流向調查」，蒐集了與高等教育議題相關之橫斷性及縱貫性資料，目的在促進以證據為基礎的高等教育研究及政策擬定，之後為使臺灣的高等教育資料庫發揮更大效益，該中心教育資料組將三項調查資料結合為「臺灣高等教育整合資料庫」，成為國內寶貴的高等教育決策與研究資源（國立臺灣師範大學教育研究與評鑑中心，2013）；隨著此資料庫數據的釋出，造就了不少學術論文的出版。

四、期刊性質會影響到該期刊中高等教育議題研究方向

從本次分析的五本期刊：教育政策論壇、教育科學研究期刊、當代教育研究季刊、教育學刊、教育研究集刊中，各期刊由於出版單位不同，或因為成立之初的收錄範疇，或閱讀者群體不同，各期刊雖都有高等教育範圍的研究，然而在研究議題與方向上略有差異。以教育政策論壇為例，其高等教育議題以政策、行政與經營管理議題為主，較缺乏單一課程教學面向研究成果的出版。在科學教育研究期刊部分，因為成立之初歸屬於教育類別，其課程與教學部分的研究成果較其他期刊來得多，並以學生學習為研究主軸者居多，因此有不少研究以實驗法進行研究。

五、高等教育經營管理議題受重視，然未成為主流研究

近幾年來，由於高等教育在生源、排名、財務收入等方面，日益競爭。為了讓高等教育機構可以永續經營，學校經營管理者紛紛將企業管理理論落實於學校治理過程之中，如：品牌形象、行銷策略、服務品質等議題，此類研究成果隨著學校端的重視呈現增加趨勢，然而整體而言所佔比率仍偏低。以高等教育行銷議題為例，許多研究仍是以學生、教師、政策

為研究主軸，其中雖涉及行銷概念的運用，卻沒有明確指出行銷的策略或是理論，推究其因：一來可能受限於各期刊論文之研究者學術專長，二來則因學校所應承擔的教育本質，使其與營利性組織之間的界線仍然清楚明確，甚至壁壘分明，商業組織的行銷研究易被視為忽略高等教育存在的意義，而受到排擠，因而可能侷限了此類文章在 TSSCI 等級期刊的發表數量。

第十三章
高等教育機構行銷爭議與展望

經前述對高等教育機構行銷相關議題的論述，與實務研究成果的探究，研究者於本書最後一章，綜合前述十二章之內容，於此進行高等教育機構行銷爭議與展望的探究。首先，針對高等教育機構推動行銷策略的爭議與評析，進行論述，其次則是綜合歸納本書各章節之內容，提出落實高等教育機行銷的展望。

壹、高等教育機構行銷爭議與評析

時至今日，高等教育機構面臨許多內外在環境的挑戰，包括：高等教育普及，學校招生壓力倍增；學術研究至上，教學型教師受冷落；學雜費調漲難，經費侷限影響發展；服務趨商業化，學生身分已顯模糊，致使學校經營管理益發困難。在少子女化衝擊下，高等教育機構面臨高度市場競爭強度，讓高等教育機構領導者正視行銷策略運用的必要性，卻也讓人擔心過度重視行銷後，忽略了高等教育機構所應擔負的教育責任。研究者立基於前述十二章之內容，提出四項高等教育構機運用行銷策略時可能產生的爭議：

一、教育責任與獲利經營之間孰輕孰重？
二、教職員生是高等教育機構的顧客嗎？
三、高等教育機構需要運用行銷策略嗎？
四、行銷的運用真能提升學生忠誠度嗎？

希望藉由上述四項爭議的論述與說明，提升高等教育機構行銷策略運用的正當性。茲分項說明如下：

一、教育責任與獲利經營之間孰輕孰重？

環顧人類教育史，不同時空背景，會有不同的需求，教育目的也各有不同的強調；集體主義的教育目的，重視文化傳統、社會效率與國家意識的打造；個性主義的教育目的，則是以自主性與批判思考作為主軸（簡成熙，2004）。對於學校教育而言，教育目的及其意涵多變，不同主義的支持者，各有不同的見解與主張，但唯一不變的是學校所應兼負的教育使命；學校所背負的教育責任，突顯出學校與商業性組織的不同之處。

近年來，臺灣高等教育的發展，受限於政府經費補助有限且生源不足影響下，高度的市場化競爭讓學校不得不正視經營管理議題的重要性。為了讓學校得以永續經營，足夠的經費與充足的生源成為持續下去的重要動力，因而商業組織所強調的獲利經營模式，得以在大學中發揮。從各大學商業化走向，如：自負營虧的經營模式、外包的場館、商店的進駐、錙銖必較的經費收入、對學校基金的挹注等，讓許多大學迷失在金錢數字遊戲之中，教學不再單純只為教育學子，研究不再只是單純學術研究，損益平衡成為學校經營管理過程中重要的考量。然而，不管未來高等教育的發展如何，其所應具備的教育責任實不應忽視；未來經營管理者應在善盡學校教育責任前提下，思考如何提升學校獲利，如此才是高等教育與臺灣學子之福。

二、教職員生是高等教育機構的顧客嗎？

　　教職員與高等教育機構的關係中，是學生身份的認定，一直是許多教育學者反對學校商業化經營的問題癥結點所在，深怕過度商業化會造成師生關係的變質。對於學生身份的認定，有不同學者提出不同的隱喻（metaphor），McCulloch（2009）在《學生如同合作者》（The student as co-producer）一文中，認為將學生與大學之間的關係界定為「學生如同消費者」（student as consumer），是有所偏差的不合宜說法，轉而主張「學生如同合作者」（student as co-producer）；其認為將學生視為大學的消費者，將產生許多弊端，如：過於重視學生角色與大學的任務、忽略學生在教育學習過程中的角色、無法有效鼓勵更深入的學習、對學生鼓勵過於消極、降低學術角色專業性卻提升教學的娛樂性、將教育視為一個產品而非過程等問題。在英國，政府從學生繳交學費的角度，將學生視為大學的消費者，然而這樣的主張不受教育學家支持；為此，Sharrock

（2000）分析 608 位學生填答問卷結果發現，學生消費者取向（consumer orientation）的態度會成為中介變項，影響學校學術表現（academic performance）；研究證明，消費者取向對學術表現呈現負顯著相關，代表高的消費者取向態度會造成低的學術表現。Lomas（2007）、Kaye、Bickel 與 Birtwistle（2006）等人，亦為文提出將學生視為消費者的不適當及可能產生的問題。

其實，不管將學生視為顧客（customer）、消費者（consumer）或是接受專業團體服務的客戶（client），都無法完全且合適地描繪學生與學校之間的關係。目前，國內多以利害（互動）關係人界定之，如目前大學校院通職教育暨第二週期系所評鑑實施計畫中，提出內外部「利害關係人」（101 年度）與「互動關係人」（102 年度以後）名詞，跳脫以消費者或顧客來稱呼學校內外部相關人員可能產生的困擾與疑慮。總而言之，不管是校內教職員或是學生，由於大學性質與一般營利性組織有所差異，其成立宗旨與發展目標亦無法以獲利為主，故而不適合將校內教職員生等同於消費者，可以是一種「類消費者」角色待之，或是以互動關係人來形容更為妥適。

三、高等教育機構需要運用行銷策略嗎？

誠如第一章所論及的高等教育面臨的四大問題與挑戰：高等教育普及，學校招生壓力倍增；學術研究至上，教學型教師受冷落；學雜費調漲難，經費侷限影響發展；服務趨商業化，學生身分已顯模糊；著實讓高等教育機構的經營管理難度增加，學校經營管理者除了要善盡學校教育學子的責任，更要思考如何讓學校可以在有限資源下永續發展。

基於前述四大問題與挑戰，研究者於第二章提出高等教育機構需要行銷策略運用的原因；在高等教育普及化的歷史發展脈絡下，高等教育經營

管理已進入高度競爭的市場化，人人有學校就讀已成為社會實況，運用行銷策略形塑學校品牌形象，產生市場區隔效應，將有助於吸收生源，提高學校的競爭力。國內高等教育機構林立，其密度高於許多先進國家；澳洲全境近四十所大學，而加拿大約百所大學，遠低於臺灣目前高等教育機構數目。在如此高競爭的市場機制中，高等教育機構實需行銷策略的運用；因為行銷的範圍極廣，品牌權益、產品差異化、市場分析、行銷組合策略、策略行銷、行銷計畫與績效等皆屬之（Best, 2014），學校端可善用行銷的概念，選擇適合學校教育體系的策略，以塑造學生正向品牌形象，提升學校知名度，藉以提升學校辦學成效。

四、行銷的運用真能提升學生忠誠度嗎？

誠如上述，高等教育機構在堅守教育本質之際，行銷策略的運用已是無法避免。各種行銷策略的運用，對於提升組織內外部成員忠誠度的主張，已在許多學術研究中得到驗證。國內部分，陳怡如、李雅靖（2009）研究結果支持：體驗行銷有助於增加部落格使用者忠誠度，說明行銷策略的運用亦適合目前網路發達的現今；鄭雅婷（2014）選擇一所特偏國中為研究場域，探究學校關係行銷策略的運用與家長忠誠度之相關性，研究結果支持：學校的關係行銷策略與家長忠誠度之間有顯著相關。而 Gulid（2011）以一所大學研究生為研究對象，量化研究結果支持：經由產品、價格、通路、促銷、過程、人員、有形式性證據七大服務行銷矩陣（service marketing mix），會影響到學生的忠誠度表現；而 Chen（2016）以大學生為問卷調查對象，統計結果也是支持高等教育機構使用行銷策略，是可以提升學生對學校的忠誠度。

從消費者心理學角度來看待此一議題，當組織運用行銷策略提高組織的知名度，形塑正向品牌形象，是足以提升消費者對於組織的忠誠表

現，包括顯示在對於組織所提供服務或產品的認同，視為較佳的選擇，而願意向人推薦與再次回購意願提升，對於價格容忍度亦隨之加大。對於高等教育機構而言，學校端若能善用行銷策略，應有助於提升學生對於學校的認同，與願意向他人推薦學校的意願，對於所付出的學雜費亦認為值得，顯示出學生對於學校忠誠度的提升。

貳、落實高等教育機構行銷的展望

本書從第一篇對於高等教育發展歷史切入，論及目前高等教育機構行銷的發展；第二篇則是針對品牌行銷、網路行銷、關係行銷、媒體行銷與內部行銷等議題進行說明；直到第三篇，提出高等教育領域之相關行銷實證研究，呼應第一、二篇之內容，以實證研究作結束。經過前述十二章的論述，研究者在此提出六項落實高等教育機構行銷之展望：

1. 形塑學校品牌，營造市場區隔的氛圍；
2. 善用網路科技，發揮無遠弗界的影響；
3. 重視關係經營，落實教育對人的重視；
4. 緊密媒體互動，培養良好的媒體關係；
5. 善待內部成員，發揮內部行銷的效能；
6. 提升研究能量，進行高教行銷的研究。

茲將上述六項對於高等教育機構行銷之展望，分項說明如下：

一、形塑學校品牌，營造市場區隔的氛圍

呼應第三章品牌行銷議題之內容，對於高等教育機構而言，學校品牌是行銷重要的利器；藉由正向品牌形象的建立，對於學校經營管理成效將

有所助益。品牌的呈現形式甚為廣泛，一個名稱、術語、標記、符號，或是其他特徵，足以讓組織所提供之產品與服務，與其他競爭者有所區別者，皆是一種品牌展現的形式。對於高等教育機構而言，經營管理者可以善用各種行銷策略，將既有已建立之學校品牌形象，如：名稱、術語、標記、符號，或是其他可代表學校品牌的特徵與想法，推廣至校內外相關利害關係人，使其對該校產生正面品牌聯想。

國內高等教育機構的高密集程度，讓高等教育機構之間的競爭越演越烈，人人皆可上大學已不再是口號；根據 2016 年大學指考成績單及相關統計數據顯示（余祥，2016），大學考試入學分發委員會推估，2016 年分發錄取率恐逼近 99%，「只要有登記幾乎就會錄取」，相較 2014 年最高錄取 95.73%，與 2015 年的 95.58%，已再創歷史新高。在高度市場競爭之下，學校自我品牌形象的建立越顯重要；藉由品牌形象的建立，一來有助於學校知名度的提升，二來可以發揮市場區隔效用，對於學校招生與經營管理工作，可以發揮正向效益。

因此形塑學校品牌形象，藉以營造市場區隔的氛圍，是高等教育機構未來應思考的議題。對於高等教育機構經營管理者而言，善用品牌行銷策略，以形塑高度市場區隔化；在推動行銷策略之際，應重視學校「教育」功能的發揮，畢竟學校是教育的場域，教育未來莘莘學子為其重要使命與責任，因此具有教育意涵的品牌形象建立更顯重要。再者，高等教育品牌行銷策略宜從永續經營概念著手，屏棄短效型的行銷策略，全面檢視學校品牌的形塑與行銷策略的運用，而非是換了領導者─校長，又得重新打掉重練、曠日廢時、浪費資源。最後，則是發揮整合行銷策略功能，融合運用各種行銷策略進行品牌形塑與推廣活動。在前述品牌行銷策略的展望中，高等教育機構宜設有專責單位人員，進行學校品牌權益的維護與行銷，如此較能突破傳統學校人員因對行銷策略不熟悉，而無法有效行銷的

困境。

二、善用網路科技，發揮無遠弗界的影響

　　呼應本書第四章網路行銷管理議題，在網路科技發達的現今，網路已經深入人們的生活，改變人們接受訊息的模式。利用網路進行行銷活動，已是目前許多組織進行行銷時的重要管道，網頁、Facebook、E-mail、Google 等的興起，讓網路行銷進行方式更為多元，而其挾著全年無休的速度感、無所不在的宣傳力、成本較低的多元管道重要功能，已成為目前行銷管理議題上的新寵。

　　高等教育機構面對的群眾甚廣，除了組織內部成員外，組織外部的互動關係人亦是遍及各地，包括學生、家長、贊助者等，都是校方需積極經營的互動關係。學校端可以利用網路所衍生的各項工具與管道，作為行銷的媒介，發揮網路行銷的功效，如利用 Website、E-mail、Facebook、WWW、搜尋引擎等，各種不同的工具作為網路行銷的利器，藉以提升學校的聲望與影響力。對於廣大遍及各地的利害關係人，網路行銷是一項可用之策略，藉由快速、成效較低的行銷策略，發揮無所不在的宣傳力，有助於學校知名度的提升。

　　目前高等教育機構皆會使用：網頁行銷，利用網頁推動行銷活動；學校端的網頁設計，跳脫傳統以學校為主的設計模式，改從使用者角度切入，符應 Anctil（2008）所言：「一個好的網頁取決於學生是否可以容易找到資訊」作為判斷的標準，不只便於使用者使用，更有助於學校端以更快捷方式提供使用者資訊，發揮行銷學校的功用。其次，則是強調語言使用性、安全與隱私權的保障，提供使用者安全無慮的網路使用空間；並且考慮消費者端使用的各種行動載具設備，以發揮網路行銷的功效；最後，則是學校端在推動網路行銷過程中，知人善用，聘請學校所需的網路

科技人才，如此才易激發網路行銷的成效。

三、重視關係經營，落實教育對人的重視

　　承接著本書第五章：關係行銷議題之內容，對於落實高等教育機構行銷的展望，提出「重視關係經營，落實教育對人的重視」的建議。關係行銷一詞，從 Berry（1983）在服務行銷研討會上提出「關係行銷」一詞，至今已有三十多年的歷史；「以發展和管理與消費者、批發商、供應者或其他伙伴之間，建立長期且互信關係為行銷目標」的關係行銷（American Marketing Association, 2015），對於深受儒家精神影響的我們，重視人際互動關係營造，強調關係品質的建構，對於關係行銷策略的運用更為殷切。

　　由於高等教育機構所面臨的對象與處理的事務，與「人」有密切的關聯性，所面對與接觸的各種利害關係人中，不僅限於學生、家長與教職員，社區人士、社會大眾、校友、產業雇主、政府人員等，亦都是重要的利害關係人。因此，研究者將高等教育機構關係行銷定義為：「在高等教育機構運作過程中，致力與利害關係人發展出良好的互動關係，並以建立雙方之間長期且互信關係為目標，讓利害關係人對學校產生高度的信任與承諾，並提高其對學校的滿意程度，以維持對學校高度的忠誠度為目標的行銷策略。」

　　誠如上述，高等教育機構所面對的利害關係人種類甚多，如何營造出優質的關係，成為學校關係行銷成敗的重要影響因素。研究者承繼第五章所論，以 Berry 與 Parasuraman（1991）於《行銷服務》一書中提及的關係行銷三個層次為基礎，提出學校端能善用學校財務自由使用權，與利害關係人建立關係互動；落實客製化理念，建立歧異性的穩固關係；善用科技產品，進行消費者關係分析的關係行銷策略運用。此外，在 Berry

（2002）所主張的五個發展關係行銷的策略基礎上，主張核心服務策略的提供、服務內容的擴大、內部行銷的推展、關係價格化的落實等，皆是高等教育機構經營管理者於推動關係行銷時，可以運用的的重要概念與策略。

四、緊密媒體互動，培養良好的媒體關係

隨著媒體傳遞訊息的多元化，社會大眾已隨時隨地可以接收到更多的資訊；傳統只有三台的新聞報導模式，受限於台數不多及報導時間有限，各台所報導的內容相似度甚高，能擠進新聞報導的議題事件不多；至今電視台林立，新聞報導有專屬頻道，二十四小時密集式報導，讓許多小事件亦能躍上新聞報導內容，此一媒體充斥現象，改變了媒體與學校的互動模式。學校端開始重視與媒體的互動，其中最主要的即是與新聞媒體業者關係的建立，從各校設有相關媒體互動單位的現況，即可看出學校與媒體互動日益緊密的趨勢。

高等教育機構行銷的運作過程中，傳統、電子與網路媒體的運用日益頻繁。在傳統媒體中，報紙仍是影響力最大媒體的前三名，亦是目前許多高等教育機構會採用的媒體類型，以亞洲大學為例，近年來其在報紙上所刊登的正面新聞次數，遠多於其他學校，為其學校形塑積極正向的品牌形象；國立臺灣師範大學定期寄發校內教職員 E-mail，提供學校相關新聞報導內容，期能提高教職員對學校認識與認同感。其次，電視是電子媒體中，收視群最為廣大者，然因宣傳成本較高，目前高等教育機構運用的頻率較低。最後，則是運用最為頻仍的網路媒體，因其挾帶著速度快、影響眾、成本低的優勢，一時蔚為風潮，網路行銷成為許多學校行銷時的新寵。

傳統高等教育機構只要專注於教學、研究與服務等工作，媒體互動與

宣傳似與其無關。隨著時代潮流的改變，高等教育機構已無法自外於媒體互動，封閉的經營模式已不適合現今社會。因此，研究者於本書第六章媒體行銷議題一章中，針對高等教育機構行銷策略提出五點建議：善用多元的媒體形式進行行銷、效法營利性組織媒體行銷策略、與媒體建立良好的關係與窗口、適時媒體曝光度是必要的經營、建立學校的媒體危機管理機制。在此五項策略之前，最基本工作之一即是：緊密媒體互動，培養良好的媒體關係；在良好關係之下，任何媒體行銷的經營始易發揮事半功倍之效。

五、善待內部成員，發揮內部行銷的效能

　　承接本書第二篇最後一章：內部行銷議題之內容，學校可以運用內部行銷，發揮以服務意識、顧客意識、品質意識、團隊意識來塑造組織的服務文化外，並能吸引人才、武裝人才、激勵人才、留住人才，以培育具有服務熱忱、服務能力與服務權力的優秀服務人員，以重視、關切與激勵成員、配合整體工作環境和制度創造成員的滿意功能發揮（黃俊傑，2007）。就算是目前以獲利為目標的商業性組織，對於內部成員的激勵亦列為組織重要發展目標，除了將成員應培養消費者意識導向的服務態度視為重要目標，更進一步從人力資源管理的角度切入，跳脫組織成員為工具的手段說，重視內部成員需求的滿足與激勵。

　　目前，有關學校領域的內部行銷研究，隨著企業理論的運用與對校內教職員重視度的提升，已有此類型研究成果出版。林俊彥、張惠雯（2010）提出技職校院應將組織的具體目標、願景和學校的辦學理念、組織文化、課程、活動等，傳達給各教職員工，藉由內部行銷的運用，以提升學校辦學成效，此外如：黃俊傑（2006）、楊瑞霞、丁學勤（2014）、謝維齊（2005）等人研究結果亦支持學校運用行銷的哲學理念和策略，將

教職員工視為內部顧客，共構學校願景，以達成學校組織目標。綜上所述，學校內部行銷已是目前經營管理者應思索的一個管理議題，藉由其理念的落實，對於學校治學成效的提升，應有所助益。

承繼第七章內部行銷議題中，對於高等教育機構內部行銷策略的運用，高等教育機構部分可以考慮以下三項：首先，營造合適的工作環境，提供適合的工作類型，即是符應 Berry 與 Parasuraman（1991）所言：藉由工作這個產品滿足員工的需求，以吸引、發展、激勵和保留他們。其次，則是以教職員為校內的消費者之心態處理其議題，雖然學校端無法全面移植組織內成員即消費者的概念，然而學校端可秉持校內教職員為顧客的心態來看待與處理校內事務，重視教職員的意見與感受，增加其向心力與忠誠程度。最後，則是以校內的教職員為對象，善用外部行銷策略，誠如 Piercy 與 Morgan（1991）在界定內部行銷與外部行銷關係時，將外部行銷 4P 策略轉變使用對象，運用在內部行銷場域之中，顯示外部行銷策略是可以轉化至內部行銷之用。

六、提升研究能量，進行高教行銷的研究

經過前述第二篇高等教育行銷議題篇五章的論述，針對五種行銷議題相關研究的探究，可以發現目前國內針對高等教育行銷題議題研究數量上，的確是呈現成長趨勢，但是比起其他高等教育類別的學術研究成果，此類研究在國內仍未成主流。相對於學術研究上的價值，此類研究所具備的實務性價值，隨著高等教育機構面臨經營管理上的壓力日增，其所具有的實務價值亦隨之提升。

誠如前述對於高等教育機構行銷議題爭議的討論，高等教育機構的本質是「教育」—無庸置疑，但是在市場競爭機制下，學校要永續經營發展，除了善盡本身的教育責任外，行銷策略的運用已是學校不得不面對的

事實。在實務性價值大增的前提下，此類研究之學術性成果仍有成長的空間。經分析近十年來，國內重要學術期刊：教育研究集刊、教育政策論壇、教育科學研究期刊、教育學刊與當代教育研究季刊後，發現國內有關高等教育相關研究，主要分成課程教學、活動議題、制度，其中與行銷有關的研究成果更顯弱勢。因此，未來有關高等教育機構的研究中，行銷相關性研究是值得深究的範疇。

參、結論

　　研究者以第一章到第十二章內容為基礎，進行本書最後一章「高等教育機構行銷爭議與展望」之撰寫。對於高等教育機構行銷策略的運用，一直存在許多爭議，包括：教育責任與獲利經營之間孰輕孰重？教職員生是高等教育機構的顧客嗎？高等教育機構需要運用行銷策略嗎？行銷的運用真能提升學生忠誠度嗎？對於高等教育機構經營管理而言，再多的資源爭取與經費運用，皆應以善盡教育責任為優先考量。而在學校所接觸的對象中，教職員生為最主要的相關利害關係人，學校需要正視其存在，並善待之。其中，行銷策略的運用，對於學校經營管理而言，可以提升學生對學校的忠誠程度，是值得應用的經營策略。

　　高等教育行銷策略的運用中，形塑學校品牌，營造市場區隔的氛圍；善用網路科技，發揮無遠弗界的影響；重視關係經營，落實教育對人的重視；緊密媒體互動，培養良好的媒體關係；善待內部成員，發揮內部行銷的效能；提升研究能量，進行高教行銷的研究等，是本書對高等教育機構行銷之未來展望。期待藉由行銷策略的運用，讓高等教育機構可以在高教普及化、多元化、市場化、競爭化的臺灣社會中，能得以永續經營，並能善盡其應教育學子之責。

參考文獻

● 第一章

內政部（2015）。現住人口出生、死亡、結婚、離婚登記。臺北市：內政部。

伍振鷟（2008）。中國教育史要略。臺北市：五南。

吳永猛、高凱聲、黃建森、袁金和、謝明瑞、陳登源（2002）。臺灣經濟發展。新北市：國立空中大學。

段承璞、趙玉蓉、周翔鶴、林長華、張貽達、韓清海、翁成受、何其幗（1992）。臺灣戰後經濟。臺北市：人間。

洪雯柔（2011）。臺灣高等教育管理的回顧與展望。載於鍾宜興（編）：各國高等教育經營管理之比較。高雄市：麗文。

科技部（2015）。科技部新聞稿。取自 file:///C:/Users/hust48asr/Downloads/%E7%A7%91%E6%8A%80%E9%83%A8%E5%B0%8D%E8%81%AF%E5%90%88%E5%A0%B1%E7%A4%BE%E8%AB%96%E4%B9%8B%E5%9B%9E%E6%87%89.pdf

國家發展委員會（2014）。第七屆政府服務品質獎評獎作業手冊。臺北市：教育部綜合規劃司。

張瑞雄（2012）。對高等教育的建言。師友月刊，**535**，39-43。

教育部（2014）。教育統計指標之國際比較（**2014 年版**）。臺北市：教育部。

教育部（2015a）。教育改革。取自 http://history.moe.gov.tw/policy.asp?id=7

教育部（2015b）。各級學校校數。臺北市：教育部。

教育部（2015c）。中華民國教育現況簡介：高等教育。取自 http://www.edu.tw/userfiles/url/20150522160633/9.%E9%AB%98%E7%AD%89%E6%95%99%E8%82%B2.pdf

教育部（2015d）。**99 至 102** 年度中程施政計畫。臺北市：教育部綜合規劃司。

教育部（2015e）。**102 至 105** 年度中程施政計畫。臺北市：教育部綜合規劃司。

教育部（2015f）。高等教育創新轉型方案。臺北市：教育部。

教育部（2015g）。教育部獎勵大學教學卓越計畫。取自 http://www.csal.fcu.edu.tw/edu/index.aspx

教育部（2016a）。大學校院新生錄取人數及錄取率。臺北市：教育部。

教育部（2016b）。大專校院學生人數-按學科類別分。臺北市：教育部。

許士軍（2009）。轉型中的我國大學和管理教育。臺北市：臺灣評鑑協會。

郭添財（2014）。臺灣高等教育問題與改善策略。教育學術彙刊，**6**，61-72。

楊朝祥（2007）。大學學費調漲的成因與對策。臺北市：財團法人國家政策研究基金會國政研究報告。

葉至誠（2002）。高等教育發展的策略與願景。臺北市：揚智。

詹盛如（2010）。臺灣高等教育治理政策之改革─新管理主義的觀點。教育資料與研究雙月刊，**94**，1-20。

詹盛如、楊武勳、陳玉娟、李家宗、劉秀曦（2014）。我國高等教育資源籌措與分配計畫。臺北市：教育部計畫結案報告。

歐陽教、黃政傑（主編）（1994）。大學教育的理想。臺北市：師大書苑。

戴曉霞（2000）。高等教育的大眾化與市場化。臺北市：揚智。

閻光才（2009）。「要麼發表要麼出局」，研究型大學內部的潛規則。比較教育研究，**2**，1-7。

Glass, A. (2014). *The state of higher education 2014*. Retrieved from http://www.oecd.org/edu

Holdford, D. A. (2014). Is a pharmacy student the customer or the product? *American Journal of Pharmaceutical Education, 78*(1), 1-5.

Mok, K. H., & Welch, A. (2002). *Economic rationalism, managerialism and structural reform in education*. In Mok, K. H., & Chan, D. (Eds.), Globalization and Education: The Quest for Quality Education in Hong Kong, 23-40. Hong Kong: Hong Kong University Press.

Statistics Canada (2015a). *Weighted average undergraduate tuition fees for Canadian full-time students, by field of study*. Retrieved from http://www.statcan.gc.ca/daily-quotidien/140911/t140911b003-eng.htm

Statistics Canada (2015b). *Weighted average graduate tuition fees for Canadian full-time students, by field of study*. Retrieved from http://www.statcan.gc.ca/daily-quotidien/140911/t140911b004-eng.htm

● 第二章

大學招生委員會聯合會（2016）。入學管道。取自 http://www.jbcrc.edu.tw/left-31.htm

別敦榮、郭冬生（2002）。大學市場化矛盾解析。莫家豪、謝安邦主編：高等教育市場化：台、港、中趨勢之比較（頁 238-249）。臺北市：高等教育。

吳清山（2004）。**學校行銷研究**。臺北市：高等教育。

李小芳（2001）。學校行銷。社教雙月刊，**101**，55-56。

李曉康（2002）。大眾化、管理主義和市場化：香港的大學質素評鑑經驗。**教育學報**，**30**（1），82-104。

林俊彥、張惠雯（2009）。我國高等技職校院行銷管理模式之建構。學校行政雙月刊，**65**，1-15。

林建煌（2011）。**行銷管理（五版）**。臺北市：華泰。

徐明珠（2003）。全球化時代，臺灣高等教育之改革與創新。**國家政策論壇，夏季號**，取自 http://old.npf.org.tw/monthly/0302/theme-258.htm

教育部（2013）。**教育統計指標之國際比較（2013 年版）**。臺北市：教育部。

教育部（2014a）。**教育統計指標之國際比較（2014 年版）**。臺北市：教育部。

教育部（2014b）。大專校院系所及學生人數成長概況。**教育統計簡訊，11**，1-2。

教育部（2015a）。**邁向頂尖大學計畫**。臺北市：教育部。

教育部（2015b）。**教育部獎勵大學教學卓越計畫**。臺北市：教育部。

教育部（2015c）。**教育部獎勵私立大學校務發展計畫**。臺北市：教育部。

教育部（2015d）。**104 年應用統計分析**。臺北市：教育部。

教育部（2015e）。**104-119 學年度大專校院大學 1 年級學生人數預測分析報告**。臺北市：教育部。

教育部（2016a）。**大學校院新生錄取人數及錄取率／四技二專錄取率**。臺北市：教育部。

教育部（2016b）。**大學校院新生錄取人數及錄取率**。臺北市：教育部。

教育部（2016c）。**高等教育創新轉型方案**。臺北市：教育部。

莫家豪（2002）。中、港、台高等教育市場化：源起與理解。戴曉霞、莫家豪、謝安邦主編：高等教育市場化：台、港、中趨勢之比較（頁 42-71）。臺北市：高等教育。

莫家豪、羅浩俊（2001）。市場化與大學理治模式變遷：香港與臺灣比較研究。教育研究集刊，**47**，329-361。

許士軍（2009）。轉型中的我國大學和管理教育。臺北市：臺灣評鑑協會。

陳芳吟、余曉雯（2013）。國家轉型下的高等教育—從福利國家到競爭國家。當代教育研究季刊，**21**（2），1-36。

曾坤生（2002）。市場化：知識經濟時代大學發展的必然選擇。載於戴曉霞、莫家豪、謝安邦主編：教育教育市場化—台、港、中趨勢之比較（頁 297-312）。臺北市：高等教育。

黃義良（2006）。教育行銷研究的發展分析與展望。新竹教育大學學報，**22**，189-219。

黃義良、丁學勤（2013）。學校行銷研究之發展分析：EBSCO 期刊資料庫論文的探索。臺中教育大學學報：**教育類**，**27**（2），105-124。

溫明忠（2011）。高等教育經濟學。臺北市：高等教育。

詹盛如、楊武勳、陳玉娟、李家宗、劉秀曦（2014）。**我國高等教育資源籌措與分配計畫**。臺北市：教育部計畫結案報告。

劉祥熹、陳玉娟（2010）。從關係品質觀點探討服務品質、學習成效對顧客忠誠度關聯性之分析—以臺灣幼稚園產業為例。教育政策論壇，**13**（4），161-190。

戴曉霞（2000）。高等教育的大眾化與市場化。臺北市：揚智。

戴曉霞（2002）。全球化及國家／市場關係之轉變：高等教育市場化之脈絡分析。戴於戴曉霞、莫家豪、謝安邦主編：高等教育市場化：台、港、中趨勢之比較（頁 4-41）。臺北市：高等教育。

戴曉霞、莫家豪、謝安邦（2002）。**高等教育市場化—台、港、中趨勢之比較**。臺北市：高等教育。

謝安邦、劉莉莉（2002）。中、港、台高等教育市場化：源起與理解。戴曉霞、莫家豪、謝安邦主編：高等教育市場化：台、港、中趨勢之比較（頁 72-89）。臺北市：高等教育。

蘇龍麒（2012）。**學貸 25 年免還／教部：不合理**。中央社，取自 http://n.yam.com/cna/garden/201205/20120528957013.html

Altbach, P. G. (1999). The logic of mass higher education. *Tertiary Education and Management, 5*(2), 107–124.

American Marketing Association (2015). *Definition of marketing.* Retrieved from http://www.marketingpower.com/AboutAMA/Pages/DefinitionofMarketing.aspx

Brown, R. (2011). *Introduction.* In R. Brown: Higher education and the market (1-5). New York, NY: Routledge.

Grönroos, C. (1989). Defining marketing: A market oriented approach. *European Journal of Marketing, 23*(1), 52 – 60.

Christopher, M., Payne, A., & Ballantyne, D. (1991). *Relationship Marketing: Bringing quality customer service and marketing together.* London, England: Forthcoming Heinemann.

Dill, D. D. (2003). Allowing the market to rule: The case of the United States. *Higher Education Quarterly, 57*(2), 136-157.

Gibbs, P. (2002). From the invisible hand to the invisible hand-shake: Marketing higher education. *Research in Post Compulsory Education, 7*(3), 325-338.

Kolb, B. (2008). *Marketing research for non-profit community and creative organizations.* Burlington, MA: Elsevier.

Kotler, P. (1996). *Marketing management: An Asian perspective.* New York, NY: Prentice Hall.

Kotler, P. (2004). *Marketing management.* Upper Saddle River, NJ: Prentice Hall.

Maringe, F., & Gibbs, P. (2009). *Marketing higher education: Theory and practice.* New York, NY: McGraw-Hill.

NCSL (2014). *Performance-Based Funding for Higher Education.* Retrieved from http://www.ncsl.org/research/education/performance-funding.aspx

OECD (2015). *Population with tertiary education (indicator).* Retrieved from https://data.oecd.org/eduatt/population-with-tertiary-education.htm

OMTCU (2015). *Repayment assistance plan.* Retrieved from https://osap.gov.on.ca/OSAPPortal/en/A-ZListofAid/PRD003208.html

● 第三章

余美惠、陳斐娟（2012）。學校行銷策略、學校品牌形象與家長滿意度之相關研究。明道學術論壇，**8**（2），3-23。

吳政文、陳律盛（2012）。大學功能性品牌形象、聲望性品牌形象對學生知覺品質之影響—以元智大學為例。運動與遊憩研究，**6**（4），39-57。

李誠（2013）。臺灣的大學真的太多了嗎？遠見雜誌，**319**，取自 http://www.gvm.com.tw/Boardcontent_21474.html

杜英儀（2013）。大學品牌效應失靈了嗎？經濟前瞻，**150**，31-35。

東吳大學（2015）。關於東吳。取自 http://www.scu.edu.tw/。

胡政源（2006）。品牌管理：品牌價值的創造與經營。臺北市：新文京。

張文榮、黃任億、殷育士（2014）。品牌一致性、實習滿意度與就業意願之關聯性研究。德霖學報，**27**，105-123。

張淑貞、蘇雅雯（2011）。國民小學學校品牌運作之分析。學校行政，**73**，125-144。

教育部（2015a）。**高等教育創新轉型條例**。臺北市：教育部。

教育部（2015b）。**教育部獎勵大學教學卓越計畫：緣起與宗旨**。取自 http://www.csal.fcu.edu.tw/edu/program_start.aspx

陳玉娟（2014）。師資培育系所品牌之網路行銷策略與成效之研究。科技部專題研究計畫。

陳春富（2012）。大學生就讀大專院校品牌形象影響之研究。科技部專題研究計畫。

彭建彰、呂旺坤（2011）。品牌行銷與管理。臺北市：華泰。

黃義良（2008）。幼稚園品牌行銷、品牌權益與消費者行為意向之研究。科技部專題研究計畫。

黃義良（2009）。**技職院校幼兒保育系品牌評估指標之研究**。科技部專題研究計畫。

黃義良（2012）。臺灣地區教育品牌學術研究的內容與趨勢：以學位論文與期刊為例。臺中教育大學學報（教育類），**26**（1），91-122。

黃義良（2013）。技職院校幼兒保育系品牌評估指標之建構。新竹教育大學教育學報，**30**（1），101-137。

黃義良（2014a）。幼兒園品牌權益量表的建構及其應用。新竹教育大學教育

學報，**31**（1），115-150。

黃義良（2014b）。幼兒教師個人品牌量表之建構。**教育實踐與研究，27**（1），65-94。

黃義良、王怡又（2012）。大學服務品質提昇措施影響滿意度與品牌權益之探究：以一所科技大學為例。**新竹教育大學教育學報，29**（1），129-166。

黃義良、王怡又（2014）。幼兒園教師個人品牌、幼兒園品牌權益與滿意度探討。**幼兒教育年刊，25**，41-62。

葉連祺（2003）。中小學品牌管理意涵和模式之分析。**教育研究月刊，114**，96-110。

葉連祺（2006a）。品牌管理。**教育研究月刊，148**，107-109。

葉連祺（2006b）。教育行政類系所品牌評估模式之初步建構。**教育政策論壇，9**（4），151-180。

葉連祺（2007a）。大學教學品質提升措施成效影響—大學品牌之跨時間比較。**教育學刊，28**，195-224。

葉連祺（2007b）。大學選擇歷程模式和大學品牌關係之研究—以消費者行為學為基礎（I）。科技部專題研究計畫。

葉連祺（2008）。大學選擇歷程模式和大學品牌關係之研究—以消費者行為學為基礎（II）。科技部專題研究計畫。

葉連祺、林文祥（2011）。國小學校品牌形象及其影響因素。**教育與心理研究，34**（2），113-141。

蔡金田（2009）。學校品牌建構與行銷管理之探究。**國民教育研究學報，23**，139-160。

蔡金田、施皇羽、施又瑀（2012）。大學品牌知名度與院系偏好對高中學生選填意願之影響。**教育與心理研究，35**（1），57-79。

戴國良（2010）。品牌行銷與管理。臺北市：五南。

謝文全（2012）。**教育行政學**。臺北市：高等教育。

蘇容梅（2012）。大學關係行銷對學生行為意向之影響—學校品牌知名度的調節效果。**臺北市立教育大學學報，43**（1），1-26。

Alavijeh, M. R. K., Rezaee, M., & Hosseinabadi, V. (2014). Relationship between university brand personality and student behavioral loyalty. *KEDI Journal of*

Educational Policy, 11(2), 143-161.

Alessandri, S. W., Yang, S., & Kinsey, D. F. (2007). An integrative approach to university visual identity and reputation. *Corporate Reputation Review, 9*(4), 258-270.

American Marketing Association (2015). *Dictionary.* Retrieved from https://www.ama.org/resources/Pages/Dictionary.aspx?dLetter=A

Bastida, U., & Huan, T. (2014). Performance evaluation of tourism websites' information quality of four global destination brands: Beijing, Hong Kong, Shanghai, and Taipei. *Journal of Business Research, 67*(2), 167-170.

Bauer, H. H., Stokburger-Sauer, N. E., & Exler, S. (2008). Brand image and fan loyalty in professional team sport: A refined model and empirical assessment. *Journal of Sport Management, 22*(2), 205-226.

Beneke, J. H. (2011). Marketing the institution to prospective students: A review of brand (reputation) management in higher education. *International Journal of Business and Management, 6*(1), 29-44.

Blackston, M. (1993). *Beyond brand personality: Building relationships.* In D. A. Aacker & A. Biels (Eds.), Brand equity and advertising (pp. 113– 124). Hillsdale, NJ: Lawrence Erlbaum Associates.

Brown, R. M., & Mazzarol, T. W. (2009). The importance of institutional image to student satisfaction and loyalty within higher education. *Higher Education, 58,* 81-95.

Bulotaite, N. (2003). University heritage: An institutional tool for branding and marketing. *Higher education in Europe, 28*(4), 449-454.

Davis, S., Dunn, M., & Aaker, D. (2002). *Building the brand-driven business: Operationalize your brand to drive profitable growth.* San Francisco, CA: Wiley & Sons.

Dutta, K. (2012). *Brand management: Principles and practices.* New Delhi, India: Oxford University Press.

Heding, T., Knudtzen, C. F., & Bjerre, M. (2009). *Brand management: Research, theory and practice.* New York, NY: Routledge.

Helgesen, Ø., & Nesset, E. (2007). What accounts for students' loyalty? *Some field study evidence, 21*(2), 126-143.

Keller, K. L. (2008). *Strategic brand management: Building, measuring, and managing brand equity*. New York, NY: Pearson Education.

Khanna, M., Jacob, I., & Yadav, N. (2014). Identifying and analyzing touchpoints for building a higher education brand. *Journal of Marketing for Higher Education, 24*(1), 122-143.

Kolter, P., & Keller, K. L. (2015). *Marketing management (15th Edition)*. Upper Saddle River, NJ: Pearson Education.

Lo, A. S., & Im, H. H. (2014). Drivers of customer–brand relationship quality: A case of Mainland Chinese hotel loyalty program members. *Journal of Travel & Tourism Marketing, 31*(7), 763-782.

Moogan, Y. J. (2011). Can a high education institution's marketing strategy improve the student-institution match? *International Journal of Educational Management, 25*(6), 570-589.

Nicolau, J. L., & Mas, F. J. (2015). Detecting free riders in collective brands through a hierarchical choice process. *Journal of Travel Research, 54*(3), 288-301.

Paramewaran, R., & Glowacka, A. E. (1995). University image: An information processing perspective. *Journal of Marketing for Higher Education, 6*(2), 41-56.

Pinar, M., Trapp, P., Girard, T., & Boyt, T. E. (2014). University brand equity: An empirical investigation of its dimensions. *The International Journal of Educational Management, 28*(6), 616-634.

Riezebos, R., Kist, B., & Gert, K. (2003). *Band management: A theoretical and practical approach*. New York, NY: Prentice Hall.

Rolfe, H. (2003). University strategy in an age of uncertainty: The effect of higher education funding on old and new universities. *Higher Education Quarterly, 57*(1), 24-47.

Standifird, S. S. (2005). Reputation among peer academic institutions: An investigation of the US News and World Report's rankings. *Corporate Reputation Review, 8*(3), 233-244.

Temporal, P. (2010). *Advanced brand management*. Hoboken, NJ: John Wiley & Sons.

Underwood, R., Bond, E., & Baer, R. (2001). Building service brands via social identity: Lessons from the sports marketplace. *Journal of Marketing Theory and Practice, 9*(1), 1-13.

● 第四章

王志平（2008）。**網路行銷導論**。新北市：全華。

臺灣網路資訊中心（2015）。**臺灣網路資訊中心網路使用調查**。取自 http://www.twnic.net.tw/download/200307/200307index.shtml

田正榮（2006）。聯繫於網路行銷競爭優勢的大學網站功能規劃與分析。**致遠管理學院學報，1**，275-294。

任會明（2010）。關于高校招生宣傳工作的探悉。**理論觀察，3**，91-93。

行政院研究考核發展委員會（2013）。**政府網站版型與內容管理規範**。取自 http://www.webguide.nat.gov.tw/wSite/ct?xItem=36608&ctNode=14421&mp=1

余朝權、林聰武、王政忠（1998）。網路行銷之類別與時機。**大葉學報，7**（1），1-11。

徐心儀、楊美華（2011）。善用 Facebook 社群功能行銷圖書館服務。**圖書與資訊學刊，76**，65-87。

教育部（2016）。**網際網路簡介**。臺北市：教育部。

莊英慎、林水順（2003）。顧客對高等教育機構行銷特性認知分析—以中華大學為例。**中華管理學報，4**（3），91-113。

陳國泰（2012）。行動載具。**圖書館學與資訊科學大辭典**。取自：http://terms.naer.edu.tw/detail/1679011/

黃義良（2002）。淺談學校運用網路發展形象行銷的具體策略。**學校行政，20**，17-22。

楊美華（2011）。善用 Facebook 社群功能行銷圖書館服務。**圖書與資訊學刊，76**，65-87。

經濟部中小企業處（2009）。**網路行銷也可以這樣玩**。臺北市：經濟部中小企業處。

劉文良（2005）。**網際網路行銷策略與經營**。臺北市：碁峰。

劉煌裕、舒榮輝（2008）。大學圖書館電子資源之需求分析與行銷策略之研究。**教育資料與圖書館學，45**（3），331-356。

樂承毅（2015）。**網路行銷案例分析**。臺北市：元華文創。

銳商企業（2013）。**完美企業網站指標**。取自 http://www.comsharp.com.

Anctil, E. J. (2008). *Selling higher education: Marketing and advertising America's colleges and universities*. San Francisco, CA: Wiley Subscription Services.

Armstrong, G., & Kotler, P. (2000). *Marketing: An introduction*. Upper Saddle River, NJ: Prentice Hall.

Armstrong, J. J., & Lumsden, D. B. (1999). Impact on universities' promotional materials on college choice. *Journal of Marketing for Higher Education, 9*(2), 83-91.

Bisht, N.S., Belwal, R., & Pande, S. (2010). *Internet marketing of tourism*. Retrieved from http://site.ebrary.com/id/10416062

Chaffey, D., Mayer, R., Johnston, K., & Fiona E. C. (2000). *Internet marketing: Strategy, implementation and practice*. New York, NY: Prentice Hall.

Coupey, E. (2001). *Marketing and internet*. Upper Saddle River, NJ: Prentice Hall.

Fan, W. S., & Tsai, M. C. (2010). Factors driving website success- The key role of internet customization and the influence of website design quality and internet marketing strategy. *Total Quality Management, 21*(11), 1141-1159.

Gomes, L., & Murphy, J. (2003). An exploratory study of marketing international education online. *International Journal of Educational Management, 17*(3), 116-125.

Greenwood, G. (2012). Examining the presence of social media on university web sites. *Journal of College Admission, 216*, 24-28.

Hanson, W. (2000). *Internet marketing*. New York, NY: Thomson.

Herbig, P., & Hale, B. (1997). Internet: The marketing challenge of the twentieth century. *Internet Research, 7*(2), 95-100.

Imber, J., & Toffler, B. A. (2000). *Dictionary of marketing terms (3rd ed)*. Hauppauge, NY: Barrons Business Dictionaries.

Kiang, M. Y., Raghu, T. S., & Shang, H. M. (2000). Marketing on the internet: Who can benefit from an online marketing approach? *Decision Support System, 27*, 383-393.

Lindbeck, R., & Fodrey, B. (2010). Using technology in undergraduate admission: A student perspective. *Journal of College Admission, 208*, 10-17.

McCaffery, P. (2010). *The higher education manager's handbook: Effective leadership and management in universities and colleges (2nd ed)*. New York, NY:

Routledge.

Mentz, G., & Whiteside, R. (2003a). Internet college recruiting and marketing. *Journal of College Admission, 181*, 10-17.

Mentz, G., & Whiteside, R. (2003b). Online admissions and internet recruiting: An anatomy of search engine placement. *Educause Quarterly, 4*, 63-66.

Moogan, Y. J. (2011). Can a high education institution's marketing strategy improve the student-institution match? *International Journal of Educational Management, 25*(6), 570-589.

Morgan, R. F. (1996). An internet marketing framework for the world wide web (WWW). *Journal of Marketing Management, 12*, 757-775.

Neilson, J. (2010). *Scrolling and attention*. Retrieved from http://www.nngroup.com/articles/scrolling-and-attention/

Ngai, E. W. T. (2003). Commentary internet marketing research (1987-2000): A literature review and classification. *European Journal of Marketing, 37*(1/2), 24-49.

Nugyen, T. D., & Barrett, N. J. (2006). The knowledge-creating role of the internet in international business: Evidence from Vietnam. *Journal of International Marketing, 14*(2), 116-147.

Ong, C. P. (1995). *Practical aspects of marketing on the WWW*. (Unpublished MBA dissertation). University of Sheffield, UK.

PewResearch Center (2015). *Internet seen as positive influence on education but negative on morality in emerging and developing nations*. Retrieved from http://www.pewglobal.org/2015/03/19/ ation-but-negative-influence-on-morality-in-emerging-and-developing-nations/

Porter, J. (2008). *Brand U: Marketing the alma mater*. Business Week Online. Retrieved from http://www.businessweek.com/bschools/content/aug2008/bs2008085_851921.htm

Reid, K. (2009). The rise of social networking sites. *Education Journal, 119*, 22-22.

Sharma, A. (2010). *Introduction to internet marketing*. New Delhi, India: Global India.

Siegel, C. F. (2006). *Internet marketing: Foundations & applications (2nd ed)*. Mason, OH: South-Western Cengage Learning.

Temporal, P. (2010). *Advanced brand management*. Hoboken, NJ: John Wiley &

Sons.

Thomas, E. G. (2008). Internet marketing in the international arena: A cross-cultural comparison. *International Journal of Business Strategy, 8*(3), 84-98.

Valassis, M. D. (2015). *Making it personal – A look at personalized content marketing.* Direct Marketing Association, Retrieved from http://thedma.org/blog/making-it-personal-a-look-at-personalized-content-marketing/

Watson, R. T., & Zinkhan, G. M. (2000). Integrated internet marketing. *Communications of the ACM, 43*(6), 97-102.

Weinreich, H., & Obendorf, H. (2008). Not quite the average: An empirical study of web use. *ACM Transactions on the Web, 2*(1), 1-31.

Yip, G., & Dempster, A. (2005). Using the internet to enhance global strategy. *European Management Journal, 23*(1), 1-13.

Zimmerman, J. (2003). *Marketing on the internet (6ᵗʰ ed)*. Gulf Breeze, FL: Maximum.

● 第五章

池文海、楊宗儒、卓憲平（2007）。網路商店的關係行銷與顧客自發行為關係之研究。行銷科學學報，**3**（2），137-159。

何佳瑞譯（2013）。高等教育機構的行銷策略是否能夠提升學生／學校之間的適切度？（下）。教育研究月刊，**216**，101-110。

何瑞枝（2012）。多面向關係行銷在學校之應用。學校行政，**81**，154-172。

東海大學（2016）。東海大學公共關係室簡介。取自 http://thupr.thu.edu.tw/about/super_pages.php?ID=demo101

林俊彥、張惠雯（2010）。我國高等技職校院行銷管理模式之建構。學校行政，**65**，1-15。

林美玲（2000）。關係行銷法在運動健身俱樂部的運用。大專體育，**47**，124-129。

高等教育評鑑中心（2016）。**105** 大學校院通識教育暨第二週期系所評鑑實施計畫。取自 http://www.heeact.edu.tw/ct.asp?xItem=15802&CtNode=1966&mp=2

張宏政（2013）。以休閒農場之體驗推廣農業食物網絡關係行銷的理念。農業

推廣文彙，**58**，27-31。

陳玉娟（2015）。高等教育機構行銷策略、信任、承諾對忠誠度模式建構與驗證。**教育學報**，**43**（1），179-203。

黃振誼、王玉珍（2012）。保險業關係行銷策略之研究：三層次觀點。**育達科大學報**，**33**，1-22。

趙康伶（2009）。關係行銷、關係品質與家長行為意向關係之研究。人文社會科學研究，**3**（2），91-112。

劉祥熹、陳玉娟（2010）。從關係品質觀點探討服務品質、學習成效對顧客忠誠度關聯性之分析—以臺灣幼稚園產業為例。**教育政策論壇**，**13**（4），161-190。

蔡淑娟、顏財發、鄭春暉（2009）。京台休閒農場遊客知覺的行銷努力與關係品質之關聯。**運動休閒管理學報**，**6**（2），73-81。

謝作明、廖森貴（2002）。服務補救、服務價值、抱怨處理後滿意度與關係行銷之研究。**臺北科技大學學報**，**35**（2），187-204。

Ahearne, M., Bhattacharya, C. B., & Gruen, T. (2005). Antecedents and consequences of customer-company identification: Expanding the role of relationship marketing. *Journal of Applied Psychology, 90*(3), 574-585.

Aldridge, S., & Rowley, J. (1998). Measuring customer satisfaction in higher education. *Quality Assurance in Education, 6*(4), 197-204.

American Marketing Association (2015). *Definition of marketing.* Retrieved from http://www.marketingpower.com/AboutAMA/Pages/DefinitionofMarketing.aspx

Arnett, D. B., Wittmann, C. M., & Wilson, B. J. (2003). Encouraging future helping behaviors: The role of student-faculty relationships in higher education marketing. *Journal of Marketing for Higher Education, 12*(1/2), 117-156.

Bay, D., & Daniel, H. (2001). The student is not the customer - An alternative perspective. *Journal of Marketing for Higher Education, 11*(1), 1-19.

Bemis, P. A. (2011). Building your business with social media and relationship marketing. *Beginnings, 31*(4), 12-14.

Beneke, J. (2011). Student recruitment and relationship marketing--convergence or contortion? *South African Journal of Higher Education, 25*(3), 412-424.

Berman, B., & Sharland, A. P. (2002). The teaching of relationship marketing concepts in undergraduate marketing principles and graduate introductory marketing courses. *Journal of Marketing Education, 24*(2), 125-134.

Berry, L. L. (1983). Relationship marketing. In L. Berry, G. L. Shostack & G. D. Upah (Eds.), *Emerging perspectives on services marketing* (pp. 25-28). Chicago, IL: American Marketing Association.

Berry, L. L. (2002). Relationship marketing of services perspectives from 1983 and 2000. *Journal of Relationship Marketing, 1*(1), 59-77.

Berry, L. L., & Parasuraman, A. (1991). *Marketing service: Competing through quality.* New York, NY: The Free Press.

Bowden, J. L. (2011). Engaging the student as a customer: A relationship marketing approach. *Marketing Education Review, 21*(3), 211-228.

Brown, J. J., & Reingen, P. H. (1987). Social ties and word-of-mouth referral behavior. *Journal of Consumer Research, 14,* 350-362.

Caceres, R. C., & Paparoidamis, N. G. (2007). Service quality, relationship satisfaction, trust, commitment and business-to-business loyalty. *European Journal of Marketing, 41*(7/8), 836-867.

Chakiso, C. B. (2015). The effect of relationship marketing on customers' loyalty. *Emerging Markets Journal, 5*(2), 58-70.

Chen, Y. C. (2015). A study of the interrelationships among service recovery, relationship quality and brand image in higher education industries. *Asia – Pacific Education Researcher, 24*(1), 81-89.

Christopher, M., Payne, A., & Ballantyne, D. (1991). *Relationship marketing: Bringing quality customer service and marketing together.* London, England: Forthcoming Heinemann.

Crosby, A. L., Kenneth, R. E., & Deborah, C. (1990). Relationship quality in services selling: An interpersonal influence perspective. *Journal of Marketing, 54,* 68-82.

Doaei, H., Rezaei, A., & Khajei, R. (2011). The impact of relationship marketing tactics on customer loyalty: The mediation role of relationship quality. *International Journal of Business Administration, 2*(3), 83-93.

Frasquet, M., Calderón, H., & Cervera, A. (2012). University-industry collaboration from a relationship marketing perspective: An empirical analysis in a Spanish

University. *Higher Education, 64*(1), 85-98.

Gordon, I. (1998). *Relationship marketing: New strategies, techniques and technologies to win customers you want and keep them forever.* Canada: John Wiley and Sons.

Huang, S. L. (2012). Learning environments at higher education institutions: Relationships with academic aspirations and satisfaction. *Learning Environments Research, 15*(3), 363-378.

Kittle, B., & Ciba, D. (2001). Using college web sites for student recruitment: A relationship marketing study. *Journal of Marketing for Higher Education, 11*(3), 17-37.

Kristof, D. W., Gaby, O. S., & Dawn, L. (2001). Investments in consumer relationships: A cross-country and cross-industry exploration. *Journal of Marketing, 65*(4), 33-50.

Lagace, R. R., Dahlstrom, R., & Grassenheimer, J. B. (1991). The relevance of ethical salesperson behavior on relationship quality: The pharmaceutical industry. *Journal of Personal selling and Sale Management, 11*(4), 39-47.

Levitt, T. (1986). Marketing intangible products and product intangibles. *Havard Business Review, 59*, 95-102.

Levy, S., & Zaltman G. (1975). *Marketing, society, and conflict.* Englewood Cliffs, NJ: Prentice Hall.

Morgan, R. M., & Hunt, S. D. (1994). The commitment-trust theory of relationship marketing. *Journal of Marketing, 58*(3), 20-38.

Murphy, B., & Wang, R. (2006). An evaluation of stakeholder relationship marketing in China. *Asia Pacific Journal of Marketing and Logistics, 18*(1), 7-18.

Ndubisi, N. O., & Chan, K. W. (2005). Factorial and discriminant analyses of the underpinnings of relationship marketing and customer satisfaction. *International Journal of Bank Marketing, 23*(3), 542-557.

Nelson, O. N. (2007). Relationship marketing and customer loyalty. *Marketing Intelligence & Planning, 25*(1), 98-106.

Palmer, A. J. (1996). Relationship marketing: A universal paradigm or management fad? *The Learning Organization, 3*(3), 18-25.

Quraishi, U., Hussain, I., Syed, M. A., & Rahman, F. (2010). Faculty satisfaction in higher education: A TQM approach. *Journal of College Teaching and Learning, 7*(6), 31-34.

Schee, V., & Brian, A. (2008). Using relationship marketing in college student recruitment. *College and University, 84*(1), 67-72.

Sheth, J. N., & Parvatiyar, A. (1995). Relationship marketing in consumer markets: Antecedents and consequences. *Journal of the Academy of Marketing Science, 23*(4), 255-271.

Smith, J. B. (1998). Buyer-seller relationships: Similarity, relationship management and quality. *Psychology and Marketing, 15*(1), 3-21.

Temporal, P. (2010). *Advanced brand management.* Hoboken, NJ: John Wiley & Sons.

Too, H. Y., Souchon, A. L., & Thirkell, P. C. (2011). Relationship marketing and customer loyalty in a retail setting: A dyadic exploration. *Journal of Marketing Management, 17*(3/4), 287-319

Trocchia, P. J., Finney, R. Z., & Finney, T. G. (2013). Effectiveness of relationship marketing tactics in a university setting. *Journal of College Teaching & Learning (Online), 10*(1), 29-38.

Vander Schee, B. A. (2008). Using relationship marketing in college student recruitment. *College and University, 84*(1), 67-72.

Vander Schee, B. A. (2010). The small college enrollment officer: Relationship marketing at work. *Journal of Marketing for Higher Education, 20*(1), 135.

Vauterin, J. J., Linnanen, L., & Marttila, E. (2011). Customer orientation in higher education: The missing link in international student recruitment? A relationship marketing approach. *Industry and Higher Education, 25*(2), 77-91.

Yudelson, J. (1999). Adapting McCarthy's four P's for the twenty-first century. *Journal of Marketing Education, 21*, 60-67.

● 第六章

方世榮、張士峰（譯）（2009）。行銷學原理（**12** 版）。譯自 P. Kotler & G. Armstrong: Principles of marketing（12ed）。臺北市：東華。

王右君（2010）。報紙個人敘事中的性／別主體建構：以聯合報「家庭副刊」、蘋果日報「人間事」和「人間異語」為分析對象。科技部專題研究

計畫成果報告。

王國讚、黃昶立譯（2000）。大眾傳播。譯自 J. R. Dominick: The dynamics of mass communication. 臺北市：麥格羅希爾。

王智弘（2007）。助人專業人員如何看待媒體。臺灣心理諮商通訊，**202**，取自 http://www.heart.net.tw/202-1.html

王馥蓓（2014）。從臺灣媒體發展現象談危機處理的啟示。取自 http://ogilvypr.pixnet.net/blog/post/25787789

田正榮（2006）。聯繫於網路行銷競爭優勢的大學網站功能規劃與分析。致遠管理學院學報，**1**，275-294。

江義平（2014）。社群媒體行銷效果探究。科技部專題研究計畫。

呂傑華（2015）。觀看第五面牆—網絡社會時代媒體素養課程理論之建構與實踐（I）。科技部專題研究計畫。

李青松、陳聖林、車成緯（2010）。青年旅遊之媒體行銷對旅遊意象、活動吸引力與旅遊意願的影響－以馬祖地區為例。休閒事業研究，**8**（3），25-43。

林東泰（2008）。大眾傳播理論。臺北市：師大書苑。

林進丁（2002）。都會型國民小學學校公共關係之研究—以台中市為例。國立臺中師範學院國民教育研究所碩士論文，未出版。

林聖偉（2014）。旅行業成功採用與導入社群媒體行銷策略之研究。科技部專題研究計畫。

姜如珮、簡美宜（2008）。幼托園所加盟東森 **YO YO** 幼兒園之研究—品牌、行銷與課程經營。發表於臺南大學教育經營與管理研究所主辦：第七屆臺灣學者暨博士生教育經營與管理學術研討會。

孫嘉穗（2010）。聽障奧運、媒體行銷與身體文化—聽不見的身體與眾聲喧嘩的媒體與城市。運動文化研究，**13**，53-83。

秦夢群（2004）。教育行政：實務部分。臺北市：五南。

翁秀琪（2011）。大眾傳播理論與實務。臺北市：三民。

教育部（2002）。媒體素養教育政策白皮書。臺北市：教育部。

莊文忠（2003）。與媒體共舞？多面向評估非營利組織的議程設定與社會行銷。科技部專題研究計畫。

陳玉娟（2013）。國立教育大學招生行銷之探究。教育政策論壇，**16**（3），

117-146。

陳玉娟（2014）。高等教育機構行銷策略指標建構與實證調查之研究。**教育政策論壇，17**（4），69-101。

陳建宏（2010）。以「報紙科技新聞對技職院校成人學生之教育傳播效果實驗研究：以全球暖化與綠色消費之認知聯結為例」。科技部專題研究計畫。

陳尊鈺、蔡美輝（2012）。非營利組織社群媒體行銷運用之研究—以 Facebook 為例。**文教論壇，4**，133-153。

黃義良、丁學勤（2013）。學校行銷研究之發展分析：EBSCO 期刊資料庫論文的探索。**臺中教育大學學報：教育類，27**（2），105-124。

黃蕙娟（2011）。運動賽會事件行銷暨其媒體效益分析之研究—以 2004 年～ 2008 年 ING 臺北馬拉松為例。**育達科大學報，26**，155-179。

楊玲（2007）。反對大學排名化，美加校長杯葛媒體評比。**評鑑雙月刊，7**，62。

潤利艾克曼調研部（2015）。**2015 年第二季潤利艾克曼公司媒體大調查報告**。取自 http://www.xkm.com.tw/HTML/report/rngresearch/2015Q2RNMM.pdf

蔡宗任（2010）。**顧客關係與社群媒體行銷運用於創新消費性電子商品之策略**。淡江大學國際貿易學系國際企業學碩士論文，未出版。

蔣宏、徐劍（主編）（2006）。**新媒體導論**。中國大陸：上海交通大學出版社。

魏惠娟（2006）。臺灣地區學校行銷研究評析及其對學校行銷策略規劃的啟示：1984-2004 的探索。**教育政策論壇，9**（2），131-154。

Akar, E., & Topçu, B. (2011). An examination of the factors influencing consumers' attitudes toward social media marketing. *Journal of Internet Commerce, 10*(1), 35-67.

Alkhas, A. B. (2011). *An examination of internet social media marketing in higher education institutions* (Unpublished doctoral dissertation). Faculty California State University, Stanislaus.

American Marketing Association (2015a). *Dictionary*. Retrieved from https://www.ama.org/resources/Pages/Dictionary.aspx?dLetter=A

American Marketing Association (2015b). *Definition of marketing*. Retrieved from http://www.marketingpower.com/AboutAMA/Pages/DefinitionofMarketing.aspx

Buckingham, D. (2004). *Media education: Literacy, learning and contemporary culture*. Cambridge: Polity Press.

Chan, N. L., & Guillet, B. D., (2011). Investigation of social media marketing: How does the hotel industry in Hong Kong perform in marketing on social media websites? *Journal of Travel & Tourism Marketing, 28*(4), 345-368.

Constantinides, E., & Stagno, M. C. Z. (2011). Potential of the social media as instruments of higher education marketing: A segmentation study. *Journal of Marketing for Higher Education, 21*(1), 7-24.

Dominick, J. R. (1999). *The dynamics of mass communication*. New York, NY: Mc-Graw-Hill.

Erdo mu , I. E., & Çiçek, M. (2012). The impact of social media marketing on brand loyalty. *Procedia - Social and Behavioral Sciences, 58*, 1353-1360.

Hall, Z. D. M. (2007). *An exploratory investigation of the influence of college president perceptions on organizational commitment to higher education marketing at high performing California community colleges* (Unpublished doctoral dissertation). University of California, California.

Hoffman, D. L., & Novak, T. P. (1996). Marketing in hypermedia computer-mediated environments: Conceptual foundation. *Journal of Marketing, 60*(3), 50-68.

Jones, B. L., & Chase, W. H. (1979). Managing public policy issues. *Public Relastins Review, 5*(2), 3-23.

Khang, H., Ki, E. J., & Ye, L. (2012). Social media research in advertising, communication, marketing, and public relations, 1997-2010. *Journalism & Mass Communication Quarterly, 89*(2), 279-298.

Kim, A. J., & Ko, E. (2011). Do social media marketing activities enhance customer equity? An empirical study of luxury fashion brand. *Journal of Business Research, 65*(10), 1480-1486.

● 第七章

吳仁捷（2015）。大學行政服務品質內部行銷滿意度模式之研究─以義守大學為例。義守大學管理科學研究所碩士論文，未出版。

吳盈泰（2015）。大學內部行銷之關聯分析─以休閒、觀光、餐旅學系為例。

康寧大學休閒管理研究所碩士論文，未出版。

呂瓊瑜、黃孟立、李欽明（2015）。餐旅業內部行銷作為對實習生情緒能力與服務態度之影響—以中南部觀光餐旅休閒科系實習生為例。**運動休閒餐旅研究，10**（2），40-59。

沈進成、楊琬琪、郭振生（2006）。內部行銷、組織承諾、工作滿意與學校效能影響關係之研究—以台南地區國民小學為例。人力資源管理學報，**6**（1），47-74。

林俊彥、張惠雯（2010）。我國高等技職校院行銷管理模式之建構。學校行政雙月刊，**65**，1-15。

林隆儀與鍾明燿（2009）。內部行銷作為、成就動機、組織承諾與離職傾向的關係—以國軍志願役軍士官為例。文大商管學報，**14**（1），75-109。

马春（2006）。美、英、澳发展高等教育产业的举措和经验。取自 www.istis.sh.cn/list.aspx?id=3117

張奕華、李春芳（2010）。國民中學學校內部行銷認知、運作與執行困境之研究。學校行政，**68**，1-26。

張裕弘（2009）。行銷，請先從內部做起—淺談以內部行銷策略提升教師教學效能。學校行政，**64**，66-77。

張瓊云（2015）。**國民小學內部行銷與教師組織認同之研究**。大葉大學人力資源暨公共關係學系碩士論文，未出版。

曹耀鈞、黃俊英（2004）。臺灣技職院校應積極採取的行銷作為—以正修科技大學為例。**正修學報，17**，209-217。

許中駿、許順旺、張文彥、倪維亞（2013）。國際觀光旅館內部行銷與留任意願之相關研究—以工作滿意度為中介效果。**運動休閒餐旅研究，8**（3），58-84。

許順旺、張姮燕、吳紀美、曹建南（2013）。五星級旅館內部行銷、組織承諾與績效表現之相關研究—以內、外控人格特質為干擾變項。東吳經濟商學學報，**83**，43-78。

陳永禎（2014）。新竹縣市特色學校內部行銷、組織承諾與工作滿意度關係之研究。國立新竹教育大學教育行政碩士學位在職進修專班碩士論文，未出版。

陳玉娟（2014）。幼兒園內部行銷評估指標建構之研究。**臺中教育大學學報：教育類，28**（2），49-68。

陳俊安、黃翠玲、莊千儀、周詒徵（2009）。國小教師內部行銷知覺、工作士氣與工作滿意之關聯性研究—以台中縣為例。社會科教育研究，**14**，293-314。

陳建名（2014）。**教師認知校長服務領導、內部行銷作為對學校認同關係之探討—以桃園縣北區國民小學為例**。國立新竹教育大學教育行政碩士學位在職進修專班碩士論文，未出版。

陳國雄、黃建榮（2010）。連鎖便利商店內部行銷、關係連結與加盟承諾之關聯性研究。高應科大人文社會科學學報，**7**（2），203-222。

陳靜宜（2014）。**學校內部行銷與學校效能之相關性研究—以國民小學為例**。靜宜大學管理碩士在職專班碩士論文，未出版。

黃俊傑（2006）。談學校內部行銷。**國教之友**，**59**（1），70-74。

黃俊傑（2007）。學校內部行銷。**教育研究**，**59**（1），70-73。

黃雯菁、黃庭鍾（2009）。內部行銷對組織承諾影響之研究—以北部某醫療機構護理人員為例。安泰醫護雜誌，**15**（4），211-224。

楊朝祥（2007）。**高等教育理想價值與市場邏輯的爭議**。國家政策研究基金會，取自 http://www.npf.org.tw/2/1715。

楊瑞霞、丁學勤（2014）。高雄市偏鄉小學教師內部行銷與組織承諾關係之研究。教育經營與管理研究集刊，**10**，93-127。

劉又溱（2014）。**內部行銷對工作滿意、組織承諾與組織公民行為之影響—以臺北醫學大學為例**。國立臺北商業技術學院商學研究所碩士論文，未出版。

劉秀曦（2002）。內部行銷在學校教育革新上之應用。中等教育，**3**，94-105。

駱俊賢、劉長敏（2014）。利用教育訓練推動內部行銷與工作表現提升之關聯性—以餐飲業為例。管理實務與理論研究，**8**（3），91-105。

謝文全（2016）。**教育行政**。臺北市：高等教育。

謝維齊（2005）。從內部行銷談學校經營。南投文教，**22**，62-65。

Ahmed, P. K., & Rafiq, M. (2002). *Internal marketing*. Woburn, MA: Butterworth-Heinemann.

Berry, L. L. (1981). The employee as customers. *Journal of Retail Banking, 3*, 25-28.

Berry, L. L., & Parasuraman, A. (1991). *Marketing services: Competing through quality*. New York, NY: The Free Press.

Ferdous, A. S., Herington, C., & Merrilees, B. (2013). Developing an integrative model of internal and external marketing. *Journal of strategic marketing, 21*(7), 637-649.

Grönroos, C. (1985). *Internal marketing – theory and practice*. American Marketing Association's Services Conference Proceedings, American Marketing Association, Chicago IL, 41-47.

Gummesson, E. (2000). Internal marketing in the light of relationship marketing and network organization. In R. J. Varey & B. Lewis (2000), *Internal marketing : Directions for management* (pp. 27-42). New York, NY: Routledge.

Hallums, A. (1994). Internal marketing within a health care organization: Developing an implementation plan. *Journal of Nursing Management, 2*(3), 135-142.

Hancock, L., & Nuttman, S. (2014). Engaging higher education institutions in the challenge of sustainability: Sustainable transport as a catalyst for action. *Journal Of Cleaner Production, 62*, 62-71.

Huang, Y., & Sharyn, R. T. (2015). A holistic management tool for measuring internal marketing activities. *Journal of Services Marketing, 29*(6/7), 571-584.

Mahmood, A. (2013). *Evaluation of the degree to which employee satisfaction is related to internal marketing within pakistani universities* (Order No. U638122). Available from ProQuest Dissertations & Theses A&I. (1687701050).

Maslow, A. H. (1954). *Motivation and personality*. New York, NY: Harper & Row.

Masri, M. D., Oetjen, D., & Rotarius, T. (2011). Internal marketing: Creating quality employee experiences in health care organizations. *The Health Care Manager, 30*(3), 196-204.

Piercy, N., & Morgan, N. (1991). Internal marketing: The missing half of the marketing program. *Long Range Planning, 24*(2), 82-93.

Schüller, D., & Chalupský, V. (2011). Internal marketing communicatin of higher education institutions. *Economics & Management, 16*, 1316-1322.

Stachowski, C. A. (2008). Managing internal marketing in a New Zealand language school: Some important lessons for all educational leaders. *Management in Education, 22*(4), 31-38.

Tareef, F., & Balas, A. (2012). Marketing in higher education institutes: Using an internal marketing strategy and innovation models. *Managerial Challenges of The Contemporary Society, 3*, 163-169.

Ting, S. (2011). The effect of internal marketing on organizational commitment: Job involvement and job satisfaction as mediators. *Educational Administration Quarterly, 47*(2), 353-382.

● 第八章

丁學勤、葉怡志（2011）。以動態的觀點探討大學品牌形象對學生知覺品質之影響。**教育與多元文化研究，5**，175-204。

王儷潔、林利真（譯）（2005）。品牌行銷創新啟示錄。譯自 John Grant: The new marketing manifesto。臺北市：麗勤。

石東立（2009）。創造品牌經驗與關係—敏盛醫療體系。品質月刊，**45**（5），17-20。

朱延智（2010）。品牌管理。臺北市：五南。

吳宗祐、吳華萍、連健翔、李宜旻（2013）。價格、服務人員正向情緒表達、品牌知名度、及顧客忠誠度之關係：期望失驗理論的運用。**顧客滿意學刊，9**（2），215-245。

李茂能（2009）。**圖解 AMOS 在學術研究之應用**。臺北市：五南。

林南宏、王文正、邱聖媛、鍾怡君（2007）。產品知識及品牌形象對購買意願的影響—產品類別的干擾效果。**行銷評論，4**（4），481-504。

林建睿、林慧君（2011）。**網路行銷**。新北市：博碩。

胡政源（2010）。品牌管理—品牌經營理論與實務。新北市：新文京。

徐世同（譯）（2008）。**策略品牌管理**（第三版）。譯自 Kevin Lane Keller: Strategic Brand Management: Building, measuring, and managing brand equity（3rd ed）。臺北市：華泰。

教育部（2014）。**中華民國師資培育統計年報**。臺北市：教育部。

陳玉娟（2013）。國立教育大學招生行銷之探究。**教育政策論壇，16**（3），117-146。

陳寬裕、王正華（2013）。**結構方程模型分析實務：AMOS 的運用**。臺北市：五南。

陳燕輝（2013）。綠色品牌定位、綠色品牌知覺價值與購買意願之實證研究—以食品飲料產業為例。中小企業發展季刊，**28**，63-91。

黃芳銘（2002）。結構方程模式理論與應用。臺北市：五南。

黃義良（2011）。幼稚園品牌行銷、品牌權益與家長行為意向之研究。教育研究集刊，**57**（4），121-156。

黃義良（2013）。技職院校幼兒保育系品牌評估指標之建構。新竹教育大學教育學報，**30**（1），101-137。

葉連祺（2006）。教育行政類系所品牌評估模式之初步建構。教育政策論壇，**9**（4），151-179。

葉連祺（2007）。大學教學品質提升措施成效影響大學品牌之跨時間比較。教育學刊，**28**，195-224。

趙仁方、郭采彥（2013）。主題樂園的體驗行銷與品牌形象對消費者重遊意願之影響—以義大遊樂世界主題活動為例。觀光與休閒管理期刊，**1**（1），33-55。

蔡金田（2009）。學校品牌建構與行銷管理之探究。國民教育研究學報，**23**，139-160。

Aaker, D. A. (1996). *Building strong brand*. New York, NY: Free Press.

Aaker, D. A. (2000). *Managing brand equity: Capitalizing on the value of a brand name*. Chicago, IL: Free Press.

Aigbedo, H., & Parameswaran, R. (2004). Importance-performance analysis for improving quality of campus food service. *The International Journal of Quality & Reliability Management, 21*(8), 876-896.

American Marketing Associations (2013). *Dictionary*. Retrieved form https://www.ama.org/resources/Pages/Dictionary.aspx.

Anctil, E. J. (2008). *Selling higher education: Marketing and advertising America's colleges and universities*. San Francisco, CA: Wiley Subscription Services.

Angell, R. J., Heffernan, T. W., & Megicks, P. (2008). Service quality in postgraduate education. *Quality Assurance in Education, 16*(3), 236-254.

Balmer, J. M. T., & Greyser, S. A. (2003). *Revealing the corporation: Perspectives on identity, image, reputation, corporate branding and corporate level marketing*. London, England: Routledge.

Brookes, M. (2003). Higher education: Marketing in a quasi-commercial service industry. *International Journal of Nonprofit and Voluntary sector Marketing, 8*(2),

134-142.

Chahal, H., & Bala, M. (2012). Significant components of service brand equity in healthcare sector. *International Journal of Health Care Quality Assurance, 25*(4), 343-362.

Chapleo, C. (2009). External perceptions of successful university brands. *International Journal of Educational Advancement, 8*(3-4), 126-135.

Chapleo, C. (2013). What is the secret of successful university brands? In P. Tripathi & S. Mukerji (Eds), *Marketing strategies for higher education institutions: Technological considerations and practices* (pp. 1-14). Hershey, PA: IGI Global.

Dobni, D., & Zinkhan, G. M. (1990). In search of brand image: A foundation analysis. *Advances in Consumer Research, 17*, 110-119.

Fornell, C., & Larcker, D. F. (1981). Evaluating structural equation models with unobservable variables and measurement error. *Journal of Marketing Research, 18*, 39-50.

Gao, G. (2012). Measuring the satisfaction of international postgraduate business students of a British University. *Journal of Higher Education Theory and Practice, 12*(4), 117-135.

Hair, J. F., Anderson, R. E., Tatham, R. L., & Black, W. C. (1998). *Multivariate data analysis (5th ed.)*. Upper Saddle River, NJ: Prentice Hall.

Helmsley-Brown, J., & Oplatka, I. (2006). Universities in a competitive global market-place: A systematic review of the literature on higher education marketing. *International Journal of Public Sector Management, 19*(4), 316-338.

Kapferer, J. N. (1992). *Strategic brand management: New approaches to creating and evaluating brand equity*. New York, NY: Free Press.

Keller, K. L. (1993). Conceptualizing, measuring, and managing customer-based brand equity. *Journal of Marketing, 57*(1), 1-22.

Kim, C. K., Lavack, A. M., & Smith, M. (2001). Consumer evaluation of vertical brand extensions and core brands. *Journal of Business Research, 52*(3), 211-222.

Kolter, P., & Armstrong, G. (2008). *Principles of marketing*. New York, NY: Pearson.

Lai, S. L., & To, W. M. (2010). Importance-performance analysis for public management decision making: An empirical study of China's Macao special administrative region. *Management Decision, 48*(2), 277-295.

Lee, C. W., & Liao, C. S. (2009). The effects of consumer preferences and perceptions of Chinese tea beverages on brand positioning strategies. *British Food Journal, 111*(1), 80-96.

Lomas, L. (2007). Are students customers? Perceptions of academic staff. *Quality in Higher Education, 13*(1), 31-44.

Louro, M. J., & Cunha, P. V. (2001). Brand management paradigms. *Journal of Marketing Management, 17*, 849-875.

Maringe, F., & Gibbs, P. (2009). *Marketing higher education: Theory and practice.* New York, NY: McGraw Hill.

Martilla, J. A., & James, J. C. (1977). Importance-performance analysis. *Journal of Marketing, 41*, 77-79.

Martin, D. N. (1989). *Romancing the brand: The power of advertising and how to use it.* New York, NY: Amacom Books.

McCaffery, P. (2010). *The higher education manager's handbook: Effective leadership and management in universities and colleges (2nd ed).* New York, NY: Routledge.

Mooradian, T. A., Matzler, K., & Ring, L. J. (2012). *Strategic marketing.* New York, NY: Prentice Hill.

O'Neill, M. A., & Palmer, A. (2004). Importance-performance analysis: A useful tool for directing continuous quality improvement in higher education. *Quality Assurance in Education, 12*(1), 39-52.

Obermiller, C., Fleenorm, P., & Raven, P. (2005). Students as customers or products: Perceptions and preferences of faculty and students. *Marketing Education Review, 15*(2), 27-36.

Park, C. W., Joworski, B. J., & MachInnis, D. J. (1986). Strategic brand concept-image management. *Journal of Marketing, 50*(4), 135-145.

Pinar, M., Trapp, P., Girard, T., & Boyt, T. E. (2011). Utilizing the brand ecosystem framework in designing branding strategies for higher education. *International Journal of Educational Management, 25*(7), 724-739.

Sun, J. h. (2010). Dandong Yalu river international tourism festival: A study in perspective of brand construction. *Journal of Eastern Liaoning University, 12*(5), 75-79.

Svensson, G., & Wood, G. (2007). Are university students really customers? When illusion may lead to delusion for all. *International Journal of Educational Management, 21*(1), 17-28.

Temple, P. (2006). Branding higher education: Illusion or reality? *Perspectives, 10*(1), 15-19.

Tripathi, P., & Mukerji, S. (2013). *Marketing strategies for higher education institutions: Technological considerations and practices.* Hershey, PA: IGI Global.

Wu, H. H., Tang, Y. T., & Shyu, J. W. (2010). A case of applying importance-performance analysis in identifying key success factors to develop marketing strategies. *Quality & Quantity, 44*, 1207-1218.

Yavas, U., & Shemwell, D. J. (2001). Modified importance-performance analysis: An application to hospitals. *International Journal of Health Care Quality Assurance, 14*(3), 104-110.

● 第九章

方世榮、張士峰（譯）（2009）。**行銷學原理（第 12 版）**。譯自 Philip Kotler & Gary Armstrong: Principles of marketing（12ed）。臺北市：東華。

王子華、張純純（2012）。建構師資培育大學學生資訊素養指標之研究。**師資培育與教師專業發展期刊，5**（1），1-22。

王旭昇（2005）。**網路行銷理論與實務**。臺北市：知城數位科技。

王志平（2008）。**網路行銷導論**。新北市：全華。

王金國（2012）。應用案例教學於師資培育課程之行動研究—以教育人員專業倫理為例。**教育理論與實踐學刊，26**，1-29。

田正榮（2006）。聯繫於網路行銷競爭優勢的大學網站功能規劃與分析。**致遠管理學院學報，1**，275-294。

朱延智（2010）。**品牌管理**。臺北市：五南。

何卓飛、莊清寶（2007）。高等教育行銷基礎—影響大專科系選擇之因素模式建構。**高等教育，2**（2），1-35。

何秉燦、蔡欣佑（2013）。從遊客生活型態與網路使用行為探討民宿網路行銷策略之研究。**大同技術學院學報，20**，239-265。

何宣甫、邱彥禎（2010）。尋找差異化的行銷契機—嘉義地區教育類碩士在職

專班的形象定位。**國民教育研究學報**，**24**，1-26。

何珍、焦錦濮、陳詳衡（2008）。技職院校教育行銷招生策略之研究。商業現代化學刊，4（4），51-60。

余朝權、林聰武、王政忠（1998）。網路行銷之類別與時機。大葉學報，**7**（1），1-11。

吳亭頤、謝闓如（2013）。師資培育生之小數除法概念及其相關教學知識的現況探究。**師資培育與教師專業發展期刊**，**6**（1），25-56。

吳清山（2003）。師資培育法—過去、現在與未來。**教育研究月刊**，**105**，27-43。

李雅婷（2013）。師資培育職前教師關懷行動之美感經驗探究。**教育學刊**，**40**，99-136。

周秀蓉、趙永祥（2006）。以交易成本觀點探討臺灣服務業運用網路行銷之研究。慈惠學術專刊，**2**，104-116。

林建睿、林慧君（2011）。**網路行銷**。新北市：博碩。

林偉人（2007）。英美名校網路行銷分析。輔仁學誌，**35**，109-142。

林新發（2006）。**序：教育行銷時代的來臨**。載於吳炳銅，教育行銷學。臺北縣：冠學。

林新發、王秀玲、鄧珮秀（2007）。我國中小學師資培育現況、政策與展望。**教育研究與發展期刊**，**3**（1），57-79。

帥嘉珍、何豐成（2009）。網路行銷與旅館營運績效研究—資料包絡分析法之應用。明新學報，**35**（2），79-93。

容繼業（1997）。網際網路消費者對旅行業設置網路行銷認知之研究。觀光研究學報，**3**（2），63-75。

張民杰（2012）。師資培育特色教學法的初步建構。**教育研究**，**222**，46-56。

張永煬、蔡建順、張錦崑（2011）。服飾業網路行銷之研究。全球管理與經濟，**7**（1），53-69

教育部（2014）。**102 年師資培育統計年報**。臺北市：教育部。

曹耀鈞、黃俊英（2004）。臺灣技職院校應積極採取的行銷作為—以正修科技大學為例。正修學報，**17**，209-217。

莊英慎、林水順（2003）。顧客對高等教育機構行銷特性認知分析—以中華大學為例。中華管理學報，**4**（3），91-113。

許嘉芸、陳昭元、林建宏、陳笕亨、楊政儒（2012）。自創服飾品牌網路行銷與形象設計。**資訊傳播學報，4**，204-209。

陳慧芬、陳芬娟（2012），師資培育大學遴薦優質教育實習機構計畫執行情況之個案研究。**教師教育期刊，1**，113-131。

彭慶懷（2011）。臺南進穎休閒鹿場文化創意品牌形象、創新網路行銷與消費者行為分析之研究。科技部專題研究計畫。

黃嘉莉（2012）。教育實習評量典範的探究與轉移。**師資培育與教師專業發展期刊，5**（2），1-24。

黃寶慧、洪敏堯、馮輝哲、林昱呈、吳鎮宇、林于正、陳登校、董明翰（2012）。軍事院校招生的行銷內容與管道之研究─以陸軍官校為例。**黃埔學報，62**，93-110。

楊智穎（2012）。多元師資培育制度下品格教育課程改革之研究。**課程與教學，15**（2），71-85。

楊智穎（2013）。師資培育大學與小學合作推動臨床教學之個案研究。**教育研究與發展期刊，9**（1），1-24。

楊馥如（2012）。在師資培育課程教導職前教師發展「人文關懷的藝術統整課程」之研究。**藝術研究期刊，8**，33-60。

劉文良（2004）。**網路行銷理論與實務**。臺北市：金禾。

劉廷揚、蘇政宏（2002）。多元入學政策下大專院校行銷活動之研究。**彰化師大教育學報，3**，1-24。

樊祖燁、樊岱杰、林佳萱（2013）。中小企業以網路整合行銷品牌產品之個案研究。**中小企業發展季刊，27**，173-210。

蔡清田、侯雅雯、鄭勝耀（2009）。我國師資培育大學進行教育行銷的分析─麥當勞化的觀點。**中等教育，60**（4），32-58。

盧希鵬（2007）。**網路行銷：電子化企業經營策略**。臺北市：雙葉。

藍浩益（2003）。品牌轉型從網路開始─統一鮮乳酪行銷個案分析。**廣告雜誌，147**，138-139。

蘇容梅（2012）。大學關係行銷對學生行為意向之影響─學校品牌知名度的調節效果。**臺北市立教育大學學報，43**（1），1-26。

Alkhas, A. B. (2011). *An examination of internet social media marketing in higher education institutions* (Unpublished doctoral dissertation). Faculty California State University, Stanislaus.

Anctil, E. J. (2008). *Selling higher education: Marketing and advertising America's colleges and universities.* San Francisco, CA: Wiley Subscription Services.

Angus, E., & Oppenheim, C. (2004). Studies of the characteristics of brand names used in the marketing of information products and services. II: Internet related services. *Aslib Proceedings: New Information Perspectives, 56*(1), Retrieved from http://search.proquest.com/docview/28660194?accountid=14228

Becherer, R. C., & Halstead, D. (2004). Characteristics and internet marketing strategies of online auction sellers. *International Journal of Internet Marketing and Advertising, 1*(1), 24-37.

Dilts, J., Hauser, W. J., & Hausknecht, D. (2006). A hybrid multichannel approach to internet marketing: Think globally, act locally. *International Journal of Internet Marketing and Advertising, 3*(2), 107-119.

Johnson, J., & Sallee, D. (1994). Marketing your college as an intangible product. *Journal of College Admission, 144*, 16-20.

Lomas, L. (2007). Are students customers? Perceptions of academic staff. *Quality in Higher Education, 13*(1), 31-44.

Munthe, E., Malmo, K. S., & Rogne, M. (2011). Teacher education reform and challenges in Norway. *Journal of Education for Teaching: International Research and Pedagogy, 37*(4), 441-450.

Nadia, P., Schibrowsky, J. A., Peltier, J., & Nill, A. (2013). A review of internet marketing research over the past 20 years and future research direction. *Journal of Research in Interactive Marketing, 7*(3), 166-181.

Obermiller, C., Fleenorm, P., & Raven, P. (2005). Students as customers or products: Perceptions and preferences of faculty and students. *Marketing Education Review, 15*(2), 27-36.

Ordanini, A., & Rubera, G. (2007). Do resources mediate the relationships between the internet and performance in the marketing domain? Testing the role of customer orientation and brand equity. *International Journal of Internet Marketing and Advertising, 4*(1), 4-25.

Pantic, N. (2012). Teacher education reforms between higher education and general education transformations in south-eastern Europe: Reviewing the evidence and scoping the issues. *CEPS Journal : Center for Educational Policy Studies Journal, 2*(4), 71-90.

Pantic, N., & Wubbels, T. (2012). Competence-based teacher education: A change from "Didaktik" to curriculum culture? *Journal of Curriculum Studies, 44*(1), 61-87.

Rots, I., & Aelterman, A. (2009). Teacher education graduates' entrance into the teaching profession: Development and test of a model. *European Journal of Psychology of Education, 24*(4), 453-471.

Rust, F. O. (2010). Shaping new models for teacher education. *Teacher Education Quarterly, 37*(2), 5-18.

Sigurdardóttir, A. K. (2010). School-university partnership in teacher education for inclusive education. *Journal of Research in Special Educational Needs, 10*, 149-156.

Struyven, K., & De Meyst, M. (2010). Competence-based teacher education: Illusion or reality? An assessment of the implementation status in flanders from teachers' and students' points of view. *Teaching and Teacher Education: An International Journal of Research and Studies, 26*(8), 1495-1510.

Su, H. W., Lee, L. T., Fan, C. K., & Hung, J. C. (2011). A study of travel agencies' human resources in relation to internet marketing. *Journal of Computers, 6*(3), 412-416.

Svensson, G., & Wood, G. (2007). Are university students really customers? When illusion may lead to delusion for all. *International Journal of Educational Management, 21*(1), 17-28.

Thrassou, A., & Vrontis, D. (2008). Internet marketing by SMEs: Towards enhanced competitiveness and internationalisation of professional services. *International Journal of Internet Marketing and Advertising, 4*(2-3), 241-261.

Winston, G. C. (1999). Subsidies, hierarchy, and peers: The awkward economics of higher education. *Journal of Economic Perspectives, 13*(1), 13-36.

Xia, Y., Ahmed, Z. U., Stone, S., Wei, C. S., & Eng, C. L. (2008). Determinants of consumers' perceptions and attitudes towards assurance seals for internet marketing: An Asia Pacific marketing perspective. *International Journal of Internet Marketing and Advertising, 4*(2-3), 156-178.

Yildirim, A. (2013). Teacher education research in turkey: Trends, issues and priority areas. *Egitim Ve Bilim, 38*(169), Retrieved from http://search.proquest.com/docview/1428312213?accountid=14228

● 第十章

朱則剛（1995）。詞條名稱：媒體素養。圖書館學與資訊科學大辭典，取自 http://terms.naer.edu.tw/detail/1680787/

何明政、吳建國（2010）。學校支援服務滿意度與學生忠度之關係─校園投入經驗的干擾效果。中華管理發展評論，**2**（1），133-143。

岑淑筱、陳青雨、方佳建（2014）。球迷支持球隊因素與球隊行銷對球隊忠誠度關係之研究─以中華職棒為例。島嶼觀光研究，**7**（3），27-59。

李啟榮（2013）。大學網站品質、滿意度與忠誠度之相關研究─以臺灣體育運動大學嘉義校區學校網站為例。國際休閒遊憩與運動管理發展趨勢研討會專刊，1-12。

徐丹桂（2014）。網路書店行銷策略與消費者忠誠度之相關性研究－以台北地區之消費者為例。商管科技季刊，**15**（2），161-184。

教育部教育 Wiki（2014）。詞條名稱：媒體素養。取自 http://pedia.cloud.edu.tw/Entry/Detail/?title=媒體素養

楊哲男、許瑞明（2003）。無線通訊及網際網路：一個想法改變世界─網際網路的誕生與發展。取自 http://scitechvista.most.gov.tw/zh-tw/articles/c/0/9/10/1/364.htm

甄啟剛、徐曉林、劉峯銘（2014）。幼教業關係行銷與關係品質與家長滿意度之研究。東亞論壇，**486**，53-66。

鄭雅婷（2014）。學校關係行銷策略與家長忠誠度的相關研究─以一所特偏國中為例。明新學報，**40**（1），243-260。

American Marketing Association (2015). *Definition of marketing.* Retrieved from http://www.marketingpower.com/AboutAMA/Pages/DefinitionofMarketing.aspx

Baron, R. M., & Kenny, D. A. (1986). The moderator-mediator variable distinction in social psychological research: Conceptual, strategic, and statistical considerations. *Journal of Personality and Social Psychology, 51*, 1173-1182.

Evans, J. S., & Lskin, R. L. (1994). The relationship marketing process: Conceptualization and application. *Industrial Marketing Management, 23*(5), 439-452.

Fornell, C., & Larcker, D. F. (1981). Evaluating structural equation models with unobservable and measurement errors. *Journal of Marketing Research, 18*(1), 39-50.

Gronholdt, L., Martensen, A., & Kristensen, K. (2000). The relationship between customer satisfaction and loyalty: Cross-industry differences. *Total Quality Management, 11*(4), 509-516.

Gulid, N. (2011). Student loyalty toward master's degree business administration curriculum at srinakharinwirot university. *American Journal of Business Education, 4*(8), 49-56.

Hair, J. F., Anderson, R. E., Tatham, R. L., & Black, W. C. (1998). *Multivariate data analysis (5th ed.).* Upper Saddle River, NJ: Prentice Hall.

Jones, T. O., & Sasser, W. E. Jr. (1995). Why satisfied customers defect. *Harvard Business Review, 85*(6), 88-99.

Kline, R. B. (2005). *Principles and practice of structural equation modeling.* New York, NY: Guilford.

Oliver, R. L. (1997). *Satisfaction: A behavioral perspective on the consumer.* New York, NY: Irwin/McGraw-Hill.

Zeithaml, V. A., Berry, L. L., & Parasuraman, A. (1996). The behavioral consequences of service quality. *Journal of Marketing, 60*, 31-46.

● 第十一章

戶政司（2014）。出生數及粗出生率。臺北：內政部。

余民寧、張芳全（1995）。我國與美國、德國間留學互動模式之探索。政大學報，**71**，63-91。

周祝瑛（2010）。臺灣地區國際學生調查研究：以推拉理論與社會資本論為例。科技部專題研究計畫。

張芳全（2008）。臺灣大學校院向大陸招生的推拉因素之檢定。社會與區域發展學報，**1**（1），113-147。

張芳全、余民寧（1999）。亞洲國家與美國間留學生互動因素之探究。教育與心理研究，**22**，213-250。

教育部（2011）。高等教育輸出—擴大招收境外學生行動計畫。臺北市：教育部統計處。

教育部（2012a）。大專校院境外學生在臺留學。臺北市：教育部統計處。

教育部（2012b）。外國學生來臺就學辦法。全國法規資料庫。

教育部（2012c）。僑生回國就學及輔導辦法。全國法規資料庫。

教育部（2012d）。香港澳門居民來臺就學辦法。全國法規資料庫。

教育部（2012e）。大專校院境外學生在臺留學／研習人數—按國別分。臺北市：教育部統計處。

教育部（2012f）。大專校院境外學生在臺留學／研習人數—按校別分。臺北市：教育部統計處。

教育部（2013a）。大專校院境外學生在臺留學。臺北市：教育部統計處。

教育部（2013b）。**100 學年大學校院正式修讀學位之外國學生人數排名前十大系所／大學部**。臺北市：教育部統計處。

教育部（2013c）。大專外籍學位生及附設華語生人數。臺北：教育部統計處。

陳向明（2004）。**教師如何作質的研究**。臺北市：洪葉。

陳素琴（2010）。歐盟高等教育行銷之研究—以 Erasmus Mundus 2004／08 及 2009／13 為例。**教育研究與發展期刊，6**（3），89-114。

蘇建洲（2006）。澳洲擴大高等教育國際市場作法之研究。**教育研究學報，40**（2），75-95。

Altbach, P. G. (1998). *Comparative higher education: Knowledge, the university and development.* Westport, CT: Ablex publishing.

Becker, R., & Kolster, R. (2012). *International student recruitment: Policies and developments in selected countries.* Netherlands organization for international cooperation in higher education.

Burn, B. (1999). Australia and foreign student recruitment. *International Higher Education, 18*, 9-10.

Cheung, A. C. K., Yuen, T. W. W., Yuen, C. Y. M., & Cheng, Y. C. (2010). Promoting Hong Kong's higher education to Asian markets: Market segmentations and strategies. *Market Segmentations and Strategies, 24*(5), 427-447.

Cudmore, G. (2005). Globalization, internationalization, and the recruitment of international students in higher education, and in the Ontario colleges of applied arts and technology. *The Canadian Journal of Higher Education, XXXV*(1), 37-60.

Cummings, W. K. (1993). Global trends in international study. In G. Craufurd (Ed.), *International investment in human capital* (pp. 9-30). New York, NY: Institute of International Education.

Daily, C. M., Farewell, S., & Kumar, G. (2010). Factors influencing the university selection of international students. *Academy of Educational Leadership Journal, 14*(3), 59-75.

Denzin, N. K. (1978). *The research act: A theoretical introduction to sociological methods*. New York, NY: McGraw-Hill.

Diana, M. (2010). Business education: B-schools redouble overseas efforts. *Wall Street Journal, 11*, 1-4.

Galway, A. D. (2000). *Going global: Ontario colleges of applied arts and technology, international student recruitment and the export of education*. Toronto, ON: Ontario Institute for Studies in Education, University of Toronto.

Hurabielle, J. (1998). *Canada's public colleges and postsecondary technical institutions involvement in international education* (Unpublished doctoral dissertation). University of Alberta.

Mazzarol, T. W., & Soutar, G. N. (2002). Psuh-pull factors influencing international student destination choice. *International Journal of Education Management, 16*(2), 82-90.

McMahon, M. E. (1992). Higher education in a world market: An historical look at the global context of international study. *Higher Education, 24*(2), 465-482.

Moogan, Y. J. (2010). Can a higher education institution's marketing strategy improve the student-institution match? *International Journal of Educational Management, 25*(6), 570-589.

OECD (2004). *Internationalization and trade in higher education: Opportunities a challenges*. Paris: OECD.

Park, E. L. (2009). Analysis of Korean students' international mobility by 2-D model: Driving force factor and directional factor. *Higher Education, 57*, 741-755.

Patton, M. Q. (2002). *Qualitative research and evaluation methods*. Thousand Oaks, CA: Sage.

Roberts, A., Chou, P., & Ching, G. (2010). Contemporary trends in East Asian higher education: Dispositions of international students in a Taiwan university. *Higher education, 59*(2), 149-166.

Ross, M., Heaney, J. G., & Cooper, M. (2007). Institutional and managerial factors affecting international student recruitment management. *International Journal of Educational Management, 21*(7), 593-605.

Sirowy, L., & Inkeles, A. (1985). *University-level student exchanges: The U.S. role in global perspective.* In E. G. Barber (Ed.), Foreign student flows: Their significance for American higher education. New York: Institute of International Education.

Williams, P. (1981). *The overseas student question: Studies for a policy.* London, England: Heinemann Educational Books Ltd.

Yan, K., & Berliner, D. C. (2011). An examination of individual level factors in stress and coping processes: Perspectives of Chinese international students in the United Sates. *Journal of College Student Development, 52*(5), 523-542.

● 第十二章

丁學勤、禚建茹（2011）。影響大學生就業力因素之關係模式探討：以臺灣地區一般大學為例。**教育政策論壇，14**（2），1-33。

于文正（2014）。鷹架具體程度對創意發想的影響。**師大學報：教育類，59**（2），31-60。

尹玫君、張琬翔（2014）。影響大學生侵犯軟體著作權行為因素模式建立之研究。**教育學刊，42**，267-308。

王秀槐、李宗楷（2012）。繁星計畫學生學習經驗與成效研究：以一所頂尖大學大一學生為例。**教育政策論壇，15**（3），001-039。

王秀槐、黃金俊（2016）。想像力知多少？想像力四元模式的建構與量表發展。**教育研究集刊，61**（4），63-104。

王嘉穗、趙學維（2013）。頂尖大學入學標準的演變：美國與臺灣的個案比較。**教育政策論壇，16**（4），035-066。

田弘華、田芳華（2008）。誰升學？誰就業？誰失業？大學畢業生出路之探討。**教育政策論壇，11**（4），33-62。

田芳華（2009）。資訊素養與學習風格關係之實徵研究：以大三學生為例。**教**

育學刊，**32**，79-117。

何東興、盧文民、洪秀婉（2013）。動態觀點評估國立大學管理績效之研究。**教育政策論壇**，**16**（1），39-70。

余曉雯（2010）。德國高等教育中不同層級品質保證之探討。**教育政策論壇**，**13**（3），57-95。

余曉雯、鍾宜興（2015）。德國聯邦政府高等教育產學合作政策之探究。**教育研究集刊**，**61**（3），47-79。

吳京玲（2009）。從期刊與學位論文看西元 2000 年後臺灣高等教育教學研究之最新發展。**教育政策論壇**，**12**（1），71-105。

吳京玲（2012）。大學聲譽、服務品質和大學滿意度之研究。**教育政策論壇**，**15**（2），67-91。

吳淑禎（2011）。中等學校師資培育課程的發展特色與教育專業課程的能力指標分析。**教育研究集刊**，**57**（4），1-41。

宋旻錞、林江亮（2009）。自由現金流量對私立大學校院成長機會之影響。**教育研究集刊**，**55**（2），69-98。

巫銘昌、曾國鴻、劉威德（2006）。我國技術學院校務經營之分析研究。**教育研究集刊**，**52**（2），95-123。

李琪明（2013）。《道德教育期刊》創刊 40 年之研究趨勢及其對我國教育啟示。**教育研究集刊**，**59**（1），35-72。

李新民、陳密桃（2009）。樂觀，悲觀傾向與心理幸福感之相關研究：以大學在職專班學生為例。**教育學刊**，**32**，1-43。

李藹慈（2006）。大學圖書館員職場學習之研究。**教育科學研究期刊**，**51**（2），45-65。

卓翠月、林淑惠、陳美紀、黃明祥（2009）。臺灣高等教育規模經濟之探討。**教育政策論壇**，**12**（1），41-69。

卓翠月、陳怡誼、林淑惠（2015）。臺灣高等教育機構經營效率之研究：共同邊界成本模型之應用。**教育政策論壇**，**18**（4），1-32。

林大森（2013）。檢視大學畢業生薪資取得之決定因素：人力資本論與訊號理論的對話。**教育政策論壇**，**16**（1），1-37。

林大森（2010）。學生選擇多元入學管道因素之探討：以四技為例。**師大學報：教育類**，**55**（3），89-122。

林志哲（2014）。大學生感恩與心理適應之關係：因應方式之中介效果。**教育學刊**，**43**，217-266。

林宜瑄、陳秋蘭（2014）。背景知識與英文閱讀能力對臺灣大學生學術英語摘要能力的影響。**當代教育研究季刊**，**22**（4），149-186。

林宜樺、許添明（2013）。我國私立技術校院財務運作之研究。**教育研究集刊**，**59**（1），113-145。

林玟君（2012）。大學生對生離與死別之相關研究。**教育學刊**，**38**，1-27。

林俊瑩、吳百祿（2009）。社會網絡、教學品質對臺灣地區大學生的學校滿意度與忠誠度之影響。**教育學刊**，**33**，75-114。

林俊瑩、謝亞恆、陳成宏（2014）。臺灣地區大專院校教師對學校評價的影響機制：學校屬性與教師分級的區隔作用。**師大學報：教育類**，**59**（3），29-58。

林淑君、張家臻、李惠玲、王麗香、吳曉明、劉杏元（2009）。原住民護生在最後一哩的學習歷程。**教育研究集刊**，**55**（1），97-128。

林淑惠、黃韞臻（2012）。大學生網路成癮與學習倦怠之相關研究。**教育學刊**，**38**，65-100。

林麗惠（2011）。代間學習方案對世代互動影響之研究。**教育學刊**，**37**，119-150。

施宜煌、賴郁璿（2010）。「教師即陌生人」隱喻對教師教學的啟示。**當代教育研究季刊**，**18**（1），111-145。

徐敏珠、楊建民（2006）。我國高等教育之數位學習發展策略分析。**教育學刊**，**26**，191-214。

徐靜嫻（2013）。PBL 融入師資培育教學實習課程之個案研究。**師大學報：教育類**，**58**（2），91-121。

桂田愛、黃文三、沈碩彬（2014）。臺灣與日本高等教育國際人才培育之比較分析。**教育政策論壇**，**17**（3），29-61。

國立臺灣師範大學教育研究與評鑑中心（2013）。成果績效。取自：http://www.cere.ntnu.edu.tw/about/index.php?parent_id=4520

張炳煌（2012）。德國師資培育兩階段學位學程發展之研究。**教育研究集刊**，**58**（1），71-103。

張源泉、洪小萍（2015）。德國企業型大學之崛起及其爭辯。**教育政策論壇**，**18**（3），37-72。

張源泉（2012）。德國高等教育治理之改革動向。**教育研究集刊，58**（4），91-137。

張源泉（2013）。現代康德能無憾否？—德國大學教師之人事改革評析。**教育研究集刊，59**（2），49-87。

張源泉（2014a）。德國大學「卓越計畫」對教學與研究之影響。**當代教育研究季刊，22**（3），1-47。

張源泉（2014b）。德國大學組織重構之邊界。**教育研究集刊，60**（3），1-34。

張源泉、楊振昇（2014）。德國如何培育高級應用型人才。**教育政策論壇，17**（3），63-94。

張德勝、黃秀雯（2010）。一位大學新進教師初任國小教學實習課程的教學困境與壓力。**當代教育研究季刊，18**（1），1-42。

莊小萍（2010）。拉丁美洲高等教育評鑑及認可制度：論區域主義對單一國家之影響。**教育研究集刊，56**（1），31-63。

許添明（2009）。躋身國際一流大學之財務策略—以美國大學為例。**當代教育研究季刊，17**（2），103-148。

陳玉娟（2013）。國立教育大學招生行銷之探究。**教育政策論壇，16**（3），117-146。

陳玉娟（2014）。高等教育機構行銷策略指標建構與實證調查之研究。**教育政策論壇，17**（4），69-101。

陳杏枝、游家政（2015）。核心課程？還是分類選修？：某私立綜合大學通識教育課程架構改革之研究。**教育研究集刊，61**（1），69-100。

陳姚真、吳宇穎（2008）。多媒體組合方式與知覺偏好對學習結果的影響。**教育學刊，30**，29-60。

陳建州（2009）。影響大學生學習領域性別階層化之因素。**教育研究集刊，55**（2），35-67。

陳建州（2011）。女性的教育成就與大學畢業後初期位置之關係。**教育研究集刊，57**（3），75-121。

陳春希、高瑞新（2010）。警專學生的工作價值觀與服務導向組織公民行為—組織信任的中介效果。**當代教育研究季刊，18**（4），211-255。

陳淑敏（2012）。大學應屆畢業生的背景變項、職場能力與其初職位置取得之相關研究。**教育研究集刊，58**（3），33-71。

陳清檳、李靜儀、黃耀賢、柯明家（2011）。電腦化漸進提示評量對學生 2D 技術課程學習成效與邏輯思考能力之研究。**教育學刊，37**，79-117。

陳清檳、鄭博文、賴慧敏、蕭錫錡（2015）。大學畢業生取得證照與薪資所得－傾向分數配對法之分析。**當代教育研究季刊，23**（1），71-111。

陳鏗任、蔡曉楓（2012）。以科學探究精神開展通識教育：Schwab 在芝加哥大學的超越與實踐。**教育研究集刊，58**（2），71-108。

曾文志、孫毓英（2009）。自尊、樂觀與積極因應對歷經多種創傷事件大一學生心理適應的保護作用：以某科技大學一年級學生為例的個人焦點取向復原力研究。**教育學刊，32**，45-78。

曾明基、邱皓政、張德勝、羅寶鳳（2013）。以學生評鑑教師教學量表決定教師的開課或去留可行嗎？混合 IRT 分析取向。**師大學報：教育類，58**（1），91-116。

曾明基、羅寶鳳、張德勝、邱于真（2011）。學生評鑑教師教學量表跨層級構念的分析。**師大學報：教育類，56**（3），31-60。

曾淑惠、謝佩蓉（2009）。從需求面探究技術學院教職員評鑑能力建立之內涵。**教育研究集刊，55**（4），97-122。

湯堯、王嘉穗、歐宏國、趙學維（2014）。我國跨國高等教育服務指標之建構。**教育研究集刊，60**（4），63-97。

湯堯、徐慧芝（2011）。臺灣地區大學生就讀學校與學門對其畢業後薪資水準之關聯性研究。**教育政策論壇，14**（1），61-84。

湯堯、蘇建洲（2013）。臺灣家長對高等教育服務品質特性歸類與評價之研究。**教育研究集刊，59**（3），65-99。

黃柏叡（2012）。我國比較教育研究的內容與發展—《比較教育》期刊之分析。**比較教育，72**，1-24。

黃源河（2010）。熔合斷裂：搭起師資培育理論與實務鴻溝的橋梁。**當代教育研究季刊，18**（4），1-40。

黃源河、符碧真（2010）。芬蘭師資培育：研究為基礎的派典與課程實踐。**教育研究集刊，56**（3），105-137。

黃照耘（2015）。高等教育發展新方向：以法國推動高等教育身心障礙支持服務系統為例。**教育政策論壇，18**（1），33-66。

黃義良（2012）。臺灣地區教育品牌學術研究的內容與趨勢：以學位論文與期刊為例。**臺中教育大學學報，26**（1），91-122。

黃嘉莉（2011）。美國八年研究經驗對我國大學入學制度革新之啟示。**師大學報：教育類**，**56**（2），1-26。

黃韞臻、林淑惠（2013）。「大學生學業挫折容忍力量表」之發展。**教育學刊**，**41**，155-194。

黃騰（2008）。A. Giddens 自反現代性對師資培育課程研究之啟發。**教育研究集刊**，**54**（1），87-116。

楊心怡、李啟嘉（2015）。問題導向學習對法律系大學生問題解決能力及自我導向學習之研究。**師大學報：教育類**，**60**（1），131-155。

楊玉惠（2012）。大學繁星計畫學生學業成績表現分析。**教育政策論壇**，**15**（4），63-93。

楊宜興（2015）。大學智慧資本與研究商業化績效之研究。**教育研究集刊**，**61**（2），39-66。

楊武勳（2008）。日本高等教育追求卓越策略之研究：以「21 世紀 COE 計畫」為例。**教育研究集刊**，**54**（4），53-84。

楊武勳（2015）。日本國立大學法人化政策形成分析：以政策倡導聯盟架構為例。**教育研究集刊**，**61**（1），35-67。

楊武勳、林思敏（2014）。日本國立大學法人化的實施與成效：以東京大學為例。**教育政策論壇**，**17**（4），33-67。

葉連祺（2007）。大學教學品質提升措施成效影響大學品牌之跨時間比較。**教育學刊**，**28**，195-224。

蓋浙生（2006）。大學商機—臺灣大學校院財源籌措的新策略。**教育研究集刊**，**52**（2），67-93。

劉若蘭、林大森（2011）。影響大學生畢業流向因素之研究。**當代教育研究季刊**，**19**（1），101-144。

劉若蘭、黃玉（2006）。大專原住民族及漢族學生多元族群校園經驗與學習發展之研究。**教育研究集刊**，**52**（1），93-128。

劉耀中、耿筠（2012）。技專校院產學合作資源投入、產出與運用模式之建構。**教育政策論壇**，**15**（1），25-57。

歐陽誾（2007）。職前教師網路資訊問題解決能力發展及影響因素之研究。**教育學刊**，**28**，225-249。

鄭彩鳳、吳慧君（2008）。技專校院校務標竿管理指標與程序及權重體系建構之研究。**教育學刊**，**31**，1-44。

盧文民、何東興（2009）。國立大學校務基金績效評估之研究。**教育政策論壇，12**（3），163-193。

盧永祥、傅祖壇（2009）。考量產出品質之臺灣高等技職校院成本與管理效率。**教育政策論壇，12**（4），1-31。

蕭佳純（2009）。家庭社經地位、自我概念、學業表現對大學畢業生就業情形之探討。**當代教育研究季刊，17**（3），1-40。

蕭佳純、陳雯蕙（2012）。大學生就業力發展之縱貫性分析：跨領域學程之探討。**教育政策論壇，15**（2），129-162。

蕭佳純、涂志賢（2012）。大學生就業力發展之縱貫性分析。**教育研究集刊，58**（1），1-37。

賴永裕、郭佳如、蘇仁傑（2014）。私立大專院校創設支持組織與經營績效關係之研究。**教育政策論壇，17**（1），69-97。

謝卓君（2013）。大學治理轉型與政府角色：荷蘭高等教育系統之個案研究。**教育研究集刊，59**（4），113-145。

Bauer, M. W. (2000). *Classical content analysis: A review*. In Bauer, M. W., & Gaskell, G. (Eds.), Qualitative researching— With text, image, and sound. (pp.131-151). London, England: Sage.

NCSL(2014). *Performance-Based Funding for Higher Education.* Retrieved from http://www.ncsl.org/research/education/performance-funding.aspx

NCSL(2015). *Performance-based funding for higher education.* Retrieved from http://www.ncsl.org/research/education/performance-funding.aspx

● 第十三章

余祥（2016）。創新高！大學指考錄取率 99％ 38 分就可以選填志願。中時電子報，取自 http://www.chinatimes.com/newspapers/20160719000365-260102

林俊彥、張惠雯（2010）。我國高等技職校院行銷管理模式之建構。**學校行政雙月刊，65**，1-15。

陳怡如、李雅靖（2009）。體驗行銷對部落格忠誠度之影響。**行銷評論，6**（4），591-616。

黃俊傑（2006）。談學校內部行銷。**國教之友，59**（1），70-74。

黃俊傑（2007）。學校內部行銷。**教育研究，59**（1），70-73。

楊瑞霞、丁學勤（2014）。高雄市偏鄉小學教師內部行銷與組織承諾關係之研究。**教育經營與管理研究集刊，10**，93-127。

鄭雅婷（2014）。學校關係行銷策略與家長忠誠度的相關研究—以一所特偏國中為例。**明新學報，40**（1），243-260。

謝維齊（2005）。從內部行銷談學校經營。**南投文教，22**，62-65。

簡成熙（2004）。**教育哲學：理念、專題與實務**。臺北市：高等教育。

American Marketing Association (2015). *Definition of marketing*. Retrieved from http://www.marketingpower.com/AboutAMA/Pages/DefinitionofMarketing.aspx

Anctil, E. J. (2008). *Selling higher education: Marketing and advertising America's colleges and universities*. San Francisco, CA: Wiley Subscription Services.

Berry, L. L. (2002). Relationship marketing of services perspectives from 1983 and 2000. *Journal of Relationship Marketing, 1*(1), 59-77.

Berry, L. L., & Parasuraman, A. (1991). *Marketing service: Competing through quality*. New York, NY: The Free Press.

Best, R. J. (2014). *Marketing-based management: Strategies for growing customer value and profitability (6ᵗʰ)*. Harlow, England: Pearson Education.

Chen, Y. C. (2016). The drive behind international student loyalty in higher-educational institutions: A structural equation model. *The Asia - Pacific Education Researcher, 25*(2), 315-323.

Gulid, N. (2011). Student loyalty toward master's degree business administration curriculum at Srinakharinwirot university. *American Journal of Business Education, 4*(8), 49-56.

Kaye, T., Bickel, R., & Birtwistle, T. (2006). Criticising the image of the student as consumer: Explaining legal trends and administrative responses in the US and UK. *Education and the Law, 18*(2-3), 85-129.

Lomas, L. (2007). Are students customers? Perceptions of academic staff. *Quality in Higher Education, 13*(1), 31-44.

McCulloch, A. (2009). The student as co-producer: Learning from public administration about the student-university relationship. *Studies in Higher Education,*

34(2), 171-183.

Piercy, N., & Morgan, N. (1991). Internal marketing: The missing half of the marketing program. *Long Range Planning, 24*(2), 82-93.

Sharrock, G. (2000). Why students are not (just) customers. *Journal of Higher Education Policy and Management, 22*(2), 149-164.

國家圖書館出版品預行編目（CIP）資料

高等教育機構行銷管理與實務 / 陳玉娟著. -- 初版. -- 臺北市 : 師大出版中心, 2017.11
　　面；　公分. -- (師大學術叢書)
ISBN 978-986-5624-38-5(平裝)

1.高等教育 2.行銷管理

525　　　　　　　　　　　　　　　　　　106015351

師大學術叢書
高等教育機構行銷管理與實務
Marketing Management and Practice of Higher Education Institutions

作者｜陳玉娟
出版｜國立臺灣師範大學出版中心
發行人｜張國恩
總編輯｜柯皓仁
執行編輯｜林利真、金佳儀、蔡欣如
封面設計｜蘇育萱
地址｜106 臺北市大安區和平東路一段 162 號
電話｜(02)7734-5289
傳真｜(02)2393-7135
服務信箱｜libpress@deps.ntnu.edu.tw
初版｜2017 年 11 月
售價｜新台幣 450 元（缺頁、破損或裝訂錯誤，請寄回更換）
ISBN｜978-986-5624-38-5
GPN｜1010601412